JN232779

ハンドテスト・マニュアル

E. E. ワグナー 著／山上栄子・吉川眞理・佐々木裕子 訳

The Hand Test Manual
Revised 1983

Hand Test Manual Supplement
Interpreting Child and Adolescent Responses

誠信書房

The Hand Test Manual Revised 1983 by Edwin E. Wagner, Ph. D.
Copyright©1962 by MARK JAMES CO.
Copyright©1969, 1971, 1977, 1978, 1983
by WESTERN PSYCHOLOGICAL SERVICES
Hand Test Manual Supplement: Interpreting Child and Adolescent Responses by Edwin E. Wagner, Ph. D., Marcia Rasch, M.A., and Debra S. Marsico, M. A.
Copyright©1991 by WESTERN PSYCHOLOGICAL SERVICES

Manual/Manual Supplement:
Copyright©1969, 1971, 1977, 1978, 1983, 1991 by Western Psychological Services. Translated and reprinted by permission of the publisher, Western Psychological Services. Not to be reproduced in any form without written permission of Western Psychological Services, 12031 Wilshire Boulevard, Los Angeles, California 90025, U.S.A. All rights reserved. Portions of this book have been adapted and/or reprinted from chapter 14 of Projective Techniques for Adults and Children, A.I. Rabin, Editor, copyright©1986 by Springer Publishing Company, Inc. Used by permission of the publisher, Springer Publishing Company, Inc., New York 10012.

Japanese translation rights arranged with Western Psychological Services through Japan UNI Agency, Inc., Tokyo.

本書の日本語翻訳権は，株式会社誠信書房がこれを保有する。
本書の一部あるいは全部について，いかなる形においてもWPSおよび誠信書房の許可なくこれを転載することを禁止する。

日本版への序

　日本の文化は手の姿や動きに関するシンボリズムがとりわけ豊富です。そのためハンドテストがかなり以前から英語版や箕浦の初期の抄訳を通して，日本の臨床家に取り入れられてきたことは何ら不思議なことではありません。しかしながら，ハンドテストが心理査定の道具として，日本において広く用いられるためには，最新の成人や子どものマニュアルを完訳することがどうしても必要でした。ここに，それが山上，吉川，佐々木により見事に成し遂げられ，しかも日本人の標準データや日本の臨床群としての精神分裂病群と不安障害群があわせて付け加えられました。

　この40年間，著者がハンドテスト使用について，多くの心理臨床家に手ほどきをしてきた経験から，日本の臨床家の方々にもこの機会を通して申しあげておきたいことは，本技法が「実施者にやさしい」ということです。いいかえればハンドテストのスコアリングは比較的習得しやすいものですし，解釈原理も道理に適っており，複雑なものではありません。一般的に，心理臨床家はテストをより多く体験してくると自信過剰になり，危険をおかして質的側面に個人的な解釈をしてしまい，量的スコアリングからはみだすこともありえます。そのため日本の心理臨床家の方々がハンドテストを正しく学んで活用され，本法が診断の用途に充分効果を上げるものであることに気づかれることこそ，私の願いとするところです。

　1998年3月18日

　　　　　　　　　　　　　　　　　　　　　　　　　　　E. E. ワグナー

1983年版改訂に寄せて

　初版のマニュアルで，ハンドテストは新しいものなのでスコアリングや解釈はおそらく改めてなおされるだろうと述べておいた。また筆者以外の研究者がハンドテストを発展させ修正していってほしいことも記した。その後，多くの研究者と臨床家の貢献を得て，専門家に役立つ多くの情報が寄せられている。この度『ハンドテスト・マニュアル』を改訂することになったのもこの理由による。

　幸いにもこれまでに積み上げられた成果は，ハンドテストの基礎となっている基本仮説，すなわち本検査は人格表層に近く，それゆえ行動として表現されやすい原型的な行為を反映しているという仮説を裏付けるものであった。さらにシステムは完全ではないが，量的スコアリング・カテゴリーは，長い目で見ても問題はなかったので変更はされなかった。では，主な改変や付加はどこに加えられたのであろうか。

　まず第一に，ハンドテストの最近の信頼性と妥当性研究が，アメリカ心理学会で進められている手続きに沿って報告された。この報告は，主にウェスタン・サイコロジカル・サービス（WPS）のウェンドラー（Cathy Wendler）によってなされ，その努力は第5章に結実している。

　初版と重ね合わせての考察は，付け加えられた標準データにもとづいて作られた新しい基準を組み合わせてなされ，このデータは第3章に掲げた。WPSのスタッフのこの点での主な貢献は，標準群と新しい種々の診断群間でのカテゴリーごとの直接的な比較をコンピューター化することであった。このことは必然的に解釈論に多少の修正をもたらした。たとえば躁うつ病者については，両極的な揺れの高い所と低い所にいるのだという情報が今では通用しているが，以前のデータはその周期が極端でないケースを扱っていた。また外来の脳損傷者群は，初版の「器質性疾患」サンプルである入院患者のケースより損傷が少ない人で構成されている。いうま

でもないことであるが，精神病理性を表わすスコアの値はどんなグループを対象にしたかによって相当変わるものである。

　多くのデータが漠然とした印象にもとづいたものではあったが，臨床的に役に立つニュアンスをとらえて標準化することにますます関心が向けられるようになり，質的スコアリングが用いられるようになってきた。そこで，質的特徴を記号化することの危険性は充分認めながらも，ここ20年間支持されてきたこの補助的なスコアリング・カテゴリーをこの機会に発表することになった。

　またハンドテストは構造分析の発展に役立ってきたので，この理論との関連についても論じた。つまりハンドテストは投影法間での共通性や独自性を比較する際の基点として役立つものである。この理論とテスト結果が一致するのを繰り返し見極めることこそが人格理論としての構造分析を発展させ，投影法から得たデータを統合し解釈し得るのである。そのために理論的な観点から見れば，ハンドテストと構造分析の発展はともに相まって進んできたと言える。もっともハンドテストを用いるために，臨床家は構造分析の熱心な信奉者でなければならないという訳ではない。しかしながら，構造分析の概念化において，ハンドテストがどこに位置付けられるかを理解することが，テストの測定の価値を正しく認識することにつながるのである。

　とりわけ「ファサード・セルフ」という構成概念がこの点で役に立つ。マコーミック（Mary McCormick）はファサード指標としてのハンドテストの役割を再検討し，この資料は第1章で用いた。彼女は行動予測としてのハンドテストに関する文献についても見直した。これらの研究は第1章で要約し第5章で重ねて考察した。

　ここで著者はハンドテストの発展とマニュアルの完成に貢献した多くの人びとに深く謝意を述べたい。

　まず初めに，初版のハンドテスト・マニュアルに多大な貢献をしてくれた次の人びとに再び謝意を述べたい。B. ブリックリン博士，Z. A. ピオトロフスキー博士，C. ゼルゼニック博士，C. フォードスマート，M. キャリック博士，K. ソーバー，M. クレックナー，E. メドヴェデフ博士，

C. F. ワグナー，R. スナイダー，G. ケイブル，H. ウェトセル，J. ホッジ博士，R. ワイマー博士，T. グラハム博士，R. キルハート博士，L. レニントン。

　最後に，長年にわたる援助者であり仲間の心理学者でもある妻のキャロル F. ワグナーとマニュアルの発展的な改訂を可能にしてくれた新しい同僚であるキャシー・ウェンドラーや WPS のスタッフ，さらに大学院生のメアリー K. マコーミックとダイアン・コースル，そして批評家でありタイピストでありアマチュア心理学者でもあるサリー・リアンに感謝を述べたい。

E. E. ワグナー

目　　次

　　　日本版への序　　i
　　　1983 年版改訂に寄せて　　ii

第 I 部　ハンドテスト・マニュアル
　　　第 1 章　序　論　　3
　　　第 2 章　テスト施行の実際とスコアリング　　16
　　　第 3 章　解　釈　　47
　　　第 4 章　さまざまな診断群の指標　　85
　　　第 5 章　信頼性・妥当性と調節変数の検討　　132

第 II 部　児童・青年のためのハンドテスト解釈
　　　第 6 章　児童・青年への適用　　169
　　　第 7 章　児童・青年を対象とする信頼性・妥当性の検討　　175
　　　第 8 章　児童・青年の解釈標準　　182
　　　第 9 章　事例研究　　189
　　　第 10 章　テストバッテリーにおけるハンドテストの実際　　206
　　　文　献　　219
　　　見　本　　229
　　　付表　年齢別標準表　　235

付　録　ハンドテストスコア日本人の標準データ
　　　付録 I　日本人のハンドテスト標準データ　　245
　　　付録 II　日本人のカードプル　　256

　　　解説──ハンドテストの歴史と新たな可能性の展望　　265
　　　ハンドテスト追想　　271
　　　訳者あとがき　　273

第Ⅰ部　ハンドテスト・マニュアル

第1章 序　論

概　要

　ハンドテストは，投影の媒体として手の絵を用いた診断法である。刺激図は10枚1組のカードからなっており（ピクチャーカード；日本発売元誠信書房），各カードにはさまざまなポーズをした手がシンプルな線で描かれている。これらのカードのうち何枚かの描写に歪みがある点に注意しておいてほしい。これらは失敗ではなく意図的なものである。最後の10番目のカードは白紙カードとなっている。

　カードは1枚ずつ提示され，被検者はその手が何をしているかを答えることで"投影"することになる。ただし，白紙カードでは，被検者が手をイメージしてその手が何をしているか説明しなければならない。これらの反応は逐語記録され，規定の手続きに従って分類・解釈される。また，カード毎の初発反応時間やそのほかの意味ある行動についても記録される。

　本検査は被検者に不安を感じさせることなく，短時間で容易に施行できる検査法である。また，言葉による反応が可能な年齢であれば誰にでも施行できる。第II部では，5歳から18歳までの標準データとともに解釈のガイドラインや症例研究を載せている。

　ハンドテストは，診断バッテリーのなかの一つとして他のテストと組み合わせて用いることができる補助的な臨床技法である。スコアリングと解釈の標準的な手続きはすでに開発されたが，ほかの投影法と同様に熟練した診断家であれば，反応の質的な側面やスコアできない側面からも有効な解釈仮説を導き出すことが可能であろう。本検査はすでに，年齢や臨床像の異なった幅広い被検者に対して実施されており，さまざまな臨床群の識別に成功することが示されている。

表 I-1　ハンドテストのスコアリング・カテゴリー

量的カテゴリー		（原語）	質的カテゴリー	（原語）	
INT		[対人] Interpersonal	AMB	《両価性》	Ambivalent
	AFF	（親愛）Affection	AUT	《自動句》	Automatic Phrase
	DEP	（依存）Dependence	CYL	《筒状》	Cylindrical
	COM	（伝達）Communication	DEN	《否定》	Denial
	EXH	（顕示）Exhibition	EMO	《情動》	Emotion
	DIR	（指示）Direction	GRO	《粗野》	Gross
	AGG	（攻撃）Aggression	HID	《隠蔽》	Hiding
ENV		[環境] Environmental	IM	《未熟》	Immature
	ACQ	（達成）Acquisition	IMP	《無力》	Impotent
	ACT	（活動）Active	INA	《無生物》	Inanimate
	PAS	（受動）Passive	MOV	《運動》	Movement
			ORA	《口唇》	Oral
MAL		[不適応] Maladjustive	PER	《困惑》	Perplexity
	TEN	（緊張）Tension	SEN	《感覚》	Sensual
	CRIP	（不自由）Crippled	SEX	《性的》	Sexual
	FEAR	（恐怖）Fear	O	《独創》	Original
			RPT	《反復》	Repetition
WITH		[撤退] Withdrawal			
	DES	（記述）Description			
	BIZ	（奇矯）Bizarre			
	FAIL	（失敗）Failure			

　ハンドテストは量と質の2種類のスコアリング・カテゴリーをもっている。量的カテゴリーは4領域あり，それぞれがさらに特殊な反応に細かく分けられ，合計15種類が量的サブカテゴリーに分類される。質的カテゴリーは，現在のところ正式なスコアリングとして17種類を定めた（表 I-1参照）。

　ハンドテストは比較的簡便なテストではあるが，結果が意味あるものとなるように実施し，分類し，解釈するには，かなり心理学に精通している必要がある。そのため，使用者は大学卒業と同程度かそれ以上のレベルを有し，人格力動論や投影理論になじんでいる者に制限すべきである。さらに，検査を使用する者は，測定の原理やテスト解釈の限界について一般的な知識を持っているべきであるし，また，ハンドテストの量と質の両側面について正確な解釈をするには，本検査の基本的な理論と研究について完

全に理解していることが必要となる。これから新たに本検査を使用しようとする場合は，第Ⅰ部の第2章と第3章の実施法，スコアリング法，解釈法について習熟されたい。

　ハンドテストは次の仮説にもとづいている。①人間の行動はいくつかの要素が有機的に組み合わさったものである。②それ自体はっきりした構造を持っていない刺激を特定しようとする知覚には，優位の行動傾向が何らかの形で反映される。③あいまいなポーズをした手に対する反応は，行動の背後にある階層的構造を反映し，こうした反応は心理学的にも診断的にも有効なまとまりに分類されよう。この最後の点，つまり心理学的に意味あるカテゴリーに反応を分類しやすいことは，どんな投影法においても非常に重要である。これは，ハンドテストを開発するにあたって，パーソナリティを探求する論理的アプローチと実証的アプローチの両者を組み合わせることで実現したことである。

開　　発

歴史的展望

　ハンドテストの開発は，1950年代の終わりに始まった。これは投影法によって行動を予測することができるか否かという専門家の間での議論に答えようとするものであった。ピオトロフスキー（Piotrowski, 1957）は，ロールシャッハ法の人間運動（M）反応は，実際の行動に結びつくことが期待される原型的な行動傾向を示すとした。しかしながら，ロールシャッハにM反応をほとんど出さない人，または全く出さない人も，必ず行動しているのである。そこで，表面に現れやすい態度や行動傾向を映し出し，その人の行動を明らかにする投影法が求められていると感じられた。そこで，最初の実験として，手をスケッチした10枚のカードが，投影刺激として使われることになった。

　論理的な検討や初期の実験によって，その後，反応は Interpersonal：INT［対人］，Environmental：ENV［環境］，Maladjustive：MAL［不適応］，Withdrawal：WITH［撤退］の意味ある大きな四つの領域に分け

られた。次に，いくつかのサブカテゴリーが，研究グループの仲間から提案された。とりわけ，ブリックリン（Bricklin）は，スコアリング・カテゴリーの作成にあたって，絵画統覚検査（TAT）（Murray, 1943）で用いられているような，なじみやすい用語を使う方が有利であることを指摘した。

ハンドテストの最初の妥当性は，フィラデルフィアのジェファーソン医科大学のピオトロフスキーとブリックリンによって検証された。その研究は，主にハンドテストがアクティング・アウト行動を予測することができるかどうかについてであった。こうした研究の動向は，モノグラフ（Bricklin, Piotrowski, & Wagner, 1962）の出版時には全盛をきわめた。ハンドテストのモノグラフは，同時にこの検査が総合的な人格の評価にも有効であることを示したため，そうした意味でも利用されるようになった。初期のハンドテストのマニュアルは，この検査を総合的なアセスメント法としてとらえており，その後の研究は，このマニュアルで変更された理論とスコアリングにもとづくものとなっている。

手の刺激の理論的根拠

「手」は，人間が行なうあらゆることに非常に広範囲に関わっているため，比較的あいまいなポーズをした手の絵を用いた投影検査は，行動的な要素を含んだ反応を誘発すると予想される。この根本的な仮説は，20年にわたる研究と臨床経験によって確認され，ハンドテストが依って立つ理論的根拠となっている。

ハンドテストは，明確なポーズではないが比較的構造化された刺激を用いているため，人によって反応は異なるが，それらを予め定義された基準に従いカテゴリーに分けることが可能である。手は，発達的にも機能的にも外的世界と影響しあい，関わり合うのに決定的な部位であるため，手の絵には典型的な行動傾向が投影されると考えられる。また，大脳と手の間には継続的な相互フィードバックがあるため，あまり構造化されていない手の絵をどのように知覚し認知するかは，被検者の重要な知覚－運動系の傾向を反映すると考えられる。現実との接点を作り，それを維持する上

で，手の持つ重要性は否定できないものなのである（Bricklin et al., 1962）。

　　われわれが生活において「目」の次に頼りにしているのは，おそらく「手」である。毎日，毎瞬間，手は無数の働きをしてくれる。それは朝起きてすぐから，寝るまで続く。さらに，眠っているときでさえも，手は，目といっしょに活発な役割を果たし続けている。朝は顔を洗い洋服を着てから，寝る時間まで一日中手は働き続ける。手によってわれわれは環境と途切れることなくつながっているのである。病気のときは，身体の一部を手で大丈夫かどうか調べることで，安心する。また実際に，手はさまざまな快を生み出す活動，とりわけ性関係の前戯の際に，その果たす役割は大きい。思春期には手は自体愛的な快感を満たすのに重要な働きもする。その上，手は生命維持に必要なものをわれわれが得るための手助けをする意味で不可欠である。さらに，目ではなく手が，この世で何が現実なのかについての最終判断をしているのである。仮に誰かに，物が実体であること，もしくは，現実であることをどのようにして知るのかと尋ねたとしたら，その人はこう答えるであろう。「それは，触れることができるから」と。私たちがそれらを現実に存在していると認識するのは，見たり聞いたりできるからではなく，触れることができるからである。われわれが自分の感覚が信じられなくなったときにすることは，なじみのある目印を探したり，ほっとさせてくれる口調を求めたりするのではなく，自分自身を手の指でつねってみるのである。結局，目や耳ではなく手が，われわれに動作感覚的なフィードバックをもたらし，そのお陰でわれわれは最も個人内的（intraindividual）な情報を得ることができるのである（pp. 94-95）。

スコアリング・カテゴリーの由来

　最初の二つの複合量的スコアリング・カテゴリーは，INT［対人］とENV［環境］カテゴリーである。これらのカテゴリーは，人はほかの生

物，もしくはほかの非生物対象のいずれかと相互交流しているという仮説にもとづいている。これらはさらに，テスト反応に反映された他者や環境との関係の持ち方によってより細かく分けられている。これに対して心理的な不適応は，対人的，または環境に対するはたらきかけに悪影響を及ぼす主観的，客観的な困難として現れると考えられた。そこで，主体者（手）の内面的な弱さのためであったり，もしくは，人的環境も含めた環境的な要因が抑圧的であったり敵対的であったりするために典型的な行動傾向がうまく遂行されないことを示すMAL［不適応］カテゴリーが考案された。不適応反応は，手が障害を受けていたり，また，外的な脅威による不快な緊張感を伴ったものである。最後に，生活上の困難に対する最も深刻な反応として，行動傾向の失敗や挫折を挙げておく必要がある（すなわち，現実状況からの撤退や，程度の異なる不適切な行動を伴う適応状態である）。ここに，四番目の複合カテゴリーとして，WITH［撤退］が作られた。被検者が描かれた手に対して適切な行為を投影できない場合がこれにあたる。かなり重複することもあると考えられるが，だいたいにおいて神経症者はMAL［不適応］が高く，精神病者はWITH［撤退］が高くなることが予測された。この予測は，初期の研究によって経験的に確かめられた（Wagner, 1961, 1962）。これらの研究は，ハンドテスト反応が心理学的に意味のある分類システムに従って論理的に整理されうるという，元の仮説を支持するものであった。

　量的スコアリング・カテゴリーは，行動の本質や傾向を表わすように作られており，ハンドテスト解釈の形式的アプローチとなる。しかしながら，テストについての臨床的知見が積み重ねられるうちに，象徴的な意味のために注目に値する特殊な反応があることが明らかになった。これら"質的"特徴は，量的スコアの延長線上にあるもので，行動傾向の背後にある動機づけや目的についての情報をもたらすものである。

　ハンドテストが実用化された20年間に，17種類の質的スコアが開発された。これまで，新しい補助的なカテゴリーが，自由に開発されたり，選択されたりしてきたが，そのなかで残った17種類のカテゴリーは，臨床的な目的に適うことが経験的に明らかになったものである。4種類の質的

スコア（AUT《自動句》，RPT《反復》，IMP《無力》，PER《困惑》）は，脳器質的な症候と関係する四つの「サイン」となっている（Wagner & Wagner, 1981）。これらは，ピオトロフスキー（Piotrowski, 1936）が彼の著書『ロールシャッハ』で最初に記したものと類似したものである。残り13種類の質的スコアリング・カテゴリーは，量的スコアの心理学的な意味を深め，修正するように作られたものである。これらのハンドテストに特殊な質的スコアは，それらの重要性と比較的一貫した臨床的な意味を持っているために選ばれたものである。

外顕的行動の測定

　ハンドテストは，最初から原型的な行動傾向，つまり，人格の表層に近く直接観察可能な行動（外顕的行動）として表れやすい反応を測定する用具であるとされてきた。この仮定の当然の結果として，次の3点が導き出される。①プロトコルに現れない傾向は，全くないか，あってもわずかであるか，もしくは，意識水準の低下した状態においてのみ観察されるものである。②手への投影の強さは，行動に現れやすいことと直接関係している。③知覚が奇妙であればあるほど，現実との関係を築いている無意識的な行動傾向の層が，精神病的なプロセスによって破壊されたり，置き換えられたりしている可能性が大きいことを示している。

　ハンドテストは，テストバッテリーの一つとして用いる際に，導入の検査になり得るものであり，また，外顕的行動を評価しようとするほかの用具と共通する面をもっていると思われる（Wagner, 1978 b；Wagner & Wagner, 1981）。こうしたことから，ハンドテストは"幅の狭いバンド"的な用具だといえる。つまり，必ずしも人格の主要な側面のすべてを測定してはいないのだが，人の行動傾向を査定することができるのである。このため，ハンドテストは直接観察されうる外顕的行動と関連しており，多くのほかの投影法よりも実証しやすい性格をもっている。

　ハンドテストが外顕的行動を測定するという仮説を実証しようとした研究は数多くなされており，これらの研究の多くは，第5章に記されてい

る。攻撃的あるいはアクティング・アウト行動の予測に関係した研究は，最も多くの注目を集めてきた。そうした研究の多くは，ハンドテストのスコアが非行少年におけるアクティング・アウト行動と関係していることを示している（Azcarate & Gutierrez, 1969；Oswald & Loftus, 1967；Wagner & Hawkins, 1964；Wetsel, Shapiro, & Wagner, 1967）。非行少年を対象とした研究のなかで一つだけが，有意な結果が得られていない（Tennenbaum, 1978）。他の研究は，ハンドテストのアクティング・アウト行動の測定力について分析している。研究対象には，暴力的な生徒を対象としたもの（McGiboney & Carter, 1982；McGiboney & Huey, 1982；Selg, 1965），成人の囚人を対象としたもの（Brodsky & Brodsky, 1967；Porecki & Vandergoot, 1978），分裂病患者を対象としたもの（Drummond, 1966；Himelstein & Von Grunau, 1981；Wagner & Medvedeff, 1963），発達遅滞者を対象としたもの（Panek, Wagner, & Suen, 1979），アルコール症者を対象としたもの（Haramis & Wagner, 1980）がある。

　老人を対象とした研究では，年齢に伴って行動が変化することを指摘した文献と一致した変化が見られている。施設に入所していない老人を生涯にわたって調査したものでは，加齢とともに人格低下のサインが表れている（Panek, Stern, & Wagner, 1976；Panek, Wagner, & Avolio, 1978；Stoner, Panek, & Satterfield, 1982）。施設に入所している老人と，入所していない老人を比較した結果では，施設に入所している群の方が，ハンドテストにおいて失認の程度が重いことが明らかになった（たとえば，Hayslip & Panek, 1982；Panek & Hayslip, 1980；Panek & Rush, 1979）。

　ハンドテストは，発達遅滞者の作業所での達成を予測したり（Wagner & Capotosto, 1966；Wagner & Copper, 1963；Wagner & Hawver, 1965），正常群において職業的な適性を予測したり（Thornton, 1969），警察官の仕事の成績を予測したり（Rand & Wagner, 1973），脳損傷者と非脳損傷者の現実からの引きこもりの程度の違いを予測（Wang & Smyers, 1977）している。しかしながら，ヒューバーマン（Huberman,

1964)の研究では，ハンドテストの変数によって，製材労働者の活動水準と総合評価を識別することはできなかった。

　全般的に，ハンドテストを原型的な行動傾向を測定するものとしてとらえることは強く支持されている。原型的な行動傾向は，各臨床群に特徴的なある種の外顕的行動として表現されるものである。こうした実証的な研究を通して，ハンドテストが行動を測定するという基本的仮説は検証されたと思われる。

構造分析との関係

　構造分析は，人格と精神病理に関する理論で，Facade Self (FS)：外面自己とIntrospective Self (IS)：内面自己の二大「構造」を仮定する投影法から生まれたものである (Wagner & Wagner, 1981)。FS（外面自己）は，現実との基本的な接点となり，人が外的世界に対して行なっている習慣的な態度や行動傾向から成っている。IS（内面自己）は，空想や願望，人生の目標など表に現れない内的なプロセスであり，FS（外面自己）と結びついて初めて行動に現れるものである。よって，あらゆる行動傾向や内的プロセスは，Facade（外面）を通して現れてくるため，理性的な行動にはFS（外面自己）に問題がないことが前提条件となる。

　FS（外面自己）とIS（内面自己）は，どちらも知性と感情のモダリティによって活性化されるのであるが，しかし，外からそれを観察できるのは行動だけである (Wagner, 1976 a)。これらの関係についての解説と構造分析の詳しい説明については，ワグナーら (Wagner & Wagner, 1981) の文献を参照されたい。

　この構造分析の枠組みを用いることで，さまざまな投影法を，測定する人格の"レベル"によって大まかに分類することができる。ハンドテストは，行動に現れるような原型的な行動傾向を反映するように作られているため，FS（外面自己）過程を探ることが主な役割であるが，これは逆に言えば，ハンドテストのIS（内面自己）の測定力は低いということである。

このハンドテストがFS（外面自己）を測定しているという考えは，鑑別診断において重要な意味を持っている。つまり，この検査はIS（内面自己）の機能を測定するような検査（たとえばロールシャッハ法など）と組み合わせて使うことで，個人の人格像を統合的に理解しやすくするのである。

基本的な精神病理を構造分析の用語を用いて説明すると，①柔軟性のないFS（外面自己）と極端に弱いIS（内面自己）→性格障害，②FS（外面自己）とIS（内面自己）の葛藤→神経症，③弱いFS（外面自己）と肥大したIS（内面自己）→妄想症，境界例，観念優位な分裂病，④機能していないFS（外面自己）とIS（内面自己）→慢性分裂病というようになる（Greene, 1978）。

最近の研究では，FS（外面自己）の構成概念は理論的にも臨床的にも有用であることが示されている。パネックとワグナー（Panek & Wagner, 1980）は，発達遅滞者は，その外面が逸脱していたり，ステレオタイプで，未分化なFSタイプであるという仮説をたてた。IS過程が発達していると考えられた医学生が統制群として選ばれ，ロールシャッハ法とハンドテストの結果から，この二つのグループは構造分析の予想通りであることが示された。

また，ワグナーとヘイス（Wagner & Heise, 1981）は，FS（外面自己）とIS（内面自己）の関係でどのような変化が生じているかを確かめるために，躁うつ病患者の躁病期とうつ病期とを比較した。構造分析から予測すると，うつ病期にはIS（内面自己）がいくぶん撤退するために，FS（外面自己）は活気がなくなると考えられた。予測された通りの違いがハンドテストの結果から得られ，FS（外面自己）を測定するというハンドテストの妥当性が支持されると同時に，精神病理を研究するうえでFS－IS（外面自己-内面自己）を分けて考えることが有効であることが示された。

グリーン（Greene, 1978）は，精神科的評価，ミネソタ多面式人格目録（MMPI）（Hathaway & Mckinley, 1942）の結果と，ロールシャッハ法とハンドテストから得た構造分析のデータによる鑑別診断を比較した。評

価尺度の違いが結果に影響していることを考慮する必要はあるが，構造分析の枠組みは他の診断アプローチと比べると，非常に優れていた。

　ドーニーとワグナー（Daubney & Wagner, 1980）は，履修課程が厳しい医学校で好成績を修めるには，それに対処できるよう，FS（外面自己）とIS（内面自己）のそれぞれと，その両者の関係がほどよい適応状態にあることが必要であると仮定した。そこで，ハンドテストとロールシャッハ法とを組み合わせたサインから，学校で好成績を得ているかどうかを予測した。その結果，総体的な不適応状態の指標は，医学校の成績と.55の相関を示した。

　そのほか，単一の診断を受けた事例報告もされるようになり，構造分析によってさまざまな臨床上の症候の特徴が明確にされ（Greene, 1977, 1978；Wagner, 1974, 1978 b；Wagner & Wagner, 1981），新しい診断像を描き出す助けとなっている（Wagner, 1976 b；Wagner & Wagner, 1980）。

　以上のことから，人格の一側面を記述しているFS（外面自己）という構成概念を用いることは，人格を評価する上で効果的で生産的な方略であるといえよう。このような文脈において，ハンドテストはFS（外面自己）の指標になり得るであろう。

ハンドテストの限界

　ハンドテストは，他の診断アセスメント用具と組み合わせて使うようにデザインされている。本来は簡単なスクリーニングの方法として，単独で使うことも可能であるが，その場合は，検査者が注意して解釈をしないと失敗してしまう。従って，ハンドテストは簡便であるからこそ，用途の広い臨床的な補助テストとして使うことで，最もその有効性を発揮するであろう。

　本検査はほかの投影法と比較して短時間で施行でき，しかも大変構造化されているため，この検査の理論を開示したり，もしくは「良い」か「悪い」反応を規定することは，検査の識別力を大幅に妨害することになる。

そのため，検査の目的やスコアリング，刺激材料を専門家ではない人が使用することは，どんな場合でも避ける必要がある。

ハンドテストの目的は，典型的な生活における役割（life-role）的な反応を引き出すことである。この操作的定義は，人格のある限られた側面をさしているだけである。従って，人格アセスメントの多次元的な可能性を満たすものではない。本検査は通常，行動傾向を明らかにするとされており，この行動傾向は，運動系に密接で，しかも行動に表現されやすいものである。そのため，ハンドテストの結果は，空想上の生活，特徴的な防衛メカニズム，知能などを，部分的に明らかにしたり，推測できるにすぎない。これらを正確に測定するには，絵画統覚検査（Murray, 1943）やウェクスラー式成人知能検査（WAIS）（Wechsler, 1955）など，より適切な検査を用いてより効果的にアセスメントすべきである。

カードに投影された行動傾向は，実際の生活状況のなかで見られると考えられるが，しかし，その際に環境的な条件を無視する訳にはいかない。たとえば攻撃性の高い反社会的なプロトコルは，犯罪を犯して入獄した人や刑務所の中でさえも攻撃的な行為をする人に見られている（Azcarate & Gutierrez, 1969 ; Porecki & Vandergoot, 1978）。しかしながら，受刑の性質や期間は，環境によって左右される。同様に，同じ受刑者であっても，人格構造の変化のためではなく，現在，身をおいている環境が暴力行為を誘発しないために，暴力行為は少なくなることも考えられる（おそらく心理的な欲求不満はつのるであろうが）。成功と失敗，満足と不満足は，人格構造ばかりでなく環境状況にも影響される。環境からの影響を考慮せずにハンドテストを解釈することは，診断において危険なことである。ただし，一般に反応が病理的であればあるほど，ほかの検査で被検者の機能の有効性を査定する必要はなくなり，正確な「ブラインド診断」が可能になる（これは，精神病患者は環境的なサポートを受けても，なかなかうまく機能することができないことと関連している）。

また，ハンドテストは，被検者の直接的な心理状態の影響を非常に受けやすい。よって，過去やこれからの状態ではなく，被検者の「今現在」の状態をよく示している。そのため，検査のときに気が動転している患者は

混乱した反応を出すことになり，反対にもともと不安定な人でも，検査のときに一時的に安定していたために実際よりも問題のない反応を出すこともあるかもしれない。

　ほかの投影法でも生じることであるが，検査者が独自に選択した理論によって反応を解釈したくなることは，ありがちなことで，また魅力あふれる試みである。ハンドテストをある特定の人格論のなかに統合することには何ら問題ないのであるが，ただし，検査者はハンドテスト解釈をその理論に合わせて歪めてはならない。したがって，ハンドテスト反応を分析する際には，検査の基本的な仮説や，本検査が依って立つ実証的な知見を損なわないよう充分に注意すべきである。

第2章　テスト施行の実際とスコアリング

　ハンドテストは，反応の記録を含めて，およそ10分間でひと通り施行することができる。ただしスコアリングは別に時間を必要とする。スコアリングや解釈のための時間は，検査者の資質やテストの習熟度によってまちまちである。迅速な対応ができる経験を積んだ検査者なら，スムーズにテストを施行しながら同時にスコアリングすることができる。しかし，初心者は，まず反応の逐語録をとりながら施行をすませて，その後でスコアリングするとよいだろう。

施行手続き

　ハンドテストを施行する前に，まずラポートを確立しておくことが重要である。テスト自体そんなに不安を感じさせるものではないので，それほど長い前準備は必要としない。一般には，できるだけ早くテストに入ってしまう方がよいだろう。
　検査者と被検者は向かい合ってすわり，カードは机の上に表を下に向けて置いておく。検査者は次のように始める。

　　「ここに手が描いてあるカードが10枚あります。私が一枚ずつお見せしますから，その手が何をしているように見えるか，言って下さい」

　カードⅠをひっくり返して，次のように言う。

　　「たとえば，この手は何をしているように見えますか」

カードはいつも被検者に正しい向きで呈示されるようにする。すなわち，裏側のカード番号が右上に来る向きである。被検者は，いったんカードが呈示された後は，いつでも好きなように，これを回すことができる。また，カードを手に取って，絵をよく見てもよいし，むしろ，そのように勧められる。被検者が，カードⅠへの反応を終えたら，カードは机に裏向けて置き，次のカードを表に向ける。この手順で続け，最後のカード（白紙）にきたら，これを表に向けるときに，次のように言う。

「これには何も書いてありません。まず，手を頭のなかに思い浮かべてみて下さい。さて，その手は何をしていますか」

　ハンドテスト反応は逐語的に記録しておく。各反応の初発反応時間も記録しておく。初発反応時間とは，カードが被験者に呈示されてから，被検者がスコアできる反応を出すまでの時間である。このために，ストップウォッチを使って被検者に不安を感じさせるよりも，心のなかで数を数えながら，かかった時間を測定するのがよいだろう。
　被検者が，スコアできる反応を出せない場合は（すなわち Failure：FAIL（失敗）反応のとき），そのカードには初発反応時間が記録されないことになる。もしも被検者が反応を拒むことなく思案を続けていても，100秒以上経過したら穏やかにカードを裏にし，FAIL と記録して，次のカードに進む。同じカードに対して二つ以上の反応が長い時間間隔をおいて出されたときは，その間隔の時間を括弧でくくって記録しておく。あるいは，少なくとも反応にかかった全体の時間を記入しておくようにする。
　一般にカードに対する被検者の反応を奨励したり，抑制したりする言葉かけは行なわないようにする。時どき何のためにこのテストをするのかたずねる被検者がいるが，「手が何をしているかを言えるかどうかというテストです」といった類の無難な返答で返しておくとよい。また，被検者が「一枚のカードにいくつ反応すればよいのか」とか「カードを回転させてよいのか」などと質問してくる場合は，「好きなようにどうぞ。手が何をしているように見えるか教えてほしいだけですから」と答えるとよい。

大切なことは，検査者がハンドテスト施行に関する規定のガイドラインにできるだけ忠実に従うことである。なぜなら，被検者の出す反応の質や量の一部は，検査者による触発の人工的作用の影響を受けるからである。しかし，被検者の反応に対して，検査者が質問すべき場合もある。たいてい，被検者にもっと詳しく，あるいは分かりやすく話してもらうように促すことになる。次のような場合がその例である。

(1)　カードⅠに「手を上げている」など短いステレオタイプ的な記述的反応が出た場合には，「何をしているのですか」と聞き返す。
(2)　カードⅠに一つの反応しかないときには，検査者は「何かほかに思いつくことはありませんか」と尋ねる。
(3)　被検者が初めて反応に失敗した場合（すなわちスコア可能な反応が出なかった場合），検査者は「何か思いつくことはありますか」と尋ねる。もし，被検者がそのカードや，続くカードに対して反応できないままであれば，それ以上は言わない。
(4)　被検者の反応があいまいでスコアがしにくいときは「それについてもう少し説明してもらえませんか」と聞いてよい。この問題は，カードⅢに生じやすい。このカードは，形が明瞭で「指している」というステレオタイプな反応を引き出しやすいからである。また「たたく」「つかむ」「とる」「やっている」といった手が反応された場合，反応のスコアリングのためには，その行為の対象が人であるのか，物であるのか，その目的は何かを明らかにすることが必要である。この場合，「何のため？」とか「何か特別な意味があるのですか」と聞いてよい。この質問に先立って，その反応がきっちりとスコアリングできるかどうか見当をつけておくとよい。
(5)　最終（白紙）カードで，被検者が混乱したり，困っている様子であれば，検査者はただ「何かをしている手を思い浮かべてみて下さい」と繰り返す。

検査者は，どんな場合も，この標準的な問いかけからはずれてはならない。臨床上の目的のために，詳しい説明や自由連想を求めるときは，正規のテスト手順のあとに，非公式の質問をするのがよい。標準的な施行状況で集められた基準を無効なものにしないようにという配慮のためである。

記録の手順

　施行，記録，表作成に，スコアリング用紙（日本版：誠信書房発行）が役立つ。2頁のなかに反応，初発反応時間，スコアのための欄が設けられている（図Ⅰ-1参照）。
　被検者のコメントや説明やその他の発言は記録しておくが，スコアの対象となる反応には入れない。重要な被検者の行動（たとえば，笑い，嫌悪感，おびえ）も，反応語と区別するため（　　）でくくって，スコアリング用紙に記録しておく。検査者の質問も，やはり〈　　〉でくくって記録しておく。
　反応，初発反応時間や行動は，以下のスコアリング記号を用いて表記する。記号のうち，いくつかのものはロールシャッハ法で一般に用いられているもので，ハンドテスト記録にも適切なものである。

（1）　⟲：カードの向きをくるくる回すとき。
（2）　∨，＜，＞，∧：カードの向きを被検者が変えたとき，記号の頂点の向きでカードの方向を表わす。
　　　∨：上部が下になっているとき。
　　　＜：上部が左側の位置で反応したとき。
　　　＞：上部が右側の位置で反応したとき。
　　　∧：呈示されたカードの位置で反応したとき（ほとんどすべてのカードがこの位置で反応された場合はこの記号を省略してもよい）。
（3）　（Q）：検査者が一般的な質問をしたとき。
（4）　（E）：被検者がカードの手を自分でまねしたとき。

20　第Ⅰ部　ハンドテスト・マニュアル

カード番号と正位置	初発反応時間	位置(例:>,<,∧,∨)	被検者の反応	スコアリング 量的	スコアリング 質的
Ⅰ	5		「あれはどうなってる？」と言っている。(E)鼻に親指をつけて、あとの指を広げる仕草(あざけりの意味)をしようとしている。「ヘイ、彼女、うちへ遊びに来ない？」ってやってる。	DEP / AGG / COM	/ / SEX
Ⅱ	3		何かをつかもうとしている。ヤク中毒のじいさんがするみたいに。(Q)俺の足をつかむみたい。それか、チビが自分は何歳だ、と言っている。	FEAR / COM	SEX / IM
Ⅲ	3		「ここから出て行け」と言っている。腹を立てているけちくさい手だ。誰かの目を突こうとしている。	AGG / AGG	/ GRO
Ⅳ	2		誰かが肩をつかんで、揺さぶるのが思い浮かぶな。(Q)やさしくて、あったかくて、愛情のこもった感触だ。	AFF	SEN
Ⅴ	1		手を鉄棒にかけている。懸垂しようとして。殺された人の手。そこにころがっているみたい。	ACT / CRIP	CYL
Ⅵ	4		分からない。(Q)何にも見えない。	FAIL	
Ⅶ	1		左へ曲がるときに、左手を突き出している。左折の予告合図だ。握手かもしれないが、たぶん違うだろう。それだけ。	COM / COM	/ DEN
Ⅷ	1		マリファナを巻いてタバコのようにしている。誰かをつねっている。	ACT / AGG	ORA
Ⅸ	3	⊚	これは、難しいな。そんなに何もやってないし。たぶん、水につけている。熱いか冷たいか知ろうとして。	ACT /	PER / SEN
Ⅹ 白紙カード	7		朝に、手をぶらぶらさせて手を目覚めさせている。(Q)振ったり、曲げたりして、目覚めさせている。	TEN	MOV

注　FAIL（失敗）反応の初発反応時間（IRT）は○で囲み，平均初発反応時間（AIRT）と初発反応時間差（H-L）の得点を計算する際には，除外された。

図Ⅰ-1　スコアリング用紙を用いた反応スコアリング

（5）（D）： 被検者が反応を説明するために自分の手を使って実演したとき。

量的スコアリング

表Ⅰ-1のように，19種類の主要量的スコアリング・カテゴリーは，15種類のサブカテゴリーと4種類の複合カテゴリーからなる。反応1個につき，一つのサブカテゴリーがつけられる。もし，あるカードに1個以上の反応が出た場合，それぞれの反応に異なるサブカテゴリーがつく。カード反応は，15種類のサブカテゴリーのどれかに分類され，スコアリング用紙の反応欄の隣の欄に，そのカテゴリー名の省略形を記入する。図Ⅰ-1はスコアリング用紙にカテゴリーの略語を付した例である。それぞれの反応の分類が終わったら，各サブカテゴリーの反応数を数える。さらに，これらのスコアをたし合わせて4種類の複合カテゴリーを算出する＊。

スコアリング・カテゴリー

Interpersonal：INT［対人］反応群

INT［対人］反応は，他者と関係を持っている反応である。多くのハンドテスト反応と同様に，この反応も，イメージやファンタジー過程よりも，むしろ外顕的な行動傾向として見なされる。INT［対人］反応は，他者との関わりに対する感受性，興味，能力を示すものである。INT［対人］反応は，対人関係への異なる方向性を表わす6種類のサブカテゴリーからなっている。

Affection：AFF（親愛）反応　喜びとか愛情，友好的感情を相手に与

＊訳注：4種類の複合カテゴリーは，課題に適切に答えられた「何かしている手」反応をその行為の対象によって，［対人］Interpersonal：INT カテゴリーと［環境］Environmental：ENV カテゴリーに分けている。また，課題から逸脱した反応のカテゴリーとして神経症の指標とされる［不適応］Maladjustive：MAL カテゴリーと，精神病の指標とされる現実からの［撤退］Withdrawal：WITH カテゴリーが設けられている〈表Ⅰ-1を参照〉。

えたり，他者とそうした感情をやりとりする対人反応。

「友人に手を振っている──挨拶で」（単に「手を振る」という反応で，そこに特別の親しみがこもっていない場合は，後述の COM（伝達）とスコアされる）。
「合図」(Q)「友情の表現で『ハーイ』と言っている」*
「同僚の警官に親しみをこめて敬礼する」
「誰かの背中を軽くたたく」
「スパニエル犬を可愛がっている」
「恋人の手」(Q)「抱擁」
「牧師が誰かを祝福している」
「子どもが道を渡る手助けをしているお母さんの手」
「痛みを和らげてくれる看護婦さんの手」

Dependence：DEP（依存）反応　他者に頼ったり，援助を求めている反応。

「祈りのときの組み合わされた手──許しを求める」
「ヒッチハイカーが，車に乗せてもらおうと合図をしている」
「物乞いしている」
「慈悲を嘆願している」
「溺れている人が助けを求めている」
「手を上げている」(Q)「降参！」
「小さい子が母親のスカートにまといつく」
「お金をもらうのに手を差し出す」
「上官に敬礼する」
教室を出る許可を求めて，「子どもが教室で手を上げている」**

＊訳注：単なる「合図」は後述の COM とスコアする。ほかに，「手を振っている」「バイバイ」「こんにちわ」「やあ」も COM とスコアする。

Communication：COM《伝達》反応　情報の呈示や交換に関わる反応。

　　「演説——強調したいとき」
　　「あら，ご冗談でしょうと言っているみたい」
　　「会話でポイントを強調している」
　　「手話」(Q)「聴覚障害者が声を出さずに話している」
　　「手でこんなものだよと相手に説明する」
　　「編隊飛行中の仲間に手で意志を伝えている」
　　「手振りをまじえて話している」
　　「分かったかね，と言っている」
　　「ジャンケン，グーチョキパー」

　Exhibition：EXH《顕示》反応　他者からの承認を得るため，また何らかの注目すべき手の特殊性を強調するために，自分を見せびらかしている対人反応。

　　「筋骨隆々たるところを見せている」
　　「旅芸人——ダンスしている」
　　「ダイヤモンドの指輪を見せびらかしている」
　　「優雅な手の動きをするバレエダンサー」
　　「壁に影絵を作っている」
　　「キスを受けるために差し出された手」
　　「洗った手を見せている子ども」
　　「奇術師が手品をしている」
　　「ヒットラーみたい」(Q)「バルコニーで群衆の歓呼を受けている——彼はたいした奴だ」
　　「新しいブレスレットを見せびらかしている」

　＊＊訳注：「答えがわかったとき」「発表するため」に手を上げる場合も教師に発言の許可を求めているので DEP とスコアする。

Direction: DIR《指示》反応　他人の活動に影響を与えたり，他人を支配したり，他人に指示を与えたりする反応。

「交通巡査がストップと言っている」
「先生が子どもを黒板のところへ行かせる」
「交通サイン――右へ曲がりますよ」
「命令している」
「犬をドアの外に押し出す」
「オーケストラを指揮している」
「労働者を扇動している」
「（アメフト）クォーターバックが作戦のために集合をかける」
「しっ，静かにと言っている」
「クレーンを操縦している人」(Q)「ブームを下げろ」

Aggression: AGG《攻撃》反応　苦痛，敵意，もしくは攻撃を与える対人反応。

「誰かを傷つけようとする」
「力ずくで人をひっつかむ」
「肩甲骨を折るような柔道のパンチ」
「こぶしをつくる」(Q)「誰かを殴ろうと思って」
「蠅をたたく」
「口にパンチ」
「崖から人を突き落とす」
「（ボクシング）バシン！　顔面，右だ！」
「リングの上のボクシング」
「鶏の首を絞める」

Environmental: ENV［環境］反応群

ENV［環境］反応は，人間以外の世界に対する一般的な態度を表わし

ている。すなわち，これらの反応は，環境に対して反応したり，はたらきかけたりする個人特有のスタイルの傾向を表わしている。環境反応とは，よりよく生きるために重要だと考えられる非対人的な課題，遂行，活動と定義される。ENV［環境］反応は，反応の行動タイプにより3種類のサブカテゴリーに分類されている。

　Acquisition：ACQ（達成）反応　目的を達成しようとする，もしくは手に入れようとする反応。動作は進行中のものであり，かつ，目的はまだ達成されておらず，まだ達成し得るかどうかに疑問を残している。ある種の緊張感と不確かさがみられる。

　　「何かをとろうと棚の上に手をのばしている」
　　「お菓子箱をとろうとしている子ども」
　　「フットボールをキャッチしようとする」
　　「飛び上がって木の枝をとらえようとする」
　　「通りすぎようとするものをつかもうとする」
　　「落ちてくるものをつかもうとする」
　　「梯子をつかもうとする」
　　「山登りする人」(Q)「岩だなにとりつこうとしている」
　　「バスに乗っているときのようだ」(Q)「吊り革につかまろうとしている」
　　「裂け目にはさまっている何かを手探りで捜す」

　Active：ACT（活動）反応　物体を建設的に操作したり，目的を遂げたり，物を変化させたりするときの行為または環境にはたらきかける反応。ACT（活動）反応では，行為の目的または対象が既遂のものであるか，あるいは必ず遂行されるものなので，できるかできないかについての疑問を残していない点がACQ（達成）反応と異なる点である。

　　「たぶん，タイプを打っているのだろう」

「硬貨をつまんでいる」
「鉛筆で書いている」
「塩を振りかけている」
「スーツケースを運搬している」
「針に糸を通している」
「ボールを投げている」
「賽銭箱にお金を入れる」

Passive：PAS《受動》反応　休憩している，あるいは重力との関係でリラックスした状態，手からわざと力を抜いた状態。

「休憩している」
「テーブルの上に手をベタンと横たえている」
「マニキュアのエナメルを乾かしている」
「水の中につけている」(Q)「プールサイドで」
「こんなふうに (D) 広げている」(Q)「だらんとしている」
「膝の上で組んでいる手」
「眠っている人の手」
「椅子の肘掛から，だらんと垂れている手」
「自然な状態で，リラックスしている手──考える人の銅像のように」
「手をぶらんとしている」(Q)「本を読んでくつろいでいるときのように」

Maladjustive：MAL［不適応］反応群

　MAL［不適応］反応は，主観的に体験される内的な弱さや，外的な抑制のために，さまざまな行動傾向がうまく実現できていないことを表わしている。当人はこの困難について，少なくとも部分的に気づいているのである。そのような反応は，欲求充足の失敗からくる心配や悩みを表わしている。MAL［不適応］反応は，3種類のサブカテゴリーに分かれている。

Tension: TEN《緊張》反応　エネルギーは使われているが，たいしたことがなされない場合。不安，緊張，不快といった感情を伴う。TEN《緊張》反応には，明らかな緊張感や努力を伴って，重力に対抗して自分の身体を支えるためにエネルギーが使われている場合も含まれる。

「怒ってぐっと握りしめているこぶし」
「上にウーンと挙げている手」(Q)「起き上がろうとしている」
「指を伸ばして力を入れている」
「手がちゃんと動くかどうか調べるため手を広げている」
「汚い言葉を言わないようにこらえて指を握りこむ」
「崖っぷちにしがみついている」
「何かをきつく握りこんでいる」
「いらいらして握っているこぶし」
「手を後の方へねじ曲げている」
「平行棒の上の緊張」

Crippled: CRIP《不自由》反応　手が不自由であったり，腫れていたり，死んでいたり，醜悪であったり，病気の手であったり，傷ついていたりで使いものにならないような場合。

「死んだ人の手」
「誰かの病気の──病んだ手──今にも死にそうな」
「何か障害を持った手」
「この手からは血が流れています」
「脳性マヒを患っている人の手」
「事故にあった。自動車の窓からぶらさがっている」
「たたかれたあとの手」
「女の手。傷を負っている。たぶん強姦されたのだろう」
「指が切り落とされている」
「手に黒ずんだところがある」

「手がかじかんでいる。外が寒かったからだ」

Fear：FEAR（恐怖）反応　苦痛，外傷，何らかのダメージ，死などによって，脅かされている手を見る反応。また，被検者，もしくは被検者とおぼしき人物に苦痛や傷，ダメージ，死，を与えようとする手が明確に知覚されているときも，FEAR とスコアする。

「震えている。何かに怯えているのだ」
「三度目に倒される人」
「顔を覆っている」(Q)「原子爆弾に対して」
「大変気味が悪い」(Q)「恐ろしい感じだ」
「閉じこめられている。出ようと思うが出られない」
「私の父の手。私を打とうとしているみたい」
「暗やみのなかの手」「私を絞殺しようとしている」
「あとずさりしている。脱出しようとして」
「殴られるのを避けるために立ち上がる」
「飛んでくるコップを避けるために立ち上がる」
「流砂に吸い込まれていくような」

Withdrawal：WITH［撤退］反応

WITH［撤退］反応は，意味のある効果的な生活役割の放棄を表わす。このタイプの反応は，被検者が適切な行為を手の絵に投影できないことを示しているのである。WITH［撤退］反応は，3種類のサブカテゴリーに分かれている。

Description：DES（記述）反応　被検者が，そこに手が描かれているという以上の認識を持たない反応。ときには，細部の叙述や感情の叙述を伴う場合もある。

「単なる手でしかない」

「手のひらを上に向けている」(Q)「それだけ」
「ただまっすぐに手を伸ばしている……何もしていない」
「左手」(Q)「女の人」(Q)「それだけ」
「力強い手。特別なことは何もない」
「こぶし」(Q)「別に何もない」
「指のまわりに糸を巻きつけた手」
「普通の何でもない手」
「五本の指。二本がくっついてる。それだけ」
「指を閉じている」(Q)「ほか，何もない」

Bizarre：BIZ（奇矯）反応 幻聴内容や妄想もしくは奇妙な病的思考にもとづく反応。描かれている手の形を部分的に無視するか全く無視した反応で，奇妙で，その人にしか分からないような病的な反応。一つでもBIZ（奇矯）反応があれば，重篤な障害を示唆している。手以外のものが知覚されたり，反応が特に病的であるときにスコアされる。

「世界——ちょっと離れて見たところ——感じをつかもうとして」
「黒い手はいらない。ママを迎えに行って」
「黒い虫」
「鰐が壁に沿ってはっている」
「死神の頭。骸骨。死」
「処女の手。雪。それは純白だ」
「文化。解毒剤。ハート博士。催眠ガス」
「ハンドコード」(Q)「聖トーマスに会いに上がって行く」
「筋肉を見よ？ ひまわりからできた脳みそ」
「骨。指の骨。骨-骨。心臓-骨」

Failure：FAIL（失敗）反応 あるカードにスコアできる反応が一つも出なかった場合。FAIL（失敗）反応は，スコアリング・サマリーには加えられるが，総反応数には含められない（第3章の総反応数の項 (p. 60)

を参照)。FAIL（失敗）は反応ではなく，反応することに失敗していることを意味している。

　テスト施行で適切な質問をしていても，スコアリングが難しい場合がある。二つのスコア・カテゴリーのどちらをつけようか迷ったときに解決するための一般的ルールは，反応の心理的な内容にふさわしいカテゴリーを選ぶことである。たとえば，「火にかざして手を暖めている」という稀な反応は，そこに暖かさや保護への欲求が表明されているのでACT（活動）でなく，むしろDEP（依存）とスコアされるべきである。また，「先生が教室で授業している」は，COM（伝達）よりも，むしろDIR（指示）とスコアされてよいだろう。この場合，情報の伝達よりも，他者を指導することの方が重要に感じられるからである。「クッキーをつまもうとしている」は，ACQ（達成）ではなくACT（活動）とスコアされる。対象物はまだ獲得されていないが，緊張感や結果に関する疑念が感じられないからである。「空手チョップでドアを壊している」などの反応は，ACT（活動）でなくAGG（攻撃）とスコアされる。行為は非生物に向けられたものであるが，怒りの感情や暴力性を伴っていると感じられるからである。

　ある反応のスコアリングで迷いが生じた場合，反応の全体的な継起を調べてみることも役に立つ。たとえば，前例の「火にかざして手を暖めている」反応で，被検者が10個の反応のうち，ほかにも3個のあいまいなDEP（依存）反応を出しているとすれば「暖めている」反応がDEP（依存）カテゴリーに属する確率がかなり高まることになる。ハンドテストの経験によれば，検査者がテストやスコアリングを数多くこなせば，スコアリング上の問題もかなり減少することが分かっている。第4章の症例研究も，スコアリング例として役立つだろう。

反応頻度とパーセンテージの決定

　すべての反応にスコアがつけられたら，それぞれのサブカテゴリーに分類された反応の数を得点として，スコアリング用紙のスコアリング・サマリーの頻度欄に記入する。まず総反応数を数え，スコアリング・サマリー

スコアリング・サマリー

カテゴリー	頻度	割合(%)	例（ほかの例については「ハンドテスト・マニュアル」参照）
量 的 カ テ ゴ リ ー			
AFF　（親愛）	1	6	「握手している」「元気づける看護婦の手」
DEP　（依存）	1	6	「ちょうだいと頼んでいる」「指導者に敬礼している」
COM　（伝達）	4	25	「時の話題を議論している」「手振りしながら話してる」
EXH　（顕示）	0	0	「指輪を見せている」「旅芸人の男——ダンスしている」
DIR　（指示）	0	0	「命令している」「オーケストラを指揮している」
AGG　（攻撃）	4	25	「誰かの鼻を殴っている」
INT［対人］	10	62	
ACQ　（達成）	0	0	「何かとろうと棚の上に手を伸ばしている」
ACT　（活動）	3	19	「箱を持ち上げている」「ボールを投げている」
PAS　（受動）	0	0	「人が眠っているみたい」「膝の上で手を組んでゆっくりしている」
ENV［環境］	3	19	
TEN　（緊張）	1	6	「非常に緊張している」「怒ってぐっと握りしめているこぶし」
CRIP（不自由）	1	6	「怪我している手」「すっかり疲れ切っている」
FEAR（恐怖）	1	6	「命からがら逃げている」「震えている……怖いから」
MAL［不適応］	3	18	
DES　（記述）	0	0	「ただの左手」「力強い手……特別何もない」
BIZ　（奇矯）	0	0	「黒い虫」「死神の頭」
FAIL（失敗）	1	6	スコアできる反応が出されない
WITH［撤退］	1	6	

ER＝ΣINT：ΣENV：ΣMAL：ΣWITH＝ 10 ： 3 ： 3 ： 1 　　　R＝ 16 　H-L＝ 6
AOR＝(AFF＋DEP＋COM)：(DIR＋AGG)＝ 6 ： 4 　　　AIRT＝2.89　PATH＝ 5

図Ⅰ-2　量的カテゴリーのスコアリングの概要

のRの欄に記入する。ここでFAIL（失敗）とスコアされた反応は，総反応数に入れない。反応パーセンテージは，それぞれのサブカテゴリーを総反応数で割り，100をかけたものである。こうして得られたパーセンテージは，スコアリング用紙の「割合（％）」の欄に記入する。4種類の複合スコアカテゴリーは以下のように，それぞれ該当するすべてのサブカテゴリーの頻度欄を合計して求める。①INT［対人］＝AFF（親愛）＋DEP（依存）＋COM（伝達）＋EXH（顕示）＋DIR（指示）＋AGG（攻撃）；②ENV［環境］＝ACQ（達成）＋ACT（活動）＋PAS（受動）；③MAL［不適応］＝TEN（緊張）＋CRIP（不自由）＋FEAR（恐怖）；④WITH［撤退］＝DES（記述）＋BIZ（奇矯）＋FAIL（失敗）。これらの合計点は，該当する複合カテゴリーの隣の頻度欄に記入される。反応パーセンテージ

も，該当の頻度欄にある数字を総反応数で割って求めることができる。図Ⅰ-2は，スコアリング・サマリーの例を示したものである。

集約スコアの決定

さまざまな比率や集約スコアを算出してハンドテスト反応の解釈に役立てることができる。スコアの解釈については，第3章を参照のこと。

Experience Ratio : ER（体験比率）

ER（体験比率）は，基本的なパーソナリティや行動に向けられる心理的エネルギーの配分を大づかみに見立てるためのものである。比率は4種類の複合カテゴリーの反応頻度を比較したものである。反応頻度はスコアリング・サマリーにΣINT：ΣENV：ΣMAL：ΣWITHの順序で記入する。

Acting Out Ratio : AOR（行動化比率）

AOR（行動化比率）は，敵意のある反社会的な行動が発現される見込みについて見積もった測定値である。この比率はAFF（親愛），DEP（依存），COM（伝達）の和と，DIR（指示），AGG（攻撃）の和の比である。これらのサブカテゴリーの反応頻度を計算し，スコアリング・サマリーに（AFF（親愛）＋DEP（依存）＋COM（伝達））：（DIR（指示）＋AGG（攻撃））の順に記入する＊。

Pathological : PATH（病理スコア）

PATH（病理スコア）は，被検者のプロトコルにおける病理性の総和を見積もるためのものである。このスコアは，複合カテゴリーのMAL［不適応］の頻度とWITH［撤退］の頻度を2倍したものをたし合わせ

＊研究では，AOS（行動化スコア）が用いられることもある。これはDIR＋AGGの和からAFF＋DEP＋COMの和を引いたものである。

訳者補注：また研究ではAORを数値処理の便宜上，AFF＋DEP＋COMの和からDIR＋AGGの和を引いた数値で代用している例もある。第Ⅱ部章末の付表のAOSがこの例である。

る。つまりΣMAL＋2（ΣWITH）である。スコアリング用紙には，このスコアを記入する欄がある。このスコアは，概念的に純粋なものではなく，程度が異なる病理指標を組み合わせたものなのだが，経験的には，明らかな行動上の不適応の評価や研究に有効であることが分かっている。

Average Initial Response Time : AIRT（平均初発反応時間）

AIRT（平均初発反応時間）は，10枚のカードそれぞれに対する初発反応時間（秒単位）の総和をたし合わせ，10で割ったものである。FAIL《失敗》とスコアされたカードがあれば，その反応時間は含まないでおく。たとえば，2枚のカードに対してFAIL《失敗》とスコアされていたら，AIRT（平均初発反応時間）は，残りの8枚のカードの初発反応時間をたし合わせ，8で割ったものとなる。スコアリング・サマリーの該当する欄にこれを記入しておく。

High Minus Low Score : H-L（初発反応時間差）

このスコアは，FAIL《失敗》を除いた初発反応時間（秒単位）のなかで，最も長いものから，最も短いものを引いた値である。スコアリング・サマリーには，この値を記入する欄が設けられている。

質的スコアリング

以下にハンドテストで定められた17種類の質的カテゴリーを示す。カードに対する反応は，この質的カテゴリーの一つかそれ以上のどれかに当てはまるかもしれないが，しかし，一つの反応に一つ以上の質的カテゴリーがつけられることは稀である。スコアがつけられたら，カテゴリーの略字を反応欄の横の該当する欄に記入する（図Ⅰ-1）。

ハンドテストに関する文献の大半は，量的スコアの妥当性を扱ったものであることを忘れてはならない。したがって，総合的なテスト解釈に発展させるために，量的スコアリングと質的スコアリングの統合の試みは，いくぶん慎重に行なう必要がある。

スコアリング・カテゴリー

Ambivalent：AMB《両価性》

この反応は，述べられた行動傾向に対して，両価性やためらい，もしくは躊躇が表明されたときに生じる。

> 「誰かを殴ってるけど，それにしては親指がおかしな位置にある」AGG《攻撃》
> 「リラックスしてると思う。ただ，それにしては指がちょっときつく曲がってる」(Q)「う〜ん，たぶんリラックスした状態」PAS《受動》
> 「彼が何か要求している？」(Q)「誰かに要求しているか，命令している。だけど，ちょっとはっきりしない」DIR《指示》

Automatic Phrase：AUT《自動句》

一連のカードに対する反応の最初か最後に，自然に口をついて出てくる語句である。そうした語句は，決まり文句であったり，口癖であったりする。AUT《自動句》反応として分類するのによく使われる方法は，検査が終わったときに，語句や発言に下線を引き，引かれた語句の数を数えるというものである。

> 「<u>えっと，これはいったい何だろう？</u> 人が誰かの鼻を殴ってる」AGG《攻撃》
> 「女の人が指輪を見せている。<u>私にはそうとしか見えない</u>」EXH《顕示》
> 「<u>う〜ん，難しいなあ。</u>怒りの握りこぶしかな」TEN《緊張》

Cylindrical：CYL《筒状》

このタイプの反応は，手が円筒状で手のひらにおさまるぐらいの大きさのものを持ったり，操作したり，使ったりする手を見ている場合である。鉛筆やストローのように細いものは含まない。

「配管工が管につないでいるみたい」ACT《活動》
「鉄道の路線にあるようなスイッチを切り替えようとしている」ACT《活動》
「旗のポールを持っている。国旗制定記念日に行進をしているバトンガールの一人」EXH《顕示》

Denial：DEN《否定》

DEN《否定》反応においては，いったん見えたり，言ったりされた知覚像が否定される。反応は，AMB《両価性》反応よりも強く，被検者によってきっぱりと回避される。

「握手をしている？ そうじゃない，違う手」AFF《親愛》
「軍隊の敬礼。いやそんなはずない。手が右手じゃない」(Q)「う～ん，二人の将校が，互いにすれ違うときのよう。だけど，手が敬礼になってないから，実際はそうじゃないんだ」COM《伝達》
「ねじをつまんでいる。今のはなし。指があまりに離れてるから，それはできないはずだ」ACT《活動》

Emotion：EMO《情動》

この反応は，強い感情をおびたものである。被検者のカードに対する反応は，個人的で強い感情に満ちている。EMO《情動》反応と分類されるには，言葉や行動で強い感情が明らかにされている必要がある。

「パーン，大当たり！ 彼は，あのバカ野郎を嫌ってて，とうとうそいつをやっつけたんだ」(D，こぶしをつくる) AGG《攻撃》
「とっても楽しそう。喜びではちきれそう。長く会っていなかった友と握手をして大喜びをしている」AFF《親愛》
「得意満面。彼は，レースに勝って，群衆に手を振ってる。(D，手を振る) やったぞ！」EXH《顕示》

Gross : GRO《粗野》

これは，たいてい AGG（攻撃）反応と結びついてスコアされる。原始的で，統制されていない，また，全く社会化されていない攻撃的な行為を示す。そうした反応は，通常の攻撃行動の域を越えた野蛮な暴力を表わしたものである。

「メリケン（格闘用の指にはめる金具）を持っている。ガールフレンドの顔を殴ろうとしている」AGG（攻撃）
「野球のバットで，誰かの頭蓋骨を断ち割っている」AGG（攻撃）
「空手チョップ。（Q）誰かのみぞおちに手を突き刺したとき，あまりに強かったので，相手の内臓が出てきた」AGG（攻撃）

Hiding : HID《隠蔽》

このタイプの反応は，手が何かを隠しているように知覚されている。視野から物を隠したり，もしくは，相手に手が何をしているのか見えないようにしているというものである。

「マジシャンが手品をやってる。1ペニーを消してしまう」EXH（顕示）
「彼女は試験を受けている。手で答案用紙を覆っている。誰かにカンニングされないように」ACT（活動）
「手のなかに何か大切なものを持ってる。誰もそれを見ることができないように，しっかりと指を閉じている」ACT（活動）

Immature : IM《未熟》

この反応は，子どもや動物と関わる手を知覚したものである。

「犬をなでている」AFF（親愛）
「先生。子どもを黒板の方に呼んでいる」DIR（指示）
「女の人が指を立てている」(Q)「小さい鳥が指の上に止まってるみ

たい」ACT《活動》

Impotent : IMP《無力》
　この反応は，被検者がテスト刺激に反応する能力や理解力がないことが述べられているものである。

　「私には難しすぎる」FAIL《失敗》
　「私は，これができるほど賢くないと思うのですが」FAIL《失敗》
　「年をとっているから，こんなことはできない」FAIL《失敗》

Inanimate : INA《無生物》
　無生物《INA》反応は，手を生きた人間のものとして見ていない反応である。手は，むしろ絵画や彫像，映画のような無生物の肖像のものとされる。

　「止まれの合図で見かける手みたい。これより先に行くなと言ってる」DIR《指示》
　「ホラー映画に出てくる手。」(Q)「誰かを捕まえようとしている」AGG《攻撃》
　「きれいな手。ミケランジェロの銅像みたい」(Q)「何もしてない。優雅できれいなだけ」DES《記述》

Movement : MOV《運動》
　この反応は，意図を持たないで非生産的な活動を意味している。手の動きをやみくもに，目的なく，繰り返される運動としてとらえている。

　「握ったり，開いたりしている」(Q)「力を入れて，ただ，閉じたり，開いたりしている」TEN《緊張》
　「前後に手を振っている」(Q)「意味なく，ただ振っている」ACT《活動》

「ぐるぐる回している。特に何かをやっているのではなく，回す動きをしている」ACT《活動》

Oral : ORA《口唇》
食物や飲み物，もしくは薬物の摂取や，それを示唆する反応である。

「冷蔵庫からビールの缶を出している」ACT《活動》
「マリファナを吸っているとき，テーブルの上でリラックスしている手」PAS《受動》
「手にフォークを持っている。食事をしている」ACT《活動》

Perplexity : PER《困惑》
この反応は，刺激が難しすぎて被検者が困っていることを被検者自身が認めるときに生じる。IMP《無力》反応と同様に，絵は印象を投影する刺激として認識されず，むしろ，難しい「答え」を求めるような具体的な課題として認識されている。

「何をしているかだって？」（はい）「そうだね，いろいろしているだろうけど，これといって一つに決められない」FAIL《失敗》
「これは手だけど，やっかいな手だ。ええっと……」FAIL《失敗》
「上向きなのか下向きなのか。たくさんの可能性があって，どれとも言えない」FAIL《失敗》

Sensual : SEN《感覚》
この反応は，感触や感覚的要素を含んだものである。手は人や物に触れて，心地よさを感じるものとして見られている。

「恋人の髪に手を伸ばしている」AFF《親愛》
「粘土細工をしている。その感触を楽しんでいる」ACT《活動》
「ボートの外に手を出している。手をゆっくりと水から上げると，水

が指の間からしたたり落ちる」PAS《受動》

Sexual : SEX《性的》
この反応は，手が直接に性的行為に結びついているものである。

「マスターベーションをしてる」(Q)「緊張を和らげるため」TEN《緊張》
「女性を捕まえている」(Q)「レイプしようとして」AGG《攻撃》
「妻に腕を回している。しっかり抱きしめて，セックスしている」AFF《親愛》

Original : O《独創》
多くのハンドテスト・プロトコルをとったり，解釈をしたことのある経験豊かな検査者であれば，O《独創》反応をスコアすることができる。この反応は，描かれた手に合ったもので，稀で独自性の高いなものである。そうした反応は，知能と想像力の豊かさを示唆するものである。そのため，その反応が刺激に充分一致しており，なおかつ独特なものであると検査者が確信できる場合に限り，スコアされるものである。

「次のフレームにカチッとはめこむよう指示するフィルム・ロールに書いてある指マークみたい」DIR《指示》(カードⅢへの反応)
「操り人形の糸を操ってる」(Q)「舞台の上方の手。子どもたちに見せるショーをやっている」EXH《顕示》(カードⅣへの反応)
「物理の授業で，電流がどのように流れるかを説明するために手を使ってる」COM《伝達》(カードⅣへの反応)

Repetition : RPT《反復》
これは，被検者が多くのカードに同じ反応か似た反応を固執してくり返し出していることを意味する。反復が生じるたびに，スコアリング欄にチェックをつけ，その数の合計が得点となる。

スコアリング・サマリー

カテゴリー	頻度	割合(%)	例 (ほかの例については「ハンドテスト・マニュアル」参照)
質的カテゴリー			
AMB 〈両価性〉	0	0	「誰かをたたいているが，ほとんど力が入ってない」
AUT 〈自動句〉	0	0	「えっと，何だろう？」（決まり文句，口癖など）
CYL 〈筒状〉	1	6	「パイプのように長くて丸い物を手に持っている」
DEN 〈否定〉	1	6	「握手している。でも，手が逆だから違うな」
EMO 〈情動〉	0	0	「友達に再会してわっと喜んでいる」
GRO 〈粗野〉	1	6	「岩で，きざなヤツの頭をぶったたいている」
HID 〈隠蔽〉	0	0	「見られないようにカードを手で隠している」
IM 〈未熟〉	1	6	「小さな少年の手をとっていっしょに散歩に行こうとしている」
IMP 〈無力〉	0	0	「私には何も思い浮かびません」
INA 〈無生物〉	0	0	「彫像の手のようだ」
MOV 〈運動〉	1	6	「訳もなくただ手を振っている」
ORA 〈口唇〉	1	6	「グラスの水を飲んでいる」
PER 〈困惑〉	1	6	「これは本当に難しい問題だ」
SEN 〈感覚〉	2	12	「手の中の粘土の感触を楽しんでいる」
SEX 〈性的〉	2	12	「女性の胸を触っている」
O 〈独創〉	0	0	稀だがうまく見られている反応
RPT 〈反復〉	0	0	同じか類似の反応を繰り返す

図 I-3　質的カテゴリーのスコアリングの概要

「手を振ってる」COM《伝達》（カード I，II，V，IXへの反応）

反応の頻度とパーセントの算出

　すべての反応について，その質的特徴を検討したあと，それぞれの質的スコアリング・カテゴリーに分類された反応の数を合計して，スコアリング用紙のスコアリング・サマリーの頻度欄に記録する。それぞれのカテゴリーの反応パーセンテージは，頻度欄に記入されたそれぞれの数をR（総反応数）で割り，100を掛けた数値となる。このパーセントは，スコアリング・サマリーの「割合（%）」欄に記入する。図 I-3 は，スコアリング・サマリーに質的スコアリングを書き込んだ例である。

付加的カテゴリー

　以下に掲げる質的スコアリング・カテゴリーは，ハンドテスト・スコアリング用紙には掲載されていない付加的なものである。これらのカテゴリーは，稀にしか生じず，また，そのカテゴリーの意味するものは正規の質的カテゴリーのように明確ではない。

　原著者は，これらのスコアをスコアリング用紙には記入しないように警告している。しかし，個別のハンドテスト・プロトコルを臨床的な判断や直観を頼りに解釈する際に，何らかの示唆を与えてくれるものとして，この別欄に紹介しておく。米国における今日的な心理的テーマに関わるものが多いように感じられ，時代の推移とともに淘汰されてゆくなかで，その心理的意味が実証されたスコアは，正規の質的スコアに並ぶものとして扱われるようになるかもしれない。（訳者 記）

【活動の対象による分類】

Drugs：DRUG―薬物

　この反応は，たいてい ORA《口唇》カテゴリーに含まれる。しかし，ある被検者には，それと分けてスコアする方がよい。それは，被検者の口唇期性が，食べたり，飲んだり，煙草を吸ったりといった危険性の少ない口唇期的習慣より，薬物使用にのみ向かっているような印象がある場合である。実際には，冗長となる危険を覚悟で，両方のスコアが使用される。「瓶から覚醒剤を出して，口に放り込んでいる」(ACT／ORA／DRUG)。

Food：FOOD―食物

　Food 反応も，ORA《口唇》カテゴリーと関係している。これは，直接的で，原始的な食物摂取の反応を，喫煙のような口唇的活動に関係したものから分けるために使われる。Food 反応は，未熟な人格においてしばしば見られる傾向にある。

Money：MON－金銭

Money 反応は，手が硬貨を扱っているように見られるときにスコアされる。たとえば，「1 ペニーをつかんでいる」「小銭をもらっている」や「1 ドル札を折り重ねている」などである。この反応は，実際に金融に携わっている人か，もしくはお金のない人に最もよく見られる。臨床的な経験では，Money 反応と，文章完成法テストでの「私がもっと欲しいのは」に対して「安心だと感じられるほどのお金である」という記述とが符合した例があった。多くの失業中の被検者や，もしくは心理学的な評価のための福祉事務所から紹介されてきた人にしばしば見られる。

Homosexuality：HOMO－同性愛

同性愛的な要素に関連した活動や関係，言及が含まれた内容は，Homosexually 反応とスコアされる。たとえば，「同性愛者が話してる――彼らがどんなふうに手を組むか知ってるでしょう」といった反応である。臨床的な経験では，こうした反応は，必ずしも明らかな同性愛傾向の指標ではない（そうかもしれないが）が，しかし，それは，同性の友人への関心やおそらくは同性の友人に魅力を感じていることを連想させる。しばしばこうした反応には，「同性愛者」に対する嘲笑的なコメントが含まれており，それは，同性愛的な感情や傾向に対する防衛を示唆しているのである。ときおり，他の重篤な精神病理を抱える精神性的な障害を持った患者が，特に甚だしい同性愛的な内容の反応を出す（たとえば，「同性愛者がマスターベーションをしている」など）。

Self：SELF－自己

Self 反応は，活動が自己に向けられているときにスコアされる。そうした反応は，環境ではなく自分自身に対する関心を示す（たとえば，「お腹をぽんぽん軽くたたいている」）。この種の反応は，これまで Internalized（IN）とされてきたが，Self の方がより適切であると思われる。臨床的な印象では，Self 反応は，他者や非個人的な世界よりも自分自身から生じる感情や，満足や活動に関係するものを含

んでいる。また，成人よりも子どもによく見られ，発達的にも，子どもは外界へのエネルギーに注意を向ける前に，自分自身の身体に焦点づけられているというのは，理に適ったことと思われる。そのため，Self が成人に見られるときは，未熟さを意味するであろう。

Ball：BALL－ボール

このスコアを提案したジャネット・ブラウン博士（Janet L. Brown）は，彼女の研究のなかで，この反応が施設で育てられた子どもにしばしば見られるとしている。

弾ませたり，投げたりしているように手が見られるとき，もしくは，ボールや比較的丸いものを扱っているように見られるとき，Ball 反応としてスコアされる。たとえば，「バスケットのシュートをしている」「キャッチボールしている」「ボーリングのボールを抱えている」などが含まれる。印象としては，Cylindrical と似ており，どちらの反応もしばしば同じプロトコルで生じている。しかし，Ball 反応は，男性性器への精神性愛的な偏好を直接に示す指標ではない。この反応は，たいてい男性，それもスポーツをやっているか，スポーツに興味がある普通の男性に生じる。精神分析派の分析者は，昇華が働いていると主張するかもしれないが，Ball 反応は，性的な問題の兆候が何もない人によって出されているため，運動競技には性的な未熟さが伴っていると自動的に見なすのは実証的ではない。

文化もこの側面にある役割を果たしているようである。たとえば，ボールや好戦的な技術，他の身体的活動を伴った多くの運動競技の反応が，日本人のハンドテスト・プロトコルに見られている（Minoura & Takeda, 1972）。これらの場合，そうした反応に「スポーツ」というスコアがつけられた。スポーツは，日本人には大変慣習的な儀式化されたものとなっているため，一連の手が，社会化を意味するスポーツ活動に結びついたものとして認知されるように感じられる。AGG（攻撃）反応の反社会的な意味でさえも，日本人がスポーツからの連想として出すならば，そこには，人と協調しようとする努力や統制しようとする努力としての意味が付加的に加わっているため，そ

の意味は和らげられてしまう。

このように，Ball反応は，慎重にプロトコル全体の文脈のなかで解釈されるべきである。というのも，Ball反応は，少なくとも四つの異なった，おそらくは重なり合った次のような意味を表現しているからである。①精神性愛的問題，②マッチョ（筋骨隆々）タイプ志向，③スポーツへの興味，④仲間と共に力を合わせて冒険を行うことである。

【反応スタイルに関わる分類】

Evasive：EVAS―言い逃れ

この反応は，投影するのではなく目の前の環境のなかで目にした物にもとづいて，たわいのない返答をすることで，その課題から逃れようとする努力を示している。これは，たいていカードXで生じ，被検者は，「カードを持っているあなたの手」といった反応をする。名前の印象の通り，Evasive反応は，本当の自分が露呈されることを望まない人によって出される。一般的な反応ではないが，その反応が生じたときは，精神病質や妄想症，その他の否定的な人格的タイプの人によって出された可能性が高い。Evasive反応は次のConcreteness反応と混乱しないようにすべきである。

Concreteness：CONC―具体化

Concreteness反応は，空想の失敗を表わしている。被検者は，彼らの目の前にある何かに頼ってある反応を考え出す。このリアクションは，知的障害をもつ被検者によって出される傾向がある。一般に，反応の出され方に明らかな質的違いがみられるため，Evasive反応とConcreteness反応とを識別することができる。Evasive反応は，たいていたいした努力を要せず，ずるく，独善的で否定的な印象を与える。一方，Concretenessは，最後の手段として用いられるが，そこで無力さや能力不足を最もさらけ出してしまう反応である。IQの低い被検者や脳損傷の被検者が「カードを持っているあなたの手」と言ったとき，その反応にはたいていあきらめか，さらに息抜きのニュ

アンスが伴っている。概念上，反応の際，図版の手をまねる行動とこの Concreteness 反応は両者がともに想像力の乏しさと投影の手がかりとして実在物に頼っているという点で，関連性を持っている。

Personification：PERS－私事化

この反応は，被検者が自分自身のことについて言及するか，反応を決定する決め手として自分が知っている誰かのことについて言及するかしたときにスコアされる。たとえば，「私の父が，まさに誰かに何かを言おうとしている」「指が潰されたときの私の手」や，「私のガールフレンドは，こんなふうに話す」などである。Personification 反応は，自分自身の問題にとらわれていたり，客観的な感情を交えずに世界観を持つことができない自己中心的な人が出す。さまざまな精神病理的な状態にある人と同様に一般的な人にもみられるが，しかし，ヒステリーや境界例，あるタイプの分裂病者により多く出される傾向がある。

Symbolism：SYM－象徴化

この種の反応は，被検者が行為や記述に象徴的な意味をもたせているときにスコアされる。たとえば，「ダンサーが，想像の喜びを象徴するような表現的な動きをしている」「母親が子どもを抱きしめている手——愛情を表わしているようにみえる」や，「無慈悲さ。本物の手ではなくて，力と攻撃性を意味している」などである。

Symbolism 反応は，かなり感情的に見えるが，実際は相手に無関心な人が出す反応である。一般的なルールとして，エネルギーが行動に投入されていないほど，感情的な乖離が大きくなる（たとえば，より強い〝情動〟が空想に向かっていればいるほど，実際に現実の世界にいる人びとへ関心が向かわなくなる）。Symbolism を多く出す人は，内向的な傾向があり，観念的で，敏感で，芸術的であるようである。Symbolism は，しばしば，INA《無生物》反応に伴って見られる（たとえば，「モナリザの手。平和と平穏。優しさを象徴している」などである）。

Feminine：FEM あるいは Masculine：MASC—女性化，男性化

　これらのカテゴリーは，手の性別についての言及がなされたときにスコアされる。たとえば，「彼女は，友達に指輪を見せている」や「その男の人の手は，1台の機械を動かしている」といったものである。手の性別を規定しようとする人は，人生役割の性差に大変過敏で神経質である。こうした傾向は，さまざまなグループに見られるものであるが，非常に「女性的」な女の人や，非常に「男性的」な男の人に共通したものである。Feminine や Masculine 反応の使用は，必ずしも性的な問題への関心を示唆するものではない。むしろ，被検者は対人関係や社会的な男女の識別にかなり過敏で，反応しやすいことが分かっている。

第3章 解　釈

量的スコア・カテゴリー

標準データ

　量的スコアリング・カテゴリーや要約スコアの標準データは，非臨床群より集められた。合計100名（男性53名，女性47名）の被検者に協力を得て，一般成人群を代表すると推測される標準サンプル群を構成した。群のうち，半分はミッドウエスタン大学の学生であった。残りの半分は，クリニックに職業カウンセリングや非精神医学的なカウンセリングに訪れた人たちであった。その平均年齢は23.91歳で，その年齢範囲は17～60歳である。また，平均IQは106.96で，その範囲は85～132であった。また15％は黒人で，85％が白人であった。その大部分が未婚者（24％）で，次に既婚者（17％），さらに離婚者（9％）と続いている。なお，残りの半分については結婚に関する情報を得ていない。平均教育年数は，12.03年でその範囲は8年から16年である。

　すべての被検者が，個別にハンドテストを施行された。テスト・プロトコルは，ハンドテストやそのスコアリング・カテゴリーを熟知している検査者によってスコアリングが行なわれ，検査者エラーを抑えている。標準サンプル群のデータ収集の結果は表Ⅰ-2に示されている。各スコアリング・カテゴリー，複合カテゴリー，総反応数毎に，平均値，中央値，標準偏差が求められた。

　表には臨界値も呈示された。これは，分布の累積頻度が84％あるいは93％以上となるスコア素点である。たとえば，少なくとも標準サンプル群の84％が2以下のAFF（親愛）スコアであり，少なくとも93％が3以下のAFF（親愛）スコアであることが示されている。そこで，3個を越えるAFF（親愛）反応を出す人は，過剰に本反応を出したと見なされるだ

表 I-2 量的スコアの標準値*

スコアリング・カテゴリー		Mean	Median	SD	臨界値(注) 84%	臨界値(注) 93%	典型範囲
Interpersonal	［対人］	8.28	8.00	3.69	10	12	4−12
AFF	〈親愛〉	1.80	2.00	1.20	2	3	0−3
DEP	〈依存〉	0.31	0.00	0.58	0	1	0−1
COM	〈伝達〉	2.81	2.50	1.89	4	6	1−6
EXH	〈顕示〉	0.61	0.00	0.98	1	2	0−2
DIR	〈指示〉	1.58	1.00	1.37	2	4	0−4
AGG	〈攻撃〉	1.17	1.00	0.91	1	2	0−2
Environmental	［環境］	5.23	5.00	3.31	7	9	2−9
ACQ	〈達成〉	0.78	0.00	0.98	1	2	0−2
ACT	〈活動〉	3.77	3.00	2.93	5	7	1−7
PAS	〈受動〉	0.68	0.00	0.85	1	2	0−2
Maladjustive	［不適応］	1.08	0.00	1.21	2	3	0−3
TEN	〈緊張〉	0.69	0.00	0.86	1	2	0−2
CRIP	〈不自由〉	0.30	0.00	0.67	0	1	0−1
FEAR	〈恐怖〉	0.09	0.00	0.29	—	0	0
Withdrawal	［撤退］	0.07	0.00	0.26	—	0	0
DES	〈記述〉	0.03	0.00	0.17	—	0	0
BIZ	〈奇矯〉	0.00	0.00	0.00	—	0	0
FAIL	〈失敗〉	0.04	0.00	0.20	—	0	0
Responses	総反応数	14.64	13.00	6.22	17	20	10−20

注　臨界値は，累積度数が84％，あるいは93％以上となる素点を示す
　　典型範囲は累積頻度が7％以上93％以下になる素点の範囲である　　　n＝100
＊訳注：日本人の標準値の表は，本書付録 I 参照

ろう。さらに，少なくとも標準サンプル群の84％がCRIP〈不自由〉反応を出さず，少なくとも93％が0ないし1個のCRIP〈不自由〉反応にとどまっている。従って本結果より，たとえば1個を越えるCRIP〈不自由〉反応を出す人は，さらに他の査定方法によって精査される必要があることになる。

　各スコアリング・カテゴリー（表 I-2 参照）の一般的な反応範囲（典型範囲）は，累積頻度が最低7％から最高93％の素点である。たとえば一般成人群の人は，ふつう1〜6個のCOM〈伝達〉反応を出し，1〜7個のACT〈活動〉反応を出し，0〜2個のTEN〈緊張〉反応を出すといえる（訳注：日本人成人の一般的な反応範囲については付録1を参照）。一般成人群を弁別する最も重要な指標は，定義上，病理的な行動を示唆するスコ

アリング・カテゴリー，すなわち MAL［不適応］カテゴリー反応や WITH［撤退］カテゴリーに該当する反応に現れる。

　一般成人群の人は一般に TEN（緊張）反応や CRIP（不自由）反応や FEAR（恐怖）反応をほとんど出さない。MAL［不適応］カテゴリーに当てはまる反応が3個以上ある場合は，何らかの問題を抱えている徴候とみてよいだろう。このことは，WITH［撤退］カテゴリーについては，さらにはっきりしている。つまり，一般の被検者には，DES（記述）反応や BIZ（奇矯）反応や，FAIL（失敗）反応はほとんどみられないのである。もし，このような反応を出す被検者がいれば，他の診断用具でさらに詳しく測定を受けるべきと考えられる。

　この標準データは前版のハンドテスト・マニュアル（Wagner, 1978 a）の付録に載せた表に改良を加えたものである。以前の表は，付加的な基準の必要に応えようとしたもので，中央値や平均値や四分割パーセンタイルを載せただけのものであった。また，完全なものではなく，何を代表しているかという点も不明確であった。今回はそれぞれ独自に収集した研究者のデータを蓄積することで幅広い下位集団を網羅している。それらは，幼稚園から小学校までの子どもたち，いろいろなハンディキャップ（失読，神経障害，精神障害）を持つ子どもたち，非行少年，技術者，警官，いろいろなハンディキャップ（精神遅滞，脳損傷，精神保健センターへの入院歴）を持つ成人，および異文化集団（オーストラリア，グアム，日本，インド）にまでわたっている。

　本マニュアルに載せられた標準データは，より正確な情報を提供している。加えて，第5章では，たくさんのこれら下位集団（臨床群，子どもおよび異文化群）を扱った研究が紹介されており，テスト結果の解釈に役立つものであろう。さらに，11の一般的な診断グループ毎の新しいデータも集められており，鑑別診断に役立つ。これらのデータは第4章に掲げられている。

カテゴリーの解釈

■ INT［対人］カテゴリー

　ここに属する反応は他者との関係性を含み持っている。それらは，想像的なファンタジー的過程というよりも外顕的な行動の傾向と見なされる。しかし，もし対人的な動作が抑制されていれば，その対人関係はファンタジーにあらわれるかもしれない。INT［対人］カテゴリー反応の欠如は，その人の生活において対人的な役割が欠けていることを示すだろう。一方，INT［対人］カテゴリー反応が多いことは，その人が他者にさまざまな興味を持ち，対人的感受性を持ち，他者と相互に関わりを持っていることを示すだろう。

　誕生の瞬間より，人は生存のために必要な世話をしてくれる重要な他者に囲まれている。人は発達の過程において，他者と関わることを学んでゆく。そこでは，身体的な満足と経験とのフィードバックの組み合わせによって他者との相互作用が修正され，個人的な行動の型に結晶化されてゆくのである。従って対人的な行動は，一般的な人間関係に必要不可欠なものであり，INT［対人］カテゴリー反応の欠如は否定的な意味を持つ。一般成人の集団では，INT［対人］カテゴリー反応が4個未満であることはめったにない。4〜12個のINT［対人］カテゴリー反応の産出が一般的である。

　一般成人は，INT［対人］カテゴリー反応に多様性が期待される。単一の型の対人アプローチでは，すべての状況をこなすことができないからである。ときには，被検者が固執するステレオタイプな態度で，INT［対人］カテゴリー反応が占められることもある。非常に多様なINT［対人］カテゴリー反応が現れる場合には，優柔不断で過度に理想主義的な人かもしれない。いろいろなINT［対人］カテゴリー反応がありえるので，このカテゴリーは，6種類の量的スコアリングの下位カテゴリーに分けられている。すなわち，AFF（親愛），DEP（依存），COM（伝達），EXH（顕示），DIR（指示），AGG（攻撃）である。

　AFF（親愛），DEP（依存），COM（伝達）反応は，社会的に肯定的な

カテゴリーと見なされる。それらは，他者の権利や人権についてある程度気づいたり配慮ができることを示唆している。これらのカテゴリーは，他のカテゴリーよりも現れやすく，社会的に有効な役割であると見なされるだろう。DIR（指示）反応と AGG（攻撃）反応は，どちらかというと他者の権利が軽んじられていたり，無視されていたり，攻撃されていたりするので，社会的に否定的なものと見なされる。EXH（顕示）反応は肯定的でも否定的でもないが，それが対人役割として成功しているかどうかを決めるのは，反応の文脈や背景に負うところが大きい。標準サンプル群においては INT［対人］カテゴリー反応の 22％が AFF（親愛）反応，4％が DEP（依存）反応，34％が COM（伝達）反応，7％が EXH（顕示）反応，19％が DIR（指示）反応，14％が AGG（攻撃）反応である（訳注：日本人の INT［対人］カテゴリー反応の内訳については付録 I 参照）。

AFF（親愛）反応は，INT［対人］カテゴリーのなかでも望ましいものである。幼児が成長するにつれて，重要な他者は欲求を充足させてくれるため，肯定的な感情が向けられる。愛情深い人は，彼らがかつて良いものを与えてくれた人に充分愛されてきたので，他者を愛することができる。あるいは，その人が発達するにつれて，AFF（親愛）は，求めを満たす方法としてばかりではなく，適切な行動として確立されてゆくのである。愛情深い人は，肯定的な感情や態度を相互に交流させながら他者とうまくつきあい快適な関係を結ぶことができる。彼らは愛情を与えるとともに受けとり，分別をわきまえ友好的であるという印象を与える。このように AFF（親愛）反応は，適応的な意味を含み，それ故に肯定的なのである。

DEP（依存）反応は，しばしば他者の存在を必要とする被検者が出す。彼らは，世話や保護を受けるために，喜んで他者に従おうとする。彼らは相手から何かを得るために関わりを持つのである。一般に要求が多く未熟な人が多い。DIR（指示）反応と同じように，DEP（依存）反応も一方的な人間関係や，何の代償を払うこともなしに他者に影響を及ぼしたいという欲望を示している。また，DEP（依存）反応は心理的な劣等意識や，満足を受けるために進んで他者と協調しようとする傾向を示している。そ

こには少なくとも他者の権利に対する敬意がみられるので，DEP（依存）反応は社会的には，肯定的だと見なされるのである。DEP（依存）反応を多く出す被検者は，自分の幸福のために大切だと思う他者に大きな要求を出すかもしれない。また，治療の経過において依存的関係を発展させるかもしれない。

　COM（伝達）反応は，対人役割を発揮する方法として相互的な情報交換を行なう被検者にみられる。このタイプの反応は，一般成人群に，最も多くみられた INT［対人］カテゴリー反応である。あらゆる INT［対人］カテゴリー反応は，それぞれある程度，コミュニケーションに関わっている。しかし，COM（伝達）反応においては，話し合いや対話それ自体が目的であり，また望ましい目標なのである。COM（伝達）反応には，他者が与えられた反応に適切に応答してくれるという信頼が含まれており，それ故に社会的に肯定的な反応と考えられる。情報交換には，他者の考えや求めを認識したり注意を払うことが必要となる。教師や管理職は，COM（伝達）反応を出しやすいようであるが，この種の反応は，あらゆるタイプの人にみられるものでもある。

　EXH（顕示）反応においては，他者に注目されることが喜びとなっている。そのような人は子ども時代に「よい子」であったり特別な才能を示すことでよい思いをしてきており，このような経験が自己顕示特性や期待となったのかもしれない。ほめられたい，注目の的になりたいという要求が，EXH（顕示）反応の重要部分である。また，この反応のエネルギーの消費や相互交流のあり方はさまざまある。たとえば，「伯爵夫人の手が賞賛を求めて差し出されている」という反応では，伯爵夫人は他者の賞賛を受けるためにたいしたことをする訳ではなく，また賞賛に対してお返しをすることもほとんどない。しかし，「踊っているエディー・カンターの手」では，ダンサーは，かなりのエネルギーを発散しており，その賞賛と引き換えに聴衆に何かを与えているのである。

　EXH（顕示）反応を産出する被検者は自己中心的，利己主義的になりがちで，彼らは特別の存在なので愛されなければならないことを示しているようである。自己顕示的であること自体は，社会的に肯定的でも否定的

でもない。政治家，教師，俳優，モデルをはじめ，さまざまな程度の適応を示す，あらゆるタイプの人が自己顕示者だといえる。自己顕示がパーソナリティ全体にどの程度うまく適合しているかをみるためには，EXH（顕示）反応の質や検査全体のパターンが吟味される必要がある。しかし，EXH（顕示）反応を多く出す被検者が，最適にふるまうためには特殊な状況を必要とする。つまり，自己顕示傾向は，個人の適応力を相当求めるものなのである。

DIR（指示）反応は，その人がもっぱら支配やコントロールによって目標を達成しようとする一貫した姿勢を身につけていることを示している。他者に指示する目的は，愛でも憎しみでもなく，コントロールするためである。指示的な人は，世界は操作されたり整えられる必要があるものとしてとらえており，淡々と目標を達成してゆく。このような人びとは，彼らの欲求を満たすために他者を操作するが，その対象である相手が好きなわけでも嫌いなわけでもない。つまり，指示的な人は情緒的な対人関係に有利になるとか，不利になるとか全く頓着しない，淡白な人たちである。しかし，指示的でない人は，たとえほかに価値ある才能を持っていても，社会的な達成や社会の運営には向いていないかもしれない。従って，ある程度の指示反応が出ていることが望ましい。

AGG（攻撃）反応を多く出す人は，他者を脅かしたりいらだたせるかもしれない。状況によっては，彼らは，他者を傷つけることをいとわないので非常にうまく目標を達成するかもしれない。一定数のAGG（攻撃）は，一般成人群でも，他の肯定的なINT［対人］カテゴリー反応と一緒に，現れることがある。しかし，もっぱら攻撃性が人格特性となってしまうと，その人は反社会的で，他者を傷つけようとするばかりで，うまく目標を達成することができない。

■ ENV［環境］カテゴリー

ENV［環境］カテゴリー反応は非対人的な世界に対する一般的態度を表わす。たとえば，「庭仕事をしている手」は，必ずしも被検者が庭仕事が好きであるということを表わしているのではなく（たとえそうであるにせよ），対物的な目標に向けて努力しようとする意志を表わしているので

ある。したがって ENV［環境］カテゴリー反応とは，個人がよりよく生きるのに重要と見なされる，非対人的な課題，遂行，活動と定義される。ハンドテスト反応は，被検者がどの程度，環境活動に携わっており，そのエネルギーを達成に向けて投入しようとしているかを教えてくれる。しかし，これらの反応はその活動の特殊な性質を説明するものではないのである。

　非常に重い心理的障害を抱える人が，過剰に ENV［環境］カテゴリー反応を産出することがしばしばある。これは，彼らが人よりもむしろ物に執着し一体化しようとしていることの現れである。一方，一般成人群では INT［対人］カテゴリー反応がやや多くなるとはいうものの，INT［対人］カテゴリー反応と ENV［環境］カテゴリー反応がほぼ同数産出される。一般成人群の人は，4～12個の INT［対人］カテゴリー反応と，2～9個の ENV［環境］カテゴリー反応を産出する*。ENV［環境］カテゴリー反応：INT［対人］カテゴリー反応比率の不均衡は，非対人的な関わりに対して，対人的な関わりに向けられた心理的な興味と力の投入の程度を示す指標である。ENV［環境］カテゴリー反応の強調は，INT［対人］カテゴリー反応もあわせて出ていれば，必ずしも不適応を表わすものではない。多くのよい適応を示している人は，たとえ INT［対人］カテゴリー反応スコアが低くても，良好な対人関係を持っている。彼らは，心理的に重要な環境的な目標をめざしながら他者ともうまくつきあっているのである。おそらく，彼らは対人的な葛藤に巻き込まれていないので，実際以上に人間的な深みや対人的理解を持っているように思われがちである。

　ENV［環境］カテゴリーは，目標を達成するために投入されたエネルギーの量やタイプによって3種類のカテゴリーに分かれている。一般成人群では，ENV［環境］カテゴリー反応の15％が ACQ《達成》反応であり，72％が ACT《活動》反応，13％が PAS《受動》反応である（訳注：日本人の ENV［環境］カテゴリー反応の内訳については付録I参照）。

＊訳注：日本人の一般成人群は4～15個の INT［対人］2～12個の ENV［環境］を産出。日本人の標準データについて詳しくは付録Iを参照のこと。

ACQ（達成）反応は，重要な目標を達成しようとする意志を示し，このような願望に伴う主観的な欲望の感情がこもっている。このような反応は，自己向上心や，たやすく手に入る物で満足せずさらに進んでいこうとする欲望を示している。より高い地位や力，あるいは，知識の獲得を求める人が，ACQ（達成）反応を出すと思われる。ACQ（達成）反応は，ACT（活動）反応に比べて目標が高く，達成が困難であると知覚されている点が特徴である。目標の達成に取り組む際に，ある程度の緊張がみられるのである。ACQ（達成）反応を多く出す人は，いつも高い目標を設定し，すでに達成したものよりも大きな成就をめざす傾向がある。このような人は断続的な抑うつを体験する。彼らの不断の努力はときに失敗をもたらすからである。ACQ（達成）反応から，現実生活上の目標やゴールを決定することはたやすいことではない。運動選手，管理職，営業職や科学者は，それぞれ目標がさまざまであるにせよ，ACQ（達成）反応を産出するだろう。

ACT（活動）反応は，最もありふれたENV［環境］カテゴリー反応であり，建設的にうまくやっている被検者が普通に出すものである。社会的見地からは，これらの個人的な達成は控えめで，同じことの繰り返しであり，反社会的だとすら思われるかもしれない。たとえば大工や労働者やプロの泥棒は，彼らが努力を傾ける目的がかなり違っていても，同じようにACT（活動）反応を産出する。このような反応において重要なのは心理的な打ち込みの程度であり，実際の物理的な活動は添えものであり二次的な役割をになっているにすぎない。ときには活動の具体的な性質が反応内容から明らかになることがあるが，いつもそうであるわけではない。成功している生活においては，非対人的な要素に注意を払ったり携わることが不可欠であり，一般成人群の人では，数個のACT（活動）反応を産出する。例外的な状況では，被検者が一つもACT（活動）反応を出していなくても環境にうまくはたらきかけていることもあるかもしれない。

PAS（受動）反応を多く出す被検者は，従って能動的というより受け身的である。1個のPAS（受動）反応は，必ずしも非能動的な人であることを示す訳ではない。いくつかのACQ（達成）反応とともに1〜2個の

PAS（受動）反応を出す被検者は，相当がんばった後怠惰な時間をすごすかもしれない。PAS（受動）反応は，少なくとも時どきその人が心理的あるいは物理的に受け身でいられる状況を望んでいたり，受け入れているということを示している。PAS（受動）反応が多くなればなるほど，被検者は，あまりがんばらなくてもよい状況にひかれる傾向がある。プロトコルのなかで，PAS（受動）反応が高いパーセンテージを占めることはめったにない。

■ MAL［不適応］カテゴリー

　MAL［不適応］カテゴリー反応は内的な弱さや外的な抑制により行動傾向がうまく発現させられない困難さを表わしている。被検者は，たいてい，少なくとも部分的にはこの困難さに気づいている。標準的な群ではMAL［不適応］カテゴリー反応はめったにみられない。一般の成人の人は3個を越えるMAL［不適応］カテゴリー反応を出すことはない。もし，これより多いMAL［不適応］カテゴリー反応を出す被検者がいればさらに詳しい査定が求められるところである。

　MAL［不適応］カテゴリー反応は目標を達成できないところから生じてくる。緊張や無能感や心配に悩まされている一般成人群の人は少数のMAL［不適応］カテゴリー反応を産出することもある。従って一般成人群被検者のこの種の反応は適応上の困難を示している。しかし，さらに診断をつけようとすると，他の指標が必要である。もし3個以上のMAL［不適応］カテゴリー反応が出ており，他の質的指標があれば神経症的な傾向が推測される。

　MAL［不適応］カテゴリー反応は，おそらく神経症についての最も優れた指標である。しかしほかにも総反応数や反応のペース，WITH［撤退］カテゴリー反応や肯定的および否定的なINT［対人］カテゴリー反応，ENV［環境］カテゴリー反応の有無などの指標に注意を向けることも重要である。もし，他の兆候が肯定的であれば，それらがMAL［不適応］カテゴリー反応の否定的な意味を相殺する傾向がある。このタイプの反応は，TEN《緊張》，CRIP《不自由》，FEAR《恐怖》の3種類の量的スコアリングのサブカテゴリーに分かれる。MAL［不適応］カテゴリー

反応を産出する一般成人群の人は，CRIP（不自由）反応（28％）やFEAR（恐怖）反応（8％）よりもTEN（緊張）反応（64％）を産出する傾向がある（訳注：日本人のMAL［不適応］カテゴリー反応の内訳については，付録I参照）。

TEN（緊張）反応は，力は使われているが，たいしたことがなされていない状態を示している。標準的な集団においてはTEN（緊張）反応が最もありふれたMAL［不適応］カテゴリー反応である。「握りしめたこぶし」や「山で身をのり出すときの手」や「神経質な緊張がみなぎる手」などがその例である。このような反応は，対人的あるいは環境的なストレスのある状況下におけるエネルギーの抑圧や浪費を表わしている。TEN（緊張）反応は，行動傾向を抑圧していたり浪費している一般成人からも出るかもしれない。

CRIP（不自由）反応は，被検者が自分自身の心理的な機能不全や無力感を手に投影したものである。場合によっては，心理的な無力感は実際の身体的な障害と関連していることがあるかもしれないが，どんな場合でも，被検者の反応に投影されているのは，主観的な感情なのである。CRIP（不自由）反応は，多様なタイプの劣等性（たとえば知的，情緒的，身体的な）や，いろいろな程度の無力感（たとえば関節炎の手から死人の手まで）を表わしているかもしれない。CRIP（不自由）反応をしっかり査定するためには，その質を見わけることが重要である。

FEAR（恐怖）反応は，心理的，身体的な傷つきに関わっている。他者や状況に関わる恐怖症的な体験，すなわち被検者自身の内在化された敵意がFEAR（恐怖）反応を産み出す。このタイプの反応は，自我の統合性を脅かす脅威に対する切実な心配を反映している。FEAR（恐怖）反応は，一般にTEN（緊張）反応やCRIP（不自由）反応よりも病理的には重い意味を持っている。しかしFEAR（恐怖）反応においても質的な解釈が重要である。この反応は，MAL［不適応］カテゴリー反応のなかでは最も一般的ではないものだからである。

■ WITH［撤退］カテゴリー

WITH［撤退］カテゴリー反応は意味のある効果的な生活役割の放棄

を表わしている。うまく適応している人は社会で役立つ，満足できる行動パターンを発展させ，他方，神経症的な人の適応力は対人的，対物的行動の背後にあるストレスの主観的感情のために損なわれている。そして精神病的な人は，他者や物や観念と相互的な関わりをもつことが非常に難しいために，総体的にあるいは部分的に効果的な生活役割を放棄しているのである。

　器質的，心理学的な両要因が，現実との接触を途絶させ，二次的に精神病的作用を引き起こす状況をもたらすといわれている。器質的な観点からいえば，日々の生活の試練に立ち向かうのに支障となる弱点が一つでもあれば，より未分化な適応原則をとるようになるだろう。心理学的にいえば，現実生活に対応し，そこに満足を見出すためには，望ましい生活役割を発展させることが必要である。しかし，さまざまな体験（特殊な情緒的なトラウマ，否定的な対人関係など）が，これらの生活役割の拒否を引き起こす。こうした人は，より単純でそれほど苦労のない彼ら自身の世界へと引きこもる。一般に，精神病では，最初にINT［対人］カテゴリー反応が消失する。さらに重篤な症例では，ENV［環境］カテゴリー反応が欠落し，荒廃した症例ではもっぱらWITH［撤退］カテゴリー反応がみられるのである。

　一般成人群のグループでは，WITH［撤退］カテゴリー反応はみられない。このため反応総数にかかわらず，WITH［撤退］カテゴリー反応が一つでもあれば，病理的なものが疑われる。もちろん診断に際しては，被検者のハンドテスト反応の他の側面を見なければならないが，WITH［撤退］カテゴリー反応を含む反応プロトコルは，もしそれがBIZ《奇矯》反応であれば，特に注意深くみなければならない（訳注：日本の一般成人のWITH［撤退］カテゴリーの標準については，付録Iを参照）。

　WITH［撤退］カテゴリーは，3種類の量的スコアに分かれる。DES《記述》反応，BIZ《奇矯》反応，FAIL《失敗》反応である。これらの反応はそれぞれ異なる引きこもりの程度を示している。

　DES《記述》反応は，現実に対する弱いが安全な反応を表わしている。神経症的な人や発達遅滞の人や，稀に一般成人群の人もこの反応を出す

が，器質性疾患や荒廃した分裂病（Deteriorated Schizophrenie）に最も典型的にみられる。

　診断の識別のためには，DES《記述》反応の質に着目することが重要である。たとえば器質性疾患や，発達遅滞や，荒廃した分裂病の被検者は，短く紋切り型のDES《記述》反応を出し，一方，一般の人，神経症的な人，外来分裂病の人は感情のこもったより精巧なDES《記述》反応（やさしい，すべすべの手など）を出す。精巧なDES《記述》反応は，ユニークな感情の状態を表わし，単純なDES《記述》反応は，自発性と個性を放棄して現実と関わろうとすることを示している。DES《記述》反応を評価しようとする際には形容詞がついているのか，単に名詞だけのDES《記述》反応なのかによって質的に区別されるべきである。「激しい労働で腱や筋肉が見えるようになった老いた農夫の手」は，「ただの左の手」という味気ない反応に比べてかなりの知性と細やかな気づきを示唆している。一般に反応が紋切り型で単純であればあるほど，現実から受けるショックが大きく引きこもりがひどいことを示す。

　BIZ《奇矯》反応はWITH［撤退］カテゴリー反応のなかで最も重要視すべきものである。被検者は，部分的にあるいは完全に実際の手の刺激を無視したり，自分の自閉的な非合理的な知覚を手に投影している。一般成人群の人はBIZ《奇矯》反応を出さない。たった一つでもBIZ《奇矯》反応があれば，それは病理性を示唆している。このタイプの反応は精神病的な崩壊の最中であったり，精神病的な症状（妄想や幻覚）を呈している分裂病患者に現れる。しかし，多くの病理指標と同様に，BIZ《奇矯》反応も，非常に稀にしか現れないために，その有効性も限られたものである。

　FAIL《失敗》反応は，被検者が手の刺激に対して注意を向けたり反応することができなかったことを表わしている。このタイプの反応はあらゆるグループにおいてみられるが，一般成人群ではあまりみられない。FAIL《失敗》反応は，ある生活役割を行動化することに関わる両価性や乖離的な傾向，現実接触の崩壊，あるいは器質的な問題のために反応不能であることを表わしているのかもしれない。FAIL《失敗》反応には重大

な意味があり，軽んじてはならない。被検者が数個のFAIL（失敗）反応を出すときには荒廃，とりわけ器質的な荒廃が示唆される。

集約スコア

総反応数

　総反応数は反応の総数で，FAIL（失敗）反応を除外したものである。この数は，検査者の言語的，行動的な態度の影響を受けている。検査者が適切なラポールを確立し，第2章の施行手続きに従うことがその前提となっている。この二つの条件が満たされていないとき，反応は真の反応とはいえず検査者や検査状況に対する反応となる。

　このスコアは，外界に対する心理的反応性を表わしている。あまりにも反応が少ない場合は，現実世界に無頓着であることや行動の柔軟性が欠けていることを示しているのかもしれない。総反応数が多い場合は，環境のあらゆる側面を構造化しようという強迫的な欲求や，被検者が自らコントロールできない強迫的な観念の流れを示しているのかもしれない。

　一般的に，総反応数は，少ないよりも多い方が望ましい。より大きな適応可能性を示しているからである。普通，10個以下の総反応数は少ないと見なされ，たとえ平均的な知能を持つ人でも20個以上の総反応数は多いと見なされる。総反応数がかなり多ければ，ある程度必然的に，MAL［不適応］カテゴリー反応も現れる。同じ3個のMAL［不適応］カテゴリー反応が出現したとしても，15個の反応数のうちの3個のMAL［不適応］カテゴリー反応よりも，10個の反応数のなかで3個の方がより重い障害を示唆することになる。

体験比率

　体験比率は，個人の心理的エネルギーの性質や配分を総体的に評価したものである。それは，INT［対人］スコアとENV［環境］スコアとMAL［不適応］スコアとWITH［撤退］スコアの比率である。一般的なプロトコルにおいては，INT［対人］スコアとENV［環境］スコアがほ

ぼ等しく，合わせて総反応数の90％を占めている。標準的な例では，8：5：1：0という体験比率が見られる（訳注：日本人の場合は8：7：0.66：0.44）。しかし，多くの一般者は，この平均比率からさまざまなバリエーションを示す。相互影響的な性質を持つ体験比率は，一般の人のパーソナリティの独自性を評価したり，障害を持つ人の補償的，病理的な要素を測定する上に，さまざまな可能性を持っているのである。

　体験比率は，被検者の個人史的，環境的な背景に照らして解釈されるべきである。外に現れた行動とハンドテスト反応の明らかな不一致は，しばしば生活状況が援助的なものか，それとも害をもたらすものかを考慮すると理解できる。特にストレスの多い環境下にいる一般者は，その人の表に現れる行動が正常であっても，神経症的な傾向の指標であるMAL［不適応］カテゴリー反応を出すかもしれない。一方，被検者の生活における不運な環境が，体験比率に示されたものよりも悪い行動として表に現れることもある。たとえば，非行少年達の攻撃的行動が，歪んだパーソナリティよりもむしろ不健全な環境に由来する場合に，損なわれていないハンドテスト・プロトコルを示すことが見受けられる。もちろん，比率の解釈は，他の量的，質的な指標によって補正されるべきものである。正常な体験比率がみられても，そのINT［対人］スコアが，AGG（攻撃）反応で占められている場合には，適応の指標にはならない。従って，あらゆるハンドテストのすべてのスコアや反応が，それぞれ独自の意味を持つことを銘記しておくべきである。

　MAL［不適応］スコアが高いほど，INT［対人］，ENV［環境］スコアが減少する傾向がある。WITH［撤退］スコアは，不適切な行動の出現と結びついている。このことは，WITH［撤退］スコアが高く，INT［対人］，ENV［環境］スコアが減少しているとき特に重要になる。精神病患者においては，INT［対人］カテゴリー反応が少なくなり，WITH［撤退］カテゴリー反応が多くなる。ENV［環境］カテゴリー反応の数は影響を受けない場合がある。これは，その人が実際的で脅威のない生活面に集中することで，最低線の適応を維持していることを示している。このような人は，日常的な活動（洗濯，身支度など）はできても，対人ストレ

スに対処することができない。ときには，ほとんどすべてENV［環境］カテゴリー反応で占められたプロトコルがある。このようなプロトコルを示す人は，もっぱら非人格的な現実だけを知覚して精神病的なプロセスに対処しているのである。他方，ENV［環境］カテゴリー反応が一つもないプロトコルは，日常的な日課がきちんとこなせない人に見受けられる。

　ハンドテスト・プロトコルは，カテゴリー毎だけではなく，全体的に検討されるべきものである。ハンドテストのスコアやカテゴリーは相互に影響を及ぼし合う値である。たとえば人に対する興味や意識はINT［対人］カテゴリーから評価されるかもしれないが，もしENV［環境］スコアが低ければ，INT［対人］カテゴリー反応もファンタジーとして現れるだけにとどまる。また，MAL［不適応］スコアが高ければ，INT［対人］カテゴリー反応はおそらく神経症的なプロセスの影響を受けるだろう。また，WITH［撤退］カテゴリー反応が多ければ，現実が大きく分裂してしまい，被検者が効果的に機能できない状況になっている。そしてプロトコルのほとんどがINT［対人］カテゴリー反応によって占められている場合には，被検者はあらゆる出来事を過剰に人と結びつけてしまうかもしれない。

　ENV［環境］カテゴリー反応の多さは，生活や仕事などの非人格的な側面への効果的な興味の指標である。しかし，INT［対人］カテゴリー反応の数が少なければ，ENV［環境］カテゴリー反応の多さは，実際性よりもむしろ強迫性を示していたり，環境的な有効性よりも人格の消耗の指標であるかもしれない。MAL［不適応］カテゴリースコアやENV［環境］スコアが多い場合には，人格の堅さが推定されうる。また，WITH［撤退］スコアが高い場合には，重度の人格の貧困化を示している。

　MAL［不適応］カテゴリースコアの高さは，ある種の神経症傾向を示唆するが，充分なINT［対人］，ENV［環境］カテゴリー反応を伴っている場合には，否定的なものではない。そのような反応は，被検者が潜在的な強さを持っていることを示すものだろう。この強さは，治療の際に発

揮されるものである。また，もし，MAL［不適応］カテゴリー反応に多くのWITH［撤退］カテゴリー反応が伴う場合は，診断像はより複雑なものとなる。神経症的な防衛の背後に，重篤な神経症や精神病が部分的に潜在していることが疑われるのである。

WITH［撤退］スコアが高い場合は，常に病理的であり，INT［対人］カテゴリー反応の数が少ないときはその傾向が一層強まる。もっぱらENV［環境］カテゴリー反応がWITH［撤退］カテゴリー反応の補償として現れるときには，ルーチンワーク的，ステレオタイプ的な行動によって現実に何とかしがみつこうとしている精神病を示唆している。WITH［撤退］カテゴリー反応とMAL［不適応］カテゴリー反応が混在している場合には，しばしば被検者自身が自分の異常な心理状態を自覚しており，神経症的なうわべを呈している精神病を示唆しているかもしれない。

AOR（行動化比率）

AOR（行動化比率）はハンドテスト指標のうち，最も重要なものの一つである。この比率は社会的に望ましいINT［対人］カテゴリー反応，すなわち［AFF（親愛）＋DEP（依存）＋COM（伝達）］の，より望ましくないINT［対人］カテゴリー反応，すなわち，［DIR（指示）＋AGG（攻撃）］に対する比率である。一般成人群はおおよそ5：3のAOR（行動化比率）を示す。しかし，たとえ一般成人の集団であっても，この比率には大きな幅がみられるであろう（訳注：日本の一般成人群の比率の平均は，おおよそ5：2であった）。

この比率は攻撃的な行動化を予測するために用いられてきた。FEAR（恐怖）反応は，必ずしも以前考えられていたほど，反社会的な行動の表出を抑制するわけではないことが分かってきた。FEAR（恐怖）反応が述べられる場合には，被検者の不安が相当きついために実際にかなりAGG（攻撃）反応を出す場合もあることがわかってきた。このためFEAR（恐怖）反応の数は行動化比率に含まれない。

TEN（緊張）反応とCRIP（不自由）反応が，攻撃的行動傾向の抑制に関して，FEAR（恐怖）反応と同じ機能を果たすことがある。これらの

反応は，攻撃性の行動による表現をほどほどに減じる。しかし，MAL［不適応］カテゴリー反応スコアが増加するにつれて，それらが行動を抑制する役割は疑わしくなり，行動化の機会は高まるであろう。

攻撃的行動の予測に AOR（行動化比率）を用いるたくさんの研究（これらの研究の詳細は第5章参照）は，AOR（行動化比率）を行動化スコアに転換して用いてきた。このスコアは，AFF（親愛）＋DEP（依存）＋COM（伝達）の和を DIR（指示）＋AGG（攻撃）の和から引いたものである。多くの研究がこのスコアが行動化や暴力性の蓋然性を決定する指標として有効であることを示している。

AOR（行動化比率）は次のように解釈される。すなわち DIR（指示）＋AGG（攻撃）の和が，AFF（親愛）＋DEP（依存）＋COM（伝達）より多いほど，反社会的な行動化が，顕在化することが予測される。しかし，この比率を機械的に行動化傾向の指標として解釈することはできない。この比率の解釈の際には，攻撃的な知覚の特性や行動傾向が，一時的にあるいは永続的に病理や厳しい環境によってどの程度，抑制されているか，などのほかの質的な要素が考慮されなければならない。

PATH（病理）スコア

PATH（病理）スコアは，被検者の記録に現れた精神病理性の総和に関わる近似値を便宜的に求めたものとなっている。それは，MAL［不適応］スコアと2倍した WITH［撤退］スコアをたし合わせたものである。一般成人群では PATH（病理）スコアの平均値は 1.22（$SD=1.31$）となっている。少なくともサンプル群の84%が2以下の PATH（病理）スコアであり，同様に93%が3以下の PATH（病理）スコアを示している（訳注：日本の一般成人の場合は PATH（病理）スコアの平均値は，2.12（$SD=2.00$）となっている。少なくともサンプル群の84%が4以下の PATH（病理）スコアであり，同様に93%が5以下の PATH（病理）スコアを示した）。

このスコアは杓子定規な解釈をしてはならない。たとえ，PATH（病理）スコアが低くともほかの量的，質的スコアが病理的な障害を示してい

ることもあるからである。しかし，このスコアは全般的な病理の程度の査定に役立つものである。一般に3を越える病理性スコアは，少なくとも軽度の障害を示唆し，5を越える病理性スコアはより明らかな障害を示唆していると思われる（訳注：日本人の場合，病理性スコアは相対的に高くなっており，5を越える病理性スコアで，軽度の障害の示唆とする程度であろう）。

AIRT（平均初発反応時間）

AIRT（平均初発反応時間）は，被検者がその知覚を組織化し，言語化するのに必要とした時間の指標である。このスコアが高いことは，生活状況に対処することが困難であることを示すかもしれない。その人は刺激に脅かされた可能性があり，そのため，その刺激のショックを吸収してそのショックを打ち消す防衛を作り上げるのに時間を必要としたのかもしれない。このAIRT（平均初発反応時間）スコアが大変低い場合は，被検者が衝動的で，時間をかけて刺激を吟味し適切なフィードバックをしないことを示しているかもしれない。

一般成人群の成人にとって，AIRT（平均初発反応時間）の範囲は2秒から20秒の間であり，平均は6.2秒である（訳注：日本の一般成人群の範囲は2秒から24秒，平均値は7.3秒）。AIRT（平均初発反応時間）が高いことは特定の臨床群の特徴とはならない。低いAIRT（平均初発反応時間）は，さまざまな診断群に現れるが，とりわけ両極性感情障害の躁期に現れる。

H-L（初発反応時間差）

H-L（初発反応時間差）は，10枚のカードの反応時間の最大差を示している。心理的な障害はしばしば反応の遅延に現れることが推測されている（特別な刺激に対する時間ショック）。最も短い反応時間は，被検者が不安に脅かされない最適な状況での反応時間を表わしている。そこで最も長い反応時間から最も短い反応時間を引くことで，時間ショックの近似値を得ることができる。

もし遅延が顕著なときは，反応することに情緒的，知的な困難があることが明らかである。長い時間ショックは，強烈な刺激にさらされるとうまく対応できないことを示しているかもしれない。時間ショックのための特殊な理由は，しばしば個々のカードやそれに対する反応を質的に分析することによって推測できるだろう（訳注：本章の最後のカードプルの節でカードショックについて詳しい説明がある）。概して長い初発反応時間が見られるときは，単独のカードにだけでなく，同時に何枚かのカードに見られることが多い。初発反応時間差は，このように，好ましくない刺激に対する心理的困難や反応をほぼ測れるものとして役立つであろう。適度な時間ショックは一般成人群の被検者にもみられることがある。4秒から30秒のH-L（初発反応時間差）は異常ではない。3秒未満のH-L（初発反応時間差）はかえって注意や慎重さの欠如の現れである。一方，30秒を越える場合，長いと考えられるだろう（訳注：日本の一般成人の平均値は18.4秒，37秒が臨界値と考えられる）。

質的スコア・カテゴリー

反応の付随的な内容の意味は，質的指標で扱われている。この質的な指標は，量的スコアから引き出された，おおまかな行動傾向の直接的な推論を越える性質のものである。量的スコアは対人的あるいは非対人的環境への関わり方を扱うが，質的スコアは，より個人的な傾向やその行為傾向の背後にある動機に焦点を向ける。概して一般的な行為傾向を述べる方が，特殊なことを予言するよりも信頼性が高い。たとえば，「ピストルを撃つ手」は，攻撃的傾向の指標と理解してよいかもしれない。しかし，この反応だけから，被検者が誰かを撃った，あるいは撃とうとしている，と結論づけることは不可能である。それでも，多くの反応の質的側面は量的スコアの意味を補足するのに役立つ。たとえば，未分化で抑えの効かない暴力を伴う攻撃的行動の反応（例「アイスピックで男の目を突き刺す」）は，露骨な反社会的行動を示唆している。この反応をスコアする際にGRO《粗野》という質的スコアを，AGG《攻撃》という量的スコアに加えるの

表 I-3　質的スコア標準値*

スコアリング・カテゴリー		Mean	Median	SD	臨界値(注) 84%	臨界値(注) 93%	典型範囲
AMB	《両価性》	0.07	0.00	0.26	—	0	0
AUT	《自動句》	0.01	0.00	0.10	—	0	0
CYL	《筒状》	0.30	0.00	0.58	0	1	0-1
DEN	《否定》	0.07	0.00	0.26	—	0	0
EMO	《情動》	0.02	0.00	0.14	—	0	0
GRO	《粗野》	0.00	0.00	0.00	—	0	0
HID	《隠蔽》	0.13	0.00	0.37	0	1	0-1
IM	《未熟》	0.57	0.00	1.03	1	2	1-2
IMP	《無力》	0.11	0.00	1.00	—	0	0
INA	《無生物》	0.02	0.00	0.14	—	0	0
MOV	《運動》	0.06	0.00	0.24	—	0	0
ORA	《口唇》	0.17	0.00	1.03	—	0	0
PER	《困惑》	0.00	0.00	0.00	—	0	0
SEN	《感覚》	0.08	0.00	0.31	—	0	0
SEX	《性的》	0.03	0.00	0.17	—	0	0
O	《独創》	0.01	0.00	0.10	—	0	0
RPT	《反復》	0.25	0.00	0.61	0	1	0-1

注　臨界値は，累積度数が84%，あるいは93%以上となる素点を示す
　　典型範囲は累積頻度が7%以上93%以下になる素点の範囲である　　　$n=100$
*訳注：日本人の標準値の表は本書付録Ⅰを参照

である。

標準データ

表Ⅰ-3は，一般成人群の質的スコアをまとめたものである。それぞれのカテゴリーの平均値，標準偏差とともに，累積頻度が84%以上，93%以上および典型範囲（累積頻度7〜93%）の素点が提示されている。表に示されているように，普通の人は，たとえ出したとしてもごく少数の質的スコアしか出さない。CYL《筒状》，HID《隠蔽》，RPT《反復》は，ごく稀なもので，93%の一般成人がこれらの反応を0ないし1個出している。IM《未熟》は，一般成人群にも最もよくみられるもので，84%の人は0ないし1個の反応を出し，93%の人は2個以下にとどまっている。ほかの質的カテゴリーについては，一般成人群の少なくとも93%の人は，該当する反応を一つも出さなかったことになる（訳注：日本の一般成人群のデータは，付録Ⅰ参照）。

データから，一般成人は，質的カテゴリーに分類される反応をたとえ出

しても，それは非常に稀だということが明らかになった。大多数の質的スコア（例：DEN《否定》，GRO《粗野》，SEX《性的》など）の場合は，たとえ1個の反応でも出た場合，またCYL《筒状》，HID《隠蔽》，IM《未熟》やRPT《反復》では，1個を越える反応が出た場合，被検者が何らかの心理的な問題を抱えていることを示唆しており，さらに詳しい検査が必要である。

カテゴリーの解釈

　AMB《両価性》反応は，その行為を発現することへの躊躇や両価性を暗示している。その行動傾向は，これまで阻止されてきたり，部分的にしか成功してこなかったために，被検者はその行動を表わすことに躊躇しているのである。AMB《両価性》反応は，あらゆる臨床群にみられる。

　AUT《自動句》反応は，稀なものであるが，ある種の器質性疾患の病理指標であり，その内容は問題にされない。それは，被検者にとっては困難でやっかいな課題にも何とか親しみを感じ取り組もうとするステレオタイプで弱々しい試みなのである。

　CYL《筒状》反応は，男性性（すなわち男性器）にとらわれていることを示唆しており，その妥当性は研究によって確認されている（Wagner, 1963, 1974）。これは質的カテゴリーに関しては珍しいことである。この反応は，自慰の常習者や同性愛者，性別同一性に問題を抱える女性に見られる。しかし，特定の診断群の病理指標とはならない。

　DEN《否定》反応は，AMB《両価性》反応と類似した解釈を持つ。しかし，この反応の場合には，行動傾向が明らかに否定されているので，防衛的な反動形成が推測される。AMB《両価性》反応と同様に，DEN《否定》反応は，望ましくない行動傾向が意識的，無意識的に否認されている人に広く現れる。

　EMO《情動》反応は，なみなみならない感情が反応に込められていることを示している。これは，必ずしも純粋で深い感情であるとは限らない。実際には，この反応は表層的な感情しか持っていない人によく現れ，そのハンドテスト反応は，しばしば個人的な内容のものである（例：これ

は，私が結婚したときにブーケを持っていた持ち方だわ。あのときはとても幸せでした）。

　GRO《粗野》は，自己中心性や他者の人権に対する無配慮を示しており，決してよい兆候ではない。精神病理や攻撃的性格異常を持つ人によくみられる。

　HID《隠蔽》反応は，その人の真の意図を欺いたり，隠そうとする傾向を暗示している。HID《隠蔽》反応は，一般成人にも幅広く現れるが，臨床群により多く現れる。この反応を出す人は，他者をだましたり，ごまかすために，ある心理特性の露見を防ごうとしているのである。

　IM《未熟》反応は，子どもに一般的なもので，年齢や社会年齢が上がるにつれて，あまり出現しなくなる。それは，直接的には，対人関係における，ある程度の未熟さを表わしていると解釈できる。IM《未熟》反応は，必ずしも否定的な意味を持つとも限らない。それは，若々しい活力や無邪気さや自発性とも関わっている。IM《未熟》反応を多く出す人は，大人としての責任をうまく果たせないかもしれないが，精神病理的な障害がなければ，人に好かれる陽気な人だろう。

　未熟な対象が大人からかけはなれたものであればあるほど，行動傾向はより原始的なものとなるだろう。この点で，GRO《粗野》反応とIM《未熟》反応には，重なる部分がある。

　攻撃的な反応と結びついたIM《未熟》反応は，特別に注意が必要である。それは，しばしば意識水準が低下した状況において暴力的に突発する攻撃的行動の指標となる。たとえば，やや抑制の強い35歳の男性が，突然，掃除機のホースで妻に襲いかかり，あやうく彼女を殺すところであった。彼はハンドテスト反応にAGG《攻撃》を1個しか出さなかったが，それは先の仮説によれば大変，意味深い反応であった。それは「蠅をたたいている手のようだ」というものであった。

　IMP《無力》反応は，稀なものであるが，それが出てくるときはプロトコル全体に現れる傾向がある。それは，認知的な問題の病理を示唆する指標であり，知能の低さや器質性疾患と関わるかもしれない。被検者が本当にテスト課題に答えられないのかを注意深くみる必要がある。テストの

難しさを訴える無造作な軽口と，本当にテストができないこととを混同してはならない。

INA《無生物》反応は，空想世界での行動傾向を表わしている。それは，想像の世界にとどまっており，安易に行動に移されない。そのため，非常に主観的な思考の過程を示唆している。この反応は高い知性と関連している。しかし，その知的能力が実際的に活かされていない場合があるかもしれない。

MOV《運動》反応は，過剰なエネルギーの発散を表わしており，しばしば無目的な，反社会的ですらある行為と結びついている。初めてこの反応が着目されたのは，ある精神病の入院患者の反応においてであった。彼は，たとえば病院から脱走したり，ちょっとしたことでかんしゃくを起こしたりといった無統制で，無計画で望ましくない活動をやたらに引き起こした患者であった。この反応は，多動な生徒や暴力行為の多い知的障害施設収容者にも見られる (Panek & Wagner, 1979)。

ORA《口唇》反応は，口唇依存的な傾向の指標であり，一般成人よりも，子どもや薬物乱用者，受動－依存的なパーソナリティにしばしば見られる。

PER《困惑》反応は，IMP《無力》反応と同じプロトコルにみられることが多く，ほぼ同じような解釈上の意味（すなわち認知的困難など）を持つ。

IMP《無力》反応と同様に，PER《困惑》反応では，それが，真の困惑の表明であり，課題が「答え」を見つけるのに骨の折れる難しいものだと感じられていることをしっかり確かめる必要がある。

SEN《感覚》反応は，被検者が感覚を刺激する経験を楽しんだり，求めていることを示唆している。この反応は，どちらかといえば知的な被検者によって出される傾向がある。

SEX《性的》反応は，質的カテゴリーのなかでは，最も信頼できるものの一つである。これは，粗野で非象徴的な性的反応に限定され，性のことばかり考えている人に見られる。このような反応が2個以上みられる場合，病理的とみなされる。SEX《性的》反応がスコアされた場合，解釈

者は精神病理の他の兆候を捜してみるべきである。この反応が一般成人にみられることはまずないからである。

O《独創》反応は，独自性，創造性，高い知性を示す。このスコアはめったにつけられない。その反応が一般的でなく，ユニークなものだと認識できる，ハンドテスト経験を積んだ臨床家だけが，このスコアをつけることができる。量的スコアのBIZ《奇矯》反応に，O《独創》反応が付加されることはありえない。定義上，BIZ《奇矯》反応は現実から遊離した反応に限られているからである。

RPT《反復》反応は，行動レパートリーが限られていることと，生活の変化に対応する柔軟性が欠如していることを意味している。RPT《反復》反応は，知的な制限や器質的な脳損傷と関わることが多い。RPT《反復》反応の絶対数が多いほど，この診断が確かなものになる。しかし，特定の恐怖や心配事にとらわれている機能上の問題を持つ（神経症的な）人も固執を示し，RPT《反復》反応を出すことがある。そこで，「手を振っている」というような簡潔で，ステレオタイプなRPT《反復》反応と，「私がクラスの前で暗唱するときは，いつもこんなふうに手に力が入るのです」といった個人的な固執とを識別しておく方がよい。RPT《反復》反応の意味は，プロトコル全体を読んで，反応スタイルを調べることで明らかになることもある。

動詞と形容詞と名詞

質的スコアは，量的スコアの意味を強めニュアンスをつけ加えるためのもので，この点で非常に役に立つものとなっている。しかし，この質的解釈をしすぎてはいけない。「誰かの鼻を殴っている」というような簡潔で率直な動詞で伝えられる直接的で力のこもった行動そのものの表現と，「今にも誰かを殴ろうとしている」というような，よりためらいがちに表明された行動傾向を区別することは，しばしば有効である。もちろん前者の方が，より確実な行動の出現の指標となる。反応から動詞が省かれているとき，行動として出現する可能性が小さくなるかもしれない。これは

DES（記述）反応にもあてはまることである。DES（記述）反応を評価する際には，それが形容詞であるか，名詞による記述であるかという，質的な識別もされるべきであろう。

反応継列の分析

　反応の質的な意味を調べた上で，プロトコル全体の反応継列を分析して解釈することもある。このアプローチは図Ⅰ-4に例示されている。この58歳の男性は，双極性障害のうつ病期にあり，彼の気分の移り変わりやすさは，DEP（依存），FEAR（恐怖），AGG（攻撃），AFF（親愛），ACT（活動）を次々に出して，最後の2カードで続けてFAIL（失敗）していることに現れている。反応時間が速くなったと思えばゆっくりになるという周期的なリズムを刻んでいることにも注目したい。

　さらに，ある反応カテゴリーが，後半のカードになって初めて出現することがあることも重要である。ある被検者が，カードⅧあるいはⅨに至るまでずっとINT［対人］カテゴリー反応を続けておいて，そのあと多くのACT（活動）を出したとする。これは，人との関わりが「物」との関わりより優先されており，まず人間関係が結ばれてからそのあとで環境的なことに対応することを意味していると考えられる。

　ほかに反応継列において観察される興味深い点として，最初のカードから最後のカードまで，カード毎に産出される反応数が増加したり減少したりすることである。増加は，おそらく最初，警戒心を持っていたのが，被検者が「ウォームアップ」するにつれて徐々に抑制が解かれてきたことを示すのだろう。また減少は，心理的な疲労の因子と関わるかもしれない。

　継列分析は，興味深いものであり，いろいろな方法があるが，反応時間や反応カテゴリーの偶発的な変動でしかないことを過剰に解釈しないように気をつける必要がある。これを判断するためには，継列分析による解釈が，量的解釈やほかの質的分析によってすでに得られた解釈と合致しているかどうかを調べることが重要である。

第3章 解釈　73

カード番号と正位置	初発反応時間	位置(例:>,<,∧,∨)	被検者の反応	スコアリング 量的	質的
I 	5		これは、私が催眠術をかけてもらうときの様子を表わしています。(Q)術にかかる直前の私の手みたいです。	DEP	
II 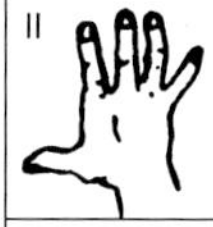	9		まず思うのは、これは……学校で、先生に何か言おうとして上げている子どもの手のようです。	DEP	IM
III 	3		私のことをまっすぐ指しているみたいです。「恥を知れ！」と言って。	FEAR	
IV 	20		何かにおおいかぶさろうとしている。(Q)うーん、誰かが背後からつかみかかってくる感じです。	FEAR	
V 	18		まるで……壁をよじのぼろうとしている。(Q)逃げようとして。	FEAR	
VI 	5		今にも殴りかかろうとしているような。	AGG	AMB
VII 	7		握手しようとして手を差し出している。それとも、親しみを込めて誰かを軽くたたく。	AFF AFF	
VIII 	10		そうですね。この手は、何かを拾い上げたところです。それとも敷物か何かをつまもうとしているか。	ACT ACT	
IX 	22		これは、私には見当つきません。(Q)なぜこの人が、親指をこんなふうにしているのかが分からないのです。	FAIL	
X 白紙カード	21		何か答えるってことですか。頭のなかに思い浮かべた手ね(長い沈黙)分かりません。何も思いつきません。	FAIL	

注　FAIL（失敗）反応の初発反応時間（IRT）は○で囲み，平均初発反応時間（AIRT）と初発反応時間差（H-L）の得点を計算する際には，除外された。

図I-4　ハンドテスト・プロトコルにおける反応継起分析

特異反応について

　解釈のもう一つの局面は，被検者固有の欲求，性格特性，生き方，環境状況と特別に関わる反応の側面を引き出すことで展開する。ときに，その臨床歴によっては，そのクライエントの状況に当てはめるとよく理解できる反応が出る。たとえば，ある女性がカードⅣに，彼女をたたこうとする父親の手を見て，取り乱しわっと泣き出す場合を考えてみたい。その患者の生育史を調べてみると，父親との間に困難なもめごとがあり，それが彼女の問題の中核であることがわかった。しかし，解釈はもっと分かりにくい場合もある。ある未婚の男性が，カードⅦに対して二つの手が合わさっているところで，一方の手は，他方の手にぴったり押しつけられているのではっきり見えないと反応した。既往歴から母親に直接向けられた怒りが明らかになった。彼は母親に不当に縛られており，依存的であると感じていた。このような単一的な内容分析は印象深いが，危険を伴うものであり，臨床家の技術や経験に頼ったものである。

　個人に特有のハンドテスト反応を解釈する際に，「マイクロファクト」反応と「個人的」反応を臨機応変に区別することが役立つ。重なり合う部分もあるが，「マイクロファクト」な反応は，稀で，かなり病的な傾向を窺わせる反応であり，一方，「個人的」反応は，はっきりしたかたちで被検者のパーソナリティの興味深い面を映し出しているものである。マイクロファクト反応は，被検者のパーソナリティの明らかな歪みと関わっており，この反応からその人の精神病理の性質について，かなり確かな診断をたてることができる。個人的反応は，被検者について何かを明らかにして，そのパーソナリティ像を完成させるものである。

マイクロファクト反応

　ピオトロフスキー（1982）は，「マイクロファクト」（microfact）という造語を非凡なロールシャッハ知覚像や，ロールシャッハ・サインを表現するために作った。これは，集団データにはあまり当てはまらず，個人

データを見る際にかなり役立つものである。ピオトロフスキーは，ロールシャッハのマイクロファクト反応は，個人について知るために最も役立つ情報を提供すると考えている。ピオトロフスキーが呈示したマイクロファクト反応の例は，ロールシャッハのカードIVに対する奇矯な人間反応や色彩投影（無彩色領域に有彩色を投影する），2未満のW反応（分裂病の指標），20以上のW反応（顕著な成功をおさめた経営者に典型的）がある。

マイクロファクト反応は，少なくとも次の二つの基準を満たさなければならない。①量的であれ，質的であれ，そのサインが稀であること。②その個人にとって，かなり確かな反応であること。明らかに，このマイクロファクト反応の定義は正確なものとはいえないが，多くの経験を積んだ投影法検査者であれば，純粋なマイクロファクト反応を見分けることができるだろう。あまり予見力のない些細な例を並べたてるよりも，ここではあえて非常に意味深いデータを無視しておくことにしたい。

マイクロファクト反応は意外な出方をするが，その解釈はあまり難しくない。実際，逆なのである。マイクロファクト反応の特徴には，直接的な臨床的解釈に馴染みやすいことが挙げられる。このことは，マイクロファクト反応とその反応が表わしている行動が極端なもので，そのため観察されやすいという事実を示しているのかもしれない。

マイクロファクト反応の一つの特徴は，それが稀であるということなので，検査者がハンドテストの経験を積むほど，それが出たときに見分けやすくなるだろう。とりわけ，一見したところ病理的ではないマイクロファクト反応が出たときに，それと識別するためには経験が重要である。

図I-5のプロトコルは，いくつかのマイクロファクト反応と考えられるものを含んでいる。このプロトコルを出したクライエントは，32歳の専門職の男性である。彼は二度目の結婚をしており，その二度目の結婚を破局に至らせないように援助を求めてきたものと思われるが，結局，その二人の関係の問題を妻の未熟さのせいにしてしまっていた。心理テストは，この男性が重篤な障害，おそらくサドマゾヒスティックな傾向を伴う境界分裂病であることを示していた。

カード番号と正位置	初発反応時間	位置(例:>,<,∧,∨)	被検者の反応	スコアリング 量的	質的
I	10		まさしく「こんにちは」と言っている手ですね。(D)(何かほかには?)ありません。	COM	
II	6		指が曲がっていますね。……歪んでいる……ハンセン病患者の手。	CRIP	
III	2		この方向へ。(Q)フィルムの巻についているマークで、次の巻まで巻き続けるようにと指示している。	DIR	INA
IV	27		何かを押さえ込もうという……誰かの口をふさごうと。首を絞めるときに。邪悪な手だ。	AGG	
V	6		まるで、タコみたいに見える! 怪我や病気のために形が変わっている。このやけどを負った私の手みたいに。	CRIP	
VI	5		まちがいなく、げんこつだ。強引な人の手。強調するためにドンとたたく。怒っている手。	DIR	
VII	13		握手しようと手を出している。左手で。右手は怪我している。	AFF	DEN
VIII	10		何かを拾い上げている。コインでしょう。そう、見えませんか。駐車料金メーターに入れようとしている。	ACT	
IX	36		(咳払い)不自由な手。真ん中の二本の指がひっついてしまって、別々に動かない。生まれつき奇形の手。	CRIP	
X 白紙カード	15		手を思い浮かべる?(はい)(笑みを浮かべ、考え込む)こんな形の手(D)……靴を履いている。人差し指を、靴べら代わりに使っている。	ACT	

図 I-5　ハンドテスト・プロトコルにおけるマイクロファクト反応　　（次頁に続く）

第3章 解 釈

スコアリング・サマリー

カテゴリー		頻度	割合(%)	例（ほかの例については『ハンドテスト・マニュアル』参照）
量的カテゴリー				
AFF	《親愛》	1	10	「握手している」「元気づける看護婦の手」
DEP	《依存》	0	0	「ちょうだいと頼んでいる」「指導者に敬礼している」
COM	《伝達》	1	10	「時の話題を議論している」「手振りしながら話してる」
EXH	《顕示》	0	0	「指輪を見せている」「旅芸人の男——ダンスしている」
DIR	《指示》	2	20	「命令している」「オーケストラを指揮している」
AGG	《攻撃》	1	10	「誰かの鼻を殴っている」
INT	［対人］	5	50	
ACQ	《達成》	0	0	「何かとろうと棚の上に手を伸ばしている」
ACT	《活動》	2	20	「箱を持ち上げている」「ボールを投げている」
PAS	《受動》	0	0	「人が眠っているみたい」「膝の上で手を組んでゆっくりしている」
ENV	［環境］	2	20	
TEN	《緊張》	0	0	「非常に緊張している」「怒ってぐっと握りしめているこぶし」
CRIP	《不自由》	3	30	「怪我している手」「すっかり疲れ切っている」
FEAR	《恐怖》	0	0	「命からがら逃げている」「震えている……怖いから」
MAL	［不適応］	3	30	
DES	《記述》	0	0	「ただの左手」「力強い手……特別何もない」
BIZ	《奇矯》	0	0	「黒い虫」「死神の頭」
FAIL	《失敗》	0	0	スコアできる反応が出されない
WITH	［撤退］	0	0	

ER＝ΣINT：ΣENV：ΣMAL：ΣWITH＝ _5_ ： _2_ ： _3_ ： _0_ 　　　R＝ _10_ 　H-L＝ _34_
AOR＝(AFF＋DEP＋COM)：(DIR＋AGG)＝ _2_ ： _3_ 　　　AIRT＝ _13.0_ 　PATH _3_

質的カテゴリー				
AMB	《両価性》	0	0	「誰かをたたいているが，ほとんど力が入ってない」
AUT	《自動句》	0	0	「えっと，何だろう？」（決まり文句，口癖など）
CYL	《筒状》	0	0	「パイプのように長くて丸い物を手に持っている」
DEN	《否定》	1	10	「握手している。でも，手が逆だから違うな」
EMO	《情動》	0	0	「友達に再会してわっと喜んでいる」
GRO	《粗野》	0	0	「岩で，きざなヤツの頭をぶったたいている」
HID	《隠蔽》	0	0	「見られないようにカードを手で隠している」
IM	《未熟》	0	0	「小さな少年の手をとっていっしょに散歩に行こうとしている」
IMP	《無力》	0	0	「分かりません」「私には何も思い浮かべません」
INA	《無生物》	1	10	「彫像の手のようだ」
MOV	《運動》	0	0	「訳もなくただ手を振っている」
ORA	《口唇》	0	0	「グラスの水を飲んでいる」
PER	《困惑》	0	0	「これは本当に難しい問題だ」
SEN	《感覚》	0	0	「手の中の粘土の感触を楽しんでいる」
SEX	《性的》	0	0	「女性の胸を触っている」
O	《独創》	0	0	稀だがうまく見られている反応
RPT	《反復》	0	0	同じか類似の反応を繰り返す

図Ⅰ-5（続き）　ハンドテスト・プロトコルにおけるマイクロファクト反応

プロトコルはわずか10個の反応からなっているが，それらの反応は意味深く，いくつかの興味深いスコアリングの問題をはらんでいる。この考察の主眼は，何が純粋なマイクロファクトらしい点かということである。スコアリング・サマリーを見ると，ENV［環境］スコアが低く，MAL［不適応］スコアとH-L（初発反応時間差）ショックが高い。これは一見したところ神経症者の反応時間数に一致する。しかし反応そのものには，平均的な神経症を越える質的特徴を持っている。カードVでは，BIZ《奇矯》反応に非常に近いものを出している。さらに，カードⅣに表わされた攻撃性は邪悪な敵意に満ちたものである。また，複数のCRIP《不自由》反応は，個人特有のものであった。全体的にいきわたったファンタジーの調子や，自己関与や，現実との関わりの薄さは，偽神経症型分裂病，境界分裂病の特徴であり，神経症のものではない。

　マイクロファクト反応に関していえば，カードⅢに対する反応は稀なもので，おそらくO《独創》反応である。手は生きた人間の手ではなく，それは人との関わりから遠く隔たった空想的な想像的な営みを示している。3個のCRIP《不自由》反応は，集団的にも，個人的にも明らかなマイクロファクトであり，心の深い層にある劣等感を暗示している。「性的」カードといわれるカードⅨに対する時間ショックのあとで，風変わりなCRIP《不自由》反応を出していることは多くを物語っている。しかし，最も興味深いマイクロファクト反応は，「靴を履いている。人差し指を靴べら代わりに使っている」というカードⅩ反応である。この反応はほかのCRIP《不自由》反応ほど一見してそれとわかる，明らかな障害が認められないので，経験を積んでいない検査者には見逃されてしまいがちである。この反応は，わずかに似ているものを含めても，一万例に一つしか見られない。明らかにマイクロファクト反応であるが，その解釈は定かではない。この被検者は，現実に適合するのが難しいと感じていると推測できるかもしれない。あるいはまた，性交困難と関連する精神性愛的な含みを持つのかもしれない。付加的なケース経過，面接，テスト結果はこの興味深いマイクロファクト反応の意味を明らかにしていくものであろう。

　マイクロファクト反応は，ハンドテスト解釈の重要な側面である。同じ

ことはほかの有効な投影法に関しても当てはまるだろう。実際，マイクロファクト反応は，どんな投影法バッテリーにおいても繰り返し現れる主要テーマとして認められるであろう。ハンドテストにおけるマイクロファクト反応は，その本来の性質として解釈に役立つばかりでなく，バッテリーのほかのテストとの一致を査定する上でも貴重なものである。関連する一連のマイクロファクト反応が見られた場合，そこに現われた特性がその意味を増すことになる。さらに，ある特殊な手法において，パーソナリティ特性がどのように明らかになるかを知ることで，テストが測定している次元やその特性が実際のテストデータにどのように反映されているかについての洞察を得ることができる。

労働事故で金属片で頭を打った症例（Wagner & Wagner, 1981）では，ハンドテストにおけるマイクロファクト反応が，いかにさまざまな形で，ほかの投影法に現れるかが示されている。脳組織の損傷とそれによる知的機能の低下は軽度であったにもかかわらず，この被害者には長期にわたって，傷害に対する心的外傷による重い恐怖症的反応が現れた。事故の後，何年も経過していたが，彼は抑うつ的，過敏で，考え込むことが多く，恐怖症的であり，復職できていなかった。恐怖の対象はテストによって異なる現れ方をしたが，すべての投影法において，個人的あるいは集合的なマイクロファクト反応の形で現れた。

たとえばロールシャッハのカードⅡでは，「取り乱し血が流れた」男の顔が，あいまいな形態水準で知覚された。その後も彼はこのテーマに固執しカードⅢ，Ⅷ，Ⅸ，そしてⅩに，傷ついて血を流す顔を見て，量的にも質的にも，自分の心的外傷に病的にとらわれていることを明らかにした。

また文章完成法においても，マイクロファクト反応は，悲劇的な出来事やその余波について反芻する形で現れた。「私が最も恐れることは，私がどうすることもできない状況にさらされることです」「私は，私を悩ませることを忘れることはできない」「私は危険信号に対応することができなかった」「私の心は時どき過去を思い出す」「私が最も気がかりなのは，刃物台付き旋盤だ」。

ハンドテストでは，この死や傷に対する病的な心配は，別の形で現れた

が，やはりマイクロファクト反応と考えられるに充分であった。この被検者は，3個の特異なCRIP《不自由》反応を出した。「誰かの生気を失った手，親指はそちら側にある」(Q)「たぶん死んでいる」「一本の指の関節がない。まるで切り取ったようだ。死んだ者のなかに，ちょうどこんなふうに指を切り取られたのがいたな」「これもまた，さっき言ったのと同じような生気のない手だ。でも今回は，ただ，だらりと垂れている」(Q)「この手は怪我をしたか，死んでいる」。

それぞれの検査法が，刺激特性に応じてさまざまな形でテーマを反映していることに着目したい。だが反応は，それぞれのテストに関しても，また三つのテストを統合した系列としてとらえても，マイクロファクト反応ととらえるのにふさわしく，強烈で，くり返し現れる特異なものである。

重要な点は，マイクロファクト反応が豊富であっても，診断の際には，これらの有力だが，ときに，つかみどころのないパーソナリティ指標をとらえるために，経験と直観，そして各反応の注意深い読みとりが必要だということだ。細部に注意を向け，個人のパーソナリティのユニークな面を映し出す風変わりで重要な特性を引き出すことができれば，ハンドテスト解釈の質を高めることができるのである。

ユニーク反応

マイクロファクト反応とO《独創》反応，そして単なるユニーク反応とを，はっきり区別することはできない。これらの反応はすべて特徴的であったり，ほかと際立っていたり，気持ちがこもっていたりするため，情報を提供してくれる。ユニーク反応はしばしば行動的，想像的，情動的，知的な要素を組み合わせたものになっている。真にユニークな反応は，一般に知性や深みや複雑さを前提としているが，パーソナリティに独特の歪みを持つ人が，その能力と関わりなくとっぴで，珍しい反応を出すことがある。たとえば小児分裂病と診断されているIQの低い子どもが，カードⅢに「チョークで，道いっぱいに大きなランプを描いている手」を見た。これは特に洗練されているわけでないが，一風変わった反応で，この子のパーソナリティの何か特別なことを意味しているに違いない。実際にこの

少年は，ときには一区画全体の大きさにまで及ぶ巨大なランプを地面に描くことに，一日の大半を費やしていたのである。このケースでは，ハンドテストは，単に行動的な特色を反映していたことになる。

　ほかの例では，ユニーク反応が，パーソナリティの特性ばかりでなく心理的な問題をちょうど夢と同じように，象徴的に表わすことがある。ある受動的依存の女性は，夫が他の女性と密通したために無視されていたが，カードIXに次のように反応した。「これは，傷ついていて，手当されるのを待っている手です」(Q)「たぶん，寒さにさらされていたんでしょうね。……かじかんでいる……暖めてもらわなければ」。ユニーク反応を質的な解釈にどの程度馴染ませることができるかは，反応の背後の心理的な綾や暗示された意味がどの程度簡単に解読できるかにかかってくることは明らかである。

カードプルに対する反応

　ハンドテストの解釈では，反応，反応時間，カードの回転，言葉づかい，テスト施行中の発話や目立った行動の有無などを，それぞれのカードと関連させて細かく分析する必要がある。論理的にも，経験的にも，ハンドテストの各カードは，そこに描かれた手の性質や提示順序のどこに位置しているかによって，ある特定の反応や感情を喚起することが予測できる。この現象をカードプル（Card Pull）というが，カードプルに対するそれぞれの反応を調べることは質的分析の重要な側面である。以下に述べる反応傾向は，カードプルにもとづいて精査を行なうときに留意しておくとよい（訳注：日本人のカードプルについては付録II参照）。

　カード I　COM《伝達》，DIR《指示》，AFF《親愛》反応が出やすい傾向がある。また，これは最初に提示されるカード故に，新しい状況に対する被検者の対処の仕方を知ることができよう。

　カード II　カードプルは ENV［環境］カテゴリー反応，不安障害を呈する（神経症的な）人は MAL［不適応］カテゴリー反応を出しやすい。

無害で脅威を感じさせない刺激であるカードⅠから緊張感のあるカードⅡへの移行は，しばしば，神経症的な傾向として解釈される驚きや恐怖を引き起こす。一般的にはACT（活動），ACQ（達成）反応が出やすい。

カードⅢ　この手のポーズはかなり構造化されており，DIR（指示），COM（伝達），ACT（活動）反応を引き出しやすい。これらのスコアリング・カテゴリーから逸脱した場合は注意が必要である。逸脱は比較的稀にしか起こらないからである。このカードに対して何らかのスコアをつけられる反応が出せなかった場合は，かなり悪化した病理過程のサインである。カードⅡに対する反応の歪みがカードⅢにまで尾を引くか，カードⅢの無害で反応しやすい刺激によって，回復し得るかどうかに注意を払うべきである。

カードⅣ　このカードには，これといったカードプル反応がないが，しばしば攻撃的な反応や攻撃に対するショックを引き起こす。カードⅣに対する反応がカードⅠ，Ⅱ，Ⅲに対する反応に，どの程度似せられたものか気をつけておくとよい。カードⅣに対しては，被検者の生活役割の，よりユニークで個人的な特性が現れやすい。この反応が前のカードの反応をまねているほど，被検者の態度や行動に個人性や特異性が期待できないことになる。このカードの手はしばしば男性的な手として見られ，象徴的には「父親カード」といわれる。

カードⅤ　カードプルとしては，ENV［環境］カテゴリー反応を引き出しやすい。PAS（受動）反応やMAL［不適応］カテゴリー反応も稀ではない。カードⅤに対する反応は，生活における受動的な態度に関わる両価的感情を示すかもしれない。ここで初めて，明らかに非活動的な手のポーズがカード系列に導入されるからである。しかし，遅い反応時間やほかの顕著なサインは，神経症的な困難を示唆しているかもしれない。とりわけ，MAL［不適応］カテゴリー反応がすでに現れている場合はこれが当てはまる。

カードⅥ　AGG（攻撃）反応が明らかなカードプルである。このカードに対する反応が困難な場合は，生活における攻撃的態度に関する両価的感情を表わしている。ACT（活動）も出やすい反応である。

カードⅦ　カードⅣに似たカードプルを持つが，もう少し個人的な原型的傾向を表わすこともある。カードⅦ反応に，カードⅥの攻撃的な調子が引き継がれることがある。攻撃的な人は，カードⅥのAGG《攻撃》反応の後に，カードⅦに，さらにAGG《攻撃》反応を出すことが多い。また，カードⅥで反応を出すのに困難を感じた人が，カードⅦに対して即座にAFF《親愛》反応を出すこともある。これは攻撃的な生活役割に不満を感じており，より肯定的なタイプの対人関係に復帰できてほっとしていることを表わしている。

　カードⅧ　カードプルはACT《活動》反応。このカードは，カードⅢについで構造化された反応しやすいカードで，ここまでの7枚で苦労してきた被検者も，ここで一息つくことができる。従って，このカードを難しく感じる場合は，適応力が充分でないことを示している。

　カードⅨ　このカードにはこれといってカードプルが見られない。カードⅩを除けば，カード系列のなかで最も難しいカードである。ほかのカードに比べてこのカードはいわば一種の話題解決状況となり知的な人や創造的な人にはオリジナルでおもしろい反応を出す機会を与えている。カードⅨは逆さ向きの手で，しかも指の並びが奇妙であるため，象徴的な性的内容が引き出されやすいとも仮定される。しかし，カード自体に内在する難しさのために反応困難となることも多いので，カードⅨが困難であったからといって性的不適応を考えることには慎重でなければならない。

　カードⅩ　ブランクカードであるので特定のカードプルはないが，ステレオタイプな反応や失敗がこのカードに一番多い。このブランクカードの意表を突いた挑戦にどのように反応するかには，馴染みのない状況を扱う能力，想像的能力を活用する能力が関わると仮定される。カードⅩ反応は，また将来の生活役割を思い描く能力と一部関わっているとも仮定される。

　スコアリング用紙の最終頁には，カードに対する困難やショックを記録する欄が設けられている。軽度のカードショックは該当の欄にチェックマークを一つ，著しいショックにはマークを二つつけて表わす。

ハンドテスト反応のすべての意味深い側面を，一連のスコアに変換し尽くすことは，明らかに不可能である。ある投影法が，それだけの値打ちのあるものであるならば，臨床家が形式的なスコアリングを越えようとするときが必ず来る。その場合反応を吟味するために，経験や感受性や，クライエントに対する知識や，ほかの診断に関連する情報を利用する力などが用いられることになる。投影法の究極の活用は，解釈者の専門的技量によって成し遂げられるものなのである。

第4章　さまざまな診断群の指標

　ハンドテストによって，一般の人とさまざまな臨床群に属する人をうまく区別することができる。そればかりでなく，被検者がどんな臨床群に属するかを決定するためにも，ハンドテストは用いられてきた。しかし，ハンドテストの指標の多くは，複数の診断群間にわたって現れることを知っておかなければならない。そのため，テスト結果を鑑別診断に使うときには充分注意する必要がある。ハンドテストは，診断のためのテストバッテリーの一つとして用いられるのが一番望ましいのである。

　この章では，ハンドテストに現れたいろいろな診断群の結果を概観する。診断群はDSM‐Ⅲに出ているカテゴリーにもとづき（American Psychiatric Association, 1980），次の11の臨床群，すなわちアルコール症，精神発達遅滞，器質性疾患，分裂病性障害，行為障害，不安障害，気分障害，身体表現性障害，ヒステリー性人格障害，分裂病質人格障害，そのほかの人格障害各群が設定された。
　以上の群におけるハンドテストの量的質的スコアの結果について述べることにするが，表には量的スコアのサブカテゴリーや複合カテゴリー，総反応数，質的カテゴリーなどについての平均値，中央値，標準偏差および臨界値が書かれている。この値は，分布の累積頻度が84％以上と93％以上となる素点を示している。最後の欄には，各カテゴリーの反応の典型範囲も提示され，この範囲は累積頻度が7％から93％となる素点を示すものである。
　しかし，これらのデータを使うときには注意が必要である。つまり，これらの群のなかには下位群があり，中心傾向を測ることでかえってその違いがあいまいになるからである。たとえば，長い間にわたって入院している荒廃した分裂病者は反応が少ないし，一方，多彩な症状のある外来分裂

病者は多くの反応を出す。もしこの二群を「分裂病」という一般的な分類にいっしょに入れてしまうと，分裂病の平均的な反応数を出すことになりこれは明らかに誤ったものになる。

　同様に，同じ名称のついた診断群，たとえば「器質性疾患」という診断群内でもさまざまな要因によって大きく異なることがありうる。脳器質性損傷の影響は，病巣の位置，障害の程度，その人の病前の状態，外傷への個人の心理的反応などによっていろいろ変わるのである。老齢で入院している器質性疾患の事例には，再適応しようとしている外来の若い器質性疾患者と同じハンドテストパターンが出ることはないだろう。そこで，できるだけ，下位群を識別することや，広い診断カテゴリーにわたって過度に一般化することの危険性や，さらに同一診断カテゴリーのなかでより詳しく識別するのに役立つハンドテスト特徴について言及することにしたい。

　ここでは11の臨床群のハンドテストパターンについて述べた後，事例研究として不安反応，器質性疾患，分裂病，パラノイアと診断された4名について述べる。これらの事例研究によって，診断群間での差違と，診断に関わりなく現れるそれぞれの被検者独自の特徴が明らかにされる。さらに一般成人のプロトコルを紹介することで正常と臨床例との比較を促すことになるであろう。

アルコール症

　DSM‐Ⅲによる定義：アルコール乱用は物質常用障害という大きなカテゴリーに含まれる。しかし，ハンドテストはアルコール乱用の研究によく用いられてきており，この特別な診断カテゴリーは物質常用障害診断群と分けて考えられている。アルコール乱用と依存の診断基準は以下の通りである。普通に働くためにアルコール飲用を毎日必要とする，禁酒や節酒ができない，飲み過ぎをコントロールしたり減量したりを繰り返し努力する，酔っている間に起こったできごとを覚えていない瞬間がある，ひどい身体的な障害があるにもかかわらず飲酒を続けるなどである。

表 I-4　アルコール症群の量的スコア標準値

スコアリング・カテゴリー		Mean	Median	SD	臨界値(注) 84%	臨界値(注) 93%	典型範囲
Interpersonal	[対人]	7.75	7	3.15	10	14	4−14
AFF	《親愛》	1.61	1.00	1.46	2	3	0−3
DEP	《依存》	0.55	0.00	1.01	1	2	0−2
COM	《伝達》	2.35	2.00	1.45	4	5	1−5
EXH	《顕示》	0.39	0.00	0.72	1	2	0−2
DIR	《指示》	1.57	1.00	1.59	2	4	0−4
AGG	《攻撃》	1.27	1.00	1.22	2	3	0−3
Environmental	[環境]	4.33	3.00	3.36	7	8	1−8
ACQ	《達成》	0.82	1.00	0.93	1	2	0−2
ACT	《活動》	3.10	2.00	2.92	5	7	1−7
PAS	《受動》	0.69	1.00	0.79	1	2	0−2
Maladjustive	[不適応]	1.94	2.00	1.58	3	4	0−4
TEN	《緊張》	0.92	1.00	1.02	2	3	0−3
CRIP	《不自由》	0.84	0.00	1.05	2	3	0−3
FEAR	《恐怖》	0.24	0.00	0.47	0	1	0−1
Withdrawal	[撤退]	0.55	0.00	1.08	2	3	0−3
DES	《記述》	0.24	0.00	0.68	0	1	0−1
BIZ	《奇矯》	0.08	0.00	0.38	—	0	0
FAIL	《失敗》	0.24	0.00	0.65	0	2	0−2
Responses	総反応数	14.65	13.00	5.52	19	25	10−25

注　臨界値は，累積度数が84%，あるいは93%以上となる素点を示す
　　典型範囲は累積頻度が7%以上93%以下になる素点の範囲である　　$n=51$

表 I-5　アルコール症群の質的スコア標準値

スコアリング・カテゴリー		Mean	Median	SD	臨界値(注) 84%	臨界値(注) 93%	典型範囲
AMB	《両価性》	0.16	0.00	0.46	0	1	0−1
AUT	《自動句》	0.00	0.00	0.00	—	0	0
CYL	《筒状》	0.69	0.00	1.01	1	2	0−2
DEN	《否定》	0.06	0.00	0.31	—	0	0
EMO	《情動》	0.04	0.00	0.20	—	0	0
GRO	《粗野》	0.02	0.00	0.14	—	0	0
HID	《隠蔽》	0.08	0.00	0.27	0	1	0−1
IM	《未熟》	0.73	0.00	1.04	1	2	0−2
IMP	《無力》	0.00	0.00	0.00	—	0	0
INA	《無生物》	0.06	0.00	0.24	—	0	0
MOV	《運動》	0.14	0.00	0.40	0	1	0−1
ORA	《口唇》	0.35	0.00	0.63	0	1	0−1
PER	《困惑》	0.00	0.00	0.00	—	0	0
SEN	《感覚》	0.24	0.00	0.65	0	1	0−1
SEX	《性的》	0.08	0.00	0.34	0	1	0−1
O	《独創》	0.00	0.00	0.00	—	0	0
RPT	《反復》	0.71	0.00	0.93	1	2	0−2

注　臨界値は，累積度数が84%，あるいは93%以上となる素点を示す
　　典型範囲は累積頻度が7%以上93%以下になる素点の範囲である　　$n=51$

サンプル：サンプルは 51 名で，アルコール症と診断された 10 名の女性と 41 名の男性である。このうちの何人かは器質的な変化をきたす段階にまで達している。そのためハンドテストの結果は以前の研究より重篤になっている。年齢は 18〜56 歳で平均年齢 35.88 歳（$SD=9.95$），平均 IQ は 101.11（$SD=12.04$）で 79〜124 の範囲，人種はこの群については報告されていない。

ハンドテスト指標：表Ⅰ-4 がアルコール症例の量的スコアリング・カテゴリーのまとめである。アルコール症の反応の典型範囲は，INT［対人］，ENV［環境］，MAL［不適応］については一般サンプルと同様である。CRIP《不自由》（0〜3）と，FEAR《恐怖》（0〜1）が，一般成人群よりやや多い。しかしながら，WITH［撤退］については，アルコール症は一般成人群より多く反応する。一般の人に WITH［撤退］反応は稀であるが，アルコール症は 3 個までの反応を出している。実際本群の少なくとも 84％は WITH［撤退］を 0〜2 個反応し，そのうち最も多いのは FAIL《失敗》（0〜2）で，DES《記述》（0〜1）が次に続く。

アルコール症群と一般成人群の違いは，質的スコアを調べるとよりはっきりする（表Ⅰ-5 参照）。質的反応はアルコール症群で，よりひんぱんに出現した。つまり，スコアリング・カテゴリーの半分以上が，質的スコアに分類される反応である。一般成人群では，質的スコアリング・カテゴリーの出現数はかなり少ないが（0〜1 または 2），アルコール症は一般成人群より病理的な反応を多く出しがちであることが分かった（例：SEX《性的》，RPT《反復》，AMB《両価性》）。

アルコール症の下位群間での違いは，これらのデータでははっきりしないかもしれない。特に注意しておかなければならない，よく見られる三つの基本的なパターンは，①器質的サインを示すアルコール症，②非常に依存的で DEP《依存》と PAS《受動》に反応しがちなアルコール症，③緊張していて不安で，MAL［不適応］反応を多産するアルコール症である。これらのタイプはアルコール症の人格像を言いつくすものではないが，診断や治療に何らかの価値ある傾向を表わすものである。アルコール症の 44％が少なくとも 1 個の DEP《依存》反応を出しており，これは一般成

精神発達遅滞群

DSM‐Ⅲによる定義：DSM‐Ⅲ判定基準による精神発達遅滞の本質的特徴は，①確実に平均以下の知的機能，②それに関係して，あるいはその結果として適応的行動の脆弱化，③18歳までに生じる。この診断は精神障害や身体障害を伴っていてもいなくてもなされうる。DSM‐Ⅲでは，精神発達遅滞の四つの下位タイプを，統合的な知的低下の程度に応じて決めている（軽度，中度，重度，最重度）。

サンプル：サンプルは126名で，精神発達遅滞と診断された74名の男性と52名の女性である。IQは20〜80の範囲で，平均IQは52.98（$SD=20.07$）で，このサンプルの被検者は16歳から73歳までで，平均年齢34.13歳（$SD=14.97$），人種についてはサンプルの78％が白人，21％が黒人，9％がヒスパニックであった。

ハンドテスト指標：量的スコアリング・カテゴリーの結果は表Ⅰ‐6に示されている。全体的にこの診断群に属する人は，スコアリング・カテゴリーや複合カテゴリーの反応数，および総反応数も少なかった。例外はWITH［撤退］カテゴリーで，精神発達遅滞群の典型範囲は0〜10である。この人たちの少なくとも93％は，9個以下のDES《記述》，3個以下のFAIL《失敗》，1個以下のBIZ《奇矯》反応を産出した。一般群ではその93％が，WITH［撤退］反応をひとつも出していないのである。このように精神発達遅滞群は，一般成人群よりINT［対人］，ENV［環境］，MAL［不適応］反応は少なく，WITH［撤退］反応はかなり多く出現した。一般的に，IQが低ければ低いほど，WITH［撤退］スコアは高くなるといえる。

表Ⅰ‐7は質的スコアリング・カテゴリーの結果である。精神発達遅滞群は未熟な質的カテゴリー（たとえばIM《未熟》，ORA《口唇》，RPT《反復》）に分類される反応を出しがちであった。彼らはほかの診断群に比べて質的カテゴリーに当てはまる反応をほとんど出さなかった。これはお

表 I-6　精神発達遅滞の量的スコア標準値

スコアリング・カテゴリー		Mean	Median	SD	臨界値(注) 84%	臨界値(注) 93%	典型範囲
Interpersonal	［対人］	4.39	3.50	4.23	8	11	0−11
AFF	（親愛）	1.02	1.00	1.22	2	3	0−3
DEP	（依存）	0.23	0.00	0.57	0	1	0−1
COM	（伝達）	1.34	1.00	1.70	2	4	0−4
EXH	（顕示）	0.23	0.00	0.61	0	1	0−1
DIR	（指示）	0.73	0.00	1.09	1	2	0−2
AGG	（攻撃）	0.84	0.00	1.21	2	2	0−3
Environmental	［環境］	2.60	2.00	2.42	5	6	0−6
ACQ	（達成）	0.25	0.00	0.55	0	1	0−1
ACT	（活動）	2.02	2.00	2.08	4	5	0−5
PAS	（受動）	0.34	0.00	0.65	1	2	0−2
Maladjustive	［不適応］	0.90	0.00	1.54	2	3	0−3
TEN	（緊張）	0.47	0.00	0.92	1	2	0−2
CRIP	（不自由）	0.40	0.00	1.01	1	2	0−2
FEAR	（恐怖）	0.04	0.00	0.20	—	0	0
Withdrawal	［撤退］	4.41	3.00	3.86	9	10	0−10
DES	（記述）	3.29	1.50	2.51	8	9	0−9
BIZ	（奇矯）	0.15	0.00	0.68	0	1	0−1
FAIL	（失敗）	0.98	0.00	1.97	1	3	0−3
Responses	総反応数	11.35	11.00	4.92	13	20	7−20

注　臨界値は，累積度数が84%，あるいは93%以上となる素点を示す
　　典型範囲は累積頻度が7％以上93%以下になる素点の範囲である　　　$n=126$

表 I-7　精神発達遅滞の質的スコア標準値

スコアリング・カテゴリー		Mean	Median	SD	臨界値(注) 84%	臨界値(注) 93%	典型範囲
AMB	《両価性》	0.02	0.00	0.13	—	0	0
AUT	《自動句》	0.00	0.00	0.00	—	0	0
CYL	《筒状》	0.09	0.00	0.31	0	1	0−1
DEN	《否定》	0.03	0.00	0.18	—	0	0
EMO	《情動》	0.04	0.00	0.23	—	0	0
GRO	《粗野》	0.00	0.00	0.00	—	0	0
HID	《隠蔽》	0.07	0.00	0.29	—	0	0
IM	《未熟》	0.29	0.00	0.78	0	2	0−2
IMP	《無力》	0.04	0.00	0.23	—	0	0
INA	《無生物》	0.00	0.00	0.00	—	0	0
MOV	《運動》	0.35	0.00	0.82	1	2	0−2
ORA	《口唇》	0.09	0.00	0.31	0	1	0−1
PER	《困惑》	0.04	0.00	0.23	—	0	0
SEN	《感覚》	0.07	0.00	0.36	—	0	0
SEX	《性的》	0.00	0.00	0.00	—	0	0
O	《独創》	0.00	0.00	0.00	—	0	0
RPT	《反復》	1.27	1.00	1.61	3	4	0−4

注　臨界値は，累積度数が84%，あるいは93%以上となる素点を示す
　　典型範囲は累積頻度が7％以上93%以下になる素点の範囲である　　　$n=126$

そらく全体的に反応数が少なかったためであろう。

　知的な遅れのある人は，言語的あるいは知覚運動的な問題のために，潜在的に持っている力より低く知能テストに出てしまうことがある。このような人は，ときにハンドテストで思いもかけないような内的資質を表現することもある。一般的に，ハンドテストで表わされたものが，量的にも質的にも一般成人のプロトコルと似ていればいるほど，社会的にも職業的にも肯定的な行動傾向を持つことができるように思われる。また反応が複雑かどうかにも注目するべきであり，それらステレオタイプで単純な反応が，脆弱化の進んだ人に出現しがちだからである。

脳器質性症候群

　DSM‐IIIによる定義：脳器質性症候群は，器質性精神障害という広義のカテゴリーに分類される。脳器質性症候群には六つの基本的なタイプがある。①せん妄と痴呆で比較的全体的な弱まりがある。②健忘症候群と器質性幻覚症で，比較的限定された弱まった認知領域を含む。③器質性妄想症候群と器質性情動症候群で，情動障害や分裂病障害と似ている特徴を持つ。④器質性人格症候群で性格に問題が出ている。⑤物質常用時の摂取や減量にかかわる中毒やひきこもりがある。⑥非定型か混合した脳器質性症候群で，既述のどの症候群にも属さない脳器質性症候群を含む。

　サンプル：サンプルは67名で，脳器質性症候群と診断された46名の男性と21名の女性。年齢は16〜55歳。平均年齢は26.58歳。全サンプルのうち10％は黒人，90％は白人，IQは55〜115の範囲（$\bar{X}=85.60$, $SD=13.45$）であった。

　ハンドテスト指標：表Ⅰ‐8と表Ⅰ‐9は脳器質性症候群の量的，質的スコアリング・カテゴリーの結果である。器質性疾患は，INT［対人］とENV［環境］カテゴリーは一般とよく似たスコアを示した。しかし，MAL［不適応］とWITH［撤退］は明らかに高い値であった。とくにTEN《緊張》(0〜4)，DES《記述》(0〜3)と，FAIL《失敗》(0〜2)が顕著であった。一般成人群と同様に，器質性疾患ではFEAR《恐怖》

表 I-8 脳器質性症候群の量的スコア標準値

スコアリング・カテゴリー		Mean	Median	SD	臨界値(注) 84%	93%	典型範囲
Interpersonal	[対人]	7.63	7.00	5.22	10	13	4−13
AFF	(親愛)	1.31	1.00	1.16	2	3	0−3
DEP	(依存)	0.39	0.00	0.74	0	1	0−1
COM	(伝達)	2.49	2.00	2.21	4	6	0−6
EXH	(顕示)	0.51	0.00	0.96	1	2	0−2
DIR	(指示)	1.51	1.00	1.60	2	3	0−3
AGG	(攻撃)	1.42	1.00	1.78	2	4	0−4
Environmental	[環境]	5.28	5.00	3.98	7	10	1−10
ACQ	(達成)	0.84	0.00	1.25	2	3	0−3
ACT	(活動)	3.60	3.00	2.86	5	6	1−6
PAS	(受動)	0.85	1.00	1.06	2	3	0−3
Maladjustive	[不適応]	1.90	1.00	2.74	3	6	0−6
TEN	(緊張)	1.10	1.00	1.61	2	4	0−4
CRIP	(不自由)	0.67	0.00	1.31	1	2	0−2
FEAR	(恐怖)	0.12	0.00	0.37	−	0	0
Withdrawal	[撤退]	1.04	0.00	1.65	2	3	0−3
DES	(記述)	0.75	0.00	1.47	2	3	0−3
BIZ	(奇矯)	0.01	0.00	0.12	−	0	0
FAIL	(失敗)	0.31	0.00	0.80	1	2	0−2
Responses	総反応数	17.30	13.00	16.80	21	31	10−31

注　臨界値は，累積度数が84%，あるいは93%以上となる素点を示す
　　典型範囲は累積頻度が7%以上93%以下になる素点の範囲である　　$n=67$

表 I-9 脳器質性症候群の質的スコア標準値

スコアリング・カテゴリー		Mean	Median	SD	臨界値(注) 84%	93%	典型範囲
AMB	《両価性》	0.45	0.00	2.45	0	1	0−1
AUT	《自動句》	0.22	0.00	1.14	−	0	0
CYL	《筒状》	0.46	0.00	0.94	1	2	0−2
DEN	《否定》	0.04	0.00	0.27	−	0	0
EMO	《情動》	0.04	0.00	0.21	−	0	0
GRO	《粗野》	0.07	0.00	0.50	−	0	0
HID	《隠蔽》	0.06	0.00	0.24	−	0	0
IM	《未熟》	0.76	0.00	1.05	2	3	0−3
IMP	《無力》	0.01	0.00	0.12	−	0	0
INA	《無生物》	0.01	0.00	0.01	−	0	0
MOV	《運動》	0.12	0.00	0.11	0	1	0−1
ORA	《口唇》	0.15	0.00	0.47	0	1	0−1
PER	《困惑》	0.03	0.00	0.17	−	0	0
SEN	《感覚》	0.21	0.00	0.48	0	1	0−1
SEX	《性的》	0.04	0.00	0.27	−	0	0
O	《独創》	0.00	0.00	0.00	−	0	0
RPT	《反復》	0.99	0.00	1.33	2	3	0−3

注　臨界値は，累積度数が84%，あるいは93%以上となる素点を示す
　　典型範囲は累積頻度が7%以上93%以下になる素点の範囲である　　$n=67$

とBIZ《奇矯》反応は普通みられない。器質性疾患は総反応数が多く，一般成人の総反応数が10〜20の範囲なのに対して，器質性疾患は10〜31である。

　本群にカテゴリーに分類される反応数は少ないが，一般成人群に比較すると幅広く出ている。質的スコアのなかで高い値をとったのはIM《未熟》(0〜3)とRPT《反復》(0〜3)であった。

　予想されることではあるが，脳器質性疾患のハンドテスト・パターンは症候群の特徴や重篤度によって非常に変わる。最も重度なケースでは，FAIL《失敗》，DES《記述》，RPT《反復》反応などが多く総反応数が少ない。障害がそれほど重くなく，自分自身の適応困難に気づいている人はMAL［不適応］反応を出しがちである。また，ときには器官に対する強迫的な反応をし，特にCOM《伝達》，ACT《活動》，TEN《緊張》反応の繰り返しが生じて，総反応数が多くなることも起こり得る。この強迫的な上乗せは，崩壊に何とか対抗しようとしているある種のタイプの分裂病でも起こり得る。そのため，逆説的ではあるが，脳器質性疾患は反応が非常に少ないこともあるし（10以下）非常に多いこともある（30以上）。ハンドテストには多くの器質的疾患特有のパターンがみられるが，無制限にあるわけではないので経験をつんだ臨床家はいろんなサインや全体像をたやすく見出すことができる。発達遅滞の場合と同様に，単純でステレオタイプな反応があるほど，障害は重篤である。

分裂病障害群

　DSM-Ⅲによる定義：分裂病障害の本質的な特徴は，活動期において特異的な精神病症状が存在すること，多重の交錯した心理学的プロセスを含む症状，45歳までに発病，これまでの機能レベルからの逸脱，生活史上のいつかに少なくとも6か月の期間続いていること，などが含まれている。また憎悪期に少なくとも以下の一つが存在する。①奇異な妄想。②身体的，誇大的，宗教的，虚無的な妄想。③幻覚によってもたらされた迫害や嫉妬の妄想。④幻聴。⑤支離滅裂，著しい連合弛緩，非論理的思

考，貧困な言語内容。

サンプル：69名で，分裂病と診断された31名の男性と38名の女性，年齢は17〜57歳の範囲で平均年齢30.10歳（$SD=8.96$），IQは64〜123の範囲（$\bar{X}=96.84$, $SD=13.94$），サンプルの78%は白人で22%は黒人であった。被検者のうち34名は分裂病以外の診断はついていないが，残りについては3名が外来軽症型，1名が緊張型，14名が妄想型，1名が急性型，8名が慢性型，6名が分裂感情型，2名が残遺型，4名が潜伏性分裂病であった。

ハンドテスト指標：表Ⅰ-10は，分裂病群の量的スコアリング・カテゴリーの結果である。本群の人は，INT［対人］反応とENV［環境］反応は一般成人群とほとんど同数である。しかし分裂病者は，MAL［不適応］（0〜5）とWITH［撤退］反応（0〜3）は一般成人よりかなり多い。たとえば分裂病の93%は，2個以下のDES（記述），1個以下のBIZ（奇矯），1個以下のFAIL（失敗）を反応する。典型的な一般成人群にはWITH［撤退］反応は出現しない。

表Ⅰ-11は質的スコアの結果である。分裂病者はスコアは少ないながら（0〜1），多様な質的反応を産出する。IM《未熟》カテゴリーが最多数の反応であり，典型範囲は0〜3である。

分裂病者のプロトコルは重なる部分を持ちながらも，三つの下位群に分けられる。第一の群は，潜伏性か初期の分裂病，ボーダーライン，分裂気質的なケースとさまざまに診断されがちな人である。記録は表面的には神経症的パターンと似ており，低いENV［環境］と高いMAL［不適応］スコアである。しかし，MAL［不適応］が常に高いとは限らず，一つか二つの粉飾されたDES（記述）反応があり，全体には特異的で病的であるかもしれない。第二の群は，派手でにぎやかな精神病者である。このケースでは純粋なBIZ（奇矯）反応が出現し，質的に「投げやり」なDES（記述）とMAL［不適応］反応を伴うかもしれない。第三の群はより悪化した経過をたどっており，慢性的，画一的，「荒廃」などと診断されている分裂病者によくみられる。長い間施設に収容されたり保護を受けたりしている分裂病者はこのカテゴリーに入りやすい。反応は慢性化した

表 I - 10　精神分裂病群の量的スコア標準値

スコアリング・カテゴリー		Mean	Median	SD	臨界値(注) 84%	臨界値(注) 93%	典型範囲
Interpersonal	[対人]	6.74	6.00	2.87	9	11	4−11
AFF	(親愛)	1.09	1.00	0.86	2	3	0−3
DEP	(依存)	0.48	0.00	0.70	1	2	0−2
COM	(伝達)	2.04	2.00	1.27	3	4	1−4
EXH	(顕示)	0.36	0.00	0.73	0	1	0−1
DIR	(指示)	1.36	1.00	1.40	2	4	0−4
AGG	(攻撃)	1.41	1.00	1.41	2	3	0−3
Environmental	[環境]	4.38	4.00	3.06	6	10	2−10
ACQ	(達成)	0.57	0.00	0.83	1	2	0−2
ACT	(活動)	3.10	3.00	2.46	4	7	1−7
PAS	(受動)	0.71	1.00	0.84	1	2	0−2
Maladjustive	[不適応]	2.14	2.00	1.96	4	5	0−5
TEN	(緊張)	1.12	1.00	1.37	2	3	0−3
CRIP	(不自由)	0.78	1.00	0.92	1	2	0−2
FEAR	(恐怖)	0.25	0.00	0.77	0	1	0−1
Withdrawal	[撤退]	0.81	0.00	1.20	1	3	0−3
DES	(記述)	0.42	0.00	0.79	1	2	0−2
BIZ	(奇矯)	0.13	0.00	0.45	0	1	0−1
FAIL	(失敗)	0.26	0.00	0.56	0	1	0−1
Responses	総反応数	13.84	12.00	4.75	17	21	10−21

注　臨界値は，累積度数が84%，あるいは93%以上となる素点を示す
　　典型範囲は累積頻度が7%以上93%以下になる素点の範囲である　　$n=69$

表 I - 11　精神分裂病群の質的スコア標準値

スコアリング・カテゴリー		Mean	Median	SD	臨界値(注) 84%	臨界値(注) 93%	典型範囲
AMB	《両価性》	0.26	0.00	1.28	0	1	0−1
AUT	《自動句》	0.01	0.00	0.12	−	0	0
CYL	《筒状》	0.48	0.00	1.32	1	2	0−2
DEN	《否定》	0.17	0.00	1.21	−	0	0
EMO	《情動》	0.03	0.00	0.17	−	0	0
GRO	《粗野》	0.03	0.00	0.17	−	0	0
HID	《隠蔽》	0.10	0.00	0.43	0	1	0−1
IM	《未熟》	0.94	0.00	1.26	2	3	0−3
IMP	《無力》	0.07	0.00	0.31	0	1	0−1
INA	《無生物》	0.07	0.00	0.36	−	0	0
MOV	《運動》	0.30	0.00	1.25	0	1	0−1
ORA	《口唇》	0.14	0.00	0.39	0	1	0−1
PER	《困惑》	0.00	0.00	0.00	−	0	0
SEN	《感覚》	0.17	0.00	0.45	0	1	0−1
SEX	《性的》	0.04	0.00	0.21	−	0	0
O	《独創》	0.00	0.00	0.00	−	0	0
RPT	《反復》	0.46	0.00	0.88	1	2	0−2

注　臨界値は，累積度数が84%，あるいは93%以上となる素点を示す
　　典型範囲は累積頻度が7%以上93%以下になる素点の範囲である　　$n=69$

脳器質性症候群の人とよく似ており，反応数が少なく，DES（記述），FAIL（失敗）が見られる。たしかに，すべての分裂病者を一つのグループにまとめて分析すると，際立った重要な違いを見落とすことになる。分裂病診断上の臨界点は，ファサードに透過性があったり壊れていたりすることであるが，この欠陥はいろいろな形で現れるのである。

行為障害群

DSM-Ⅲによる定義：DSM-Ⅲの定義する行為障害は，他者の権利や社会的規範を犯すような攻撃的行動を繰り返し執拗にするタイプのことである。本群には反社会的人格，犯罪者，精神病質と診断された人を選んでハンドテストの分析を行なった。

サンプル：44名の男性と15名の女性で全部で59名が本サンプルとして用いられた。年齢は16〜49歳で平均年齢は26.63歳（$SD=8.26$），本群の51%は白人で，49%は黒人，IQ は63〜127（$\bar{X}=93.15$, $SD=14.76$）であった。

ハンドテスト指標：量的スコアリング・カテゴリーの要約は，表Ⅰ-12に示されている。全般的に本群の人は，一般成人群に比較するとどのカテゴリーも反応数が多い。とりわけ興味深いことはAGG（攻撃）反応の数であり，一般成人群の93%が2個以下のAGG（攻撃）に対し，行為障害の93%は4個以下の反応であった。本診断群の被検者は病理的な反応も多く出している（たとえばMAL［不適応］，WITH［撤退］）。彼らはFEAR（恐怖），DES（記述），FAIL（失敗）反応も一般群より多かった。さらに行為障害群に属する人の総反応数（11〜27）は，一般成人群（10〜20）より多かった。

表Ⅰ-13は本群の質的スコアの結果である。分裂病群と同様に，行為障害群の被検者は一般群よりいろいろな種類の質的スコアを産出した。反応数の典型範囲は，少ないもので0〜1か0〜2，最も多かったのはRPT《反復》カテゴリーにスコアされた反応（0〜3）であった。

本群に属する人がいつも特異な反応パターンを示す訳ではない。しか

表 I-12　行為障害群の量的スコア標準値

スコアリング・カテゴリー		Mean	Median	SD	臨界値(注) 84%	臨界値(注) 93%	典型範囲
Interpersonal	[対人]	7.97	7.00	4.03	13	15	5−15
AFF	(親愛)	1.33	1.00	1.08	2	3	0−3
DEP	(依存)	0.52	0.00	0.78	1	2	0−2
COM	(伝達)	2.45	2.00	1.62	4	5	0−5
EXH	(顕示)	0.52	0.00	0.90	1	2	0−2
DIR	(指示)	1.43	1.50	0.99	2	3	0−3
AGG	(攻撃)	1.74	1.00	1.63	3	4	0−4
Environmental	[環境]	5.43	4.50	4.10	7	11	2−11
ACQ	(達成)	0.64	0.00	0.81	1	2	0−2
ACT	(活動)	4.07	3.00	3.59	6	9	1−9
PAS	(受動)	0.72	1.00	0.79	1	2	0−2
Maladjustive	[不適応]	1.81	1.00	1.67	3	4	0−4
TEN	(緊張)	0.95	1.00	0.98	1	2	0−2
CRIP	(不自由)	0.66	0.00	0.95	1	2	0−2
FEAR	(恐怖)	0.21	0.00	0.59	0	1	0−1
Withdrawal	[撤退]	0.62	0.00	1.15	1	2	0−2
DES	(記述)	0.41	0.00	0.96	1	2	0−2
BIZ	(奇矯)	0.00	0.00	0.00	−	0	0
FAIL	(失敗)	0.21	0.00	0.59	0	1	0−1
Responses	総反応数	15.53	13.00	7.03	21	27	11−27

注　臨界値は，累積度数が84%，あるいは93%以上となる素点を示す
　　典型範囲は累積頻度が7%以上93%以下になる素点の範囲である　　$n=59$

表 I-13　行為障害群の質的スコア標準値

スコアリング・カテゴリー		Mean	Median	SD	臨界値(注) 84%	臨界値(注) 93%	典型範囲
AMB	《両価性》	0.14	0.00	0.35	0	1	0−1
AUT	《自動句》	0.00	0.00	0.00	−	0	0
CYL	《筒状》	0.53	0.00	1.13	1	2	0−2
DEN	《否定》	0.10	0.00	0.36	0	1	0−1
EMO	《情動》	0.00	0.00	0.00	−	0	0
GRO	《粗野》	0.00	0.00	0.00	−	0	0
HID	《隠蔽》	0.05	0.00	0.22	−	0	0
IM	《未熟》	0.81	1.00	0.99	1	2	0−2
IMP	《無力》	0.07	0.00	0.31	−	0	0
INA	《無生物》	0.05	0.00	0.29	−	0	0
MOV	《運動》	0.15	0.00	0.45	0	1	0−1
ORA	《口唇》	0.08	0.00	0.28	0	1	0−1
PER	《困惑》	0.05	0.00	0.29	−	0	0
SEN	《感覚》	0.19	0.00	0.43	0	1	0−1
SEX	《性的》	0.02	0.00	0.13	−	0	0
O	《独創》	0.00	0.00	0.00	−	0	0
RPT	《反復》	0.78	0.00	1.43	2	3	0−3

注　臨界値は，累積度数が84%，あるいは93%以上となる素点を示す
　　典型範囲は累積頻度が7%以上93%以下になる素点の範囲である　　$n=59$

し，これまでの研究（Haramis & Wagner, 1980 ; Oswald & Loftus, 1967 ; Selg, 1965 ; Wagner & Hawkins, 1964）では，AGG《攻撃》と PATH（病理スコア）が高く，ACT《活動》は低く，バランスの悪い AOR（行動化比率）が報告されている。さらに，GRO《粗野》，IM《未熟》，SEX《性的》反応が多いことも行為障害の特徴であろう。

不安障害群

DSM‐Ⅲによる定義：不安障害は，不安そのものが主たる悩みである障害（パニック障害のように）と，症状を克服しようとしたときに不安が出てくる場合（恐怖症のときの恐ろしい状況や対象に直面したときのように）の両方を含んでいる。なお混合していたり，特定されない神経症も本群に加えられ，ハンドテスト反応が分析された。

サンプル：不安障害の確定診断がなされた28名で，15名の女性と13名の男性，年齢の範囲は17〜66歳平均年齢は29.14歳（$SD=11.17$），IQの範囲は87〜122（$\bar{X}=104.27$，$SD=11.34$），被検者の約86％は白人，14％は黒人であった。

ハンドテスト指標：表Ⅰ-14は，本群の量的スコアリング・カテゴリーの結果である。不安障害群の人は一般成人群よりあらゆるカテゴリーにおいて反応が多いのが普通である。これは特にACT《活動》反応において顕著である。つまり，不安障害群は2〜11個のACT《活動》反応をするが，一般成人群は1〜7個である。不安障害群はMAL［不適応］反応数も一般成人群より多く，典型範囲は1〜6である。本群のMAL［不適応］反応のうち最も普通のタイプはTEN《緊張》であり，本群の93％が4個以下の反応をした。BIZ《奇矯》，FAIL《失敗》については本群では普通は反応されない。

しかし，すべての神経症がACT《活動》を多く出すとは限らない。多様な不安障害を一つにまとめたため，隠されてしまった一般的な神経症パターンでは，比較的少ない総反応数，高いINT［対人］，低いENV［環境］，高いMAL［不適応］，少ないWITH［撤退］，高いH-L（初発反応

表 I-14 不安障害群の量的スコア標準値

スコアリング・カテゴリー		Mean	Median	SD	臨界値(注) 84%	臨界値(注) 93%	典型範囲
Interpersonal	[対人]	8.75	7.00	4.39	12	14	5−14
AFF	《親愛》	1.46	1.00	1.29	2	3	0−3
DEP	《依存》	0.64	0.00	0.87	1	2	0−2
COM	《伝達》	2.68	2.00	2.94	4	6	0−6
EXH	《顕示》	0.64	0.00	1.13	1	2	0−2
DIR	《指示》	1.68	1.50	1.06	2	3	1−3
AGG	《攻撃》	1.75	1.00	1.46	3	4	0−4
Environmental	[環境]	6.57	5.50	4.66	11	13	2−13
ACQ	《達成》	0.68	0.00	1.12	1	2	0−2
ACT	《活動》	4.89	3.00	3.92	8	11	2−11
PAS	《受動》	1.00	1.00	1.15	2	3	0−3
Maladjustive	[不適応]	2.96	2.00	2.32	5	6	1−6
TEN	《緊張》	1.96	1.00	1.71	3	4	0−4
CRIP	《不自由》	0.75	0.00	0.97	1	2	0−2
FEAR	《恐怖》	0.25	0.00	0.70	0	1	0−1
Withdrawal	[撤退]	0.32	0.00	0.72	0	1	0−1
DES	《記述》	0.18	0.00	0.48	0	1	0−1
BIZ	《奇矯》	0.00	0.00	0.00	—	0	0
FAIL	《失敗》	0.14	0.00	0.59	6	0	0
Responses	総反応数	18.57	16.00	9.33	22	29	10−29

注 臨界値は，累積度数が84%，あるいは93%以上となる素点を示す
典型範囲は累積頻度が7％以上93%以下になる素点の範囲である　　　n=28

表 I-15 不安障害群の質的スコア標準値

スコアリング・カテゴリー		Mean	Median	SD	臨界値(注) 84%	臨界値(注) 93%	典型範囲
AMB	《両価性》	0.11	0.00	0.31	0	1	0−1
AUT	《自動句》	0.00	0.00	0.00	—	0	0
CYL	《筒状》	0.68	0.00	0.86	1	2	0−2
DEN	《否定》	0.04	0.00	0.19	—	0	0
EMO	《情動》	0.04	0.00	0.19	—	0	0
GRO	《粗野》	0.00	0.00	0.00	—	0	0
HID	《隠蔽》	0.11	0.00	0.42	—	0	0
IM	《未熟》	0.82	0.50	1.09	2	3	0−3
IMP	《無力》	0.00	0.00	0.00	—	0	0
INA	《無生物》	0.07	0.00	0.26	—	0	0
MOV	《運動》	0.07	0.00	0.26	—	0	0
ORA	《口唇》	0.14	0.00	0.45	0	1	0−1
PER	《困惑》	0.00	0.00	0.00	—	0	0
SEN	《感覚》	0.32	0.00	0.61	0	1	0−1
SEX	《性的》	0.04	0.00	0.19	—	0	0
O	《独創》	0.04	0.00	0.19	—	0	0
RPT	《反復》	0.93	0.00	1.59	2	4	0−4

注 臨界値は，累積度数が84%，あるいは93%以上となる素点を示す
典型範囲は累積頻度が7％以上93%以下になる素点の範囲である　　　n=28

時間差）などが見られる。

　本群の質的スコアリング・カテゴリーの結果が表Ⅰ-15に示されている。一般成人群と同様に，質的スコアはほとんど出なかった。しかしながら，本群におけるRPT《反復》反応数は，一般成人群（0～1）と比較してかなり多かった（0～4）。注意すべき点は，神経症的な繰り返しと器質的な繰り返しは違うということである。神経症的な繰り返しは強迫的な先入観の反映であるし，器質的な繰り返しは能力不足による固執の反映である。不安障害群は，AMB《両価性》，ORA《口唇》，SEN《感覚》反応がみられる。一般群ではこのような反応は普通出さない。

　また臨床家は，シンボリズムを伴ったカードの何に質的ショックを起こしているのか検討しなければならない。多くの事例で内容や質的ニュアンスを調べることによって，神経症の特徴を推し量ることができるであろう。

感情障害群

　DSM‐Ⅲによる定義：本群に属する人は一般的に気分の障害，しかもほかの身体的精神的障害にもとづかない躁やうつ症状を持つ人を指す。躁うつ病や大うつ病と診断されている人も本群に含まれる。症候学的にはうつ状態にある人と躁状態にある人では明らかに違うので，ハンドテスト指標の情報も分けて考えなければならない。

　サンプル：34名の被検者がうつ群として用いられ，22名の女性と12名の男性であった。彼らは，躁うつ病のうつ状態と診断された人や多様なうつ障害が含まれている（たとえば，大うつ病，気分変調症，気分循環症）。年齢の範囲は22～62歳までで平均年齢は40.44歳（$SD=12.91$）。被検者の41％が白人，12％が黒人，残りについては人種は報告されていない。

　躁群は13名の被検者で，5名の男性と8名の女性，この人たちはテストを受けたとき，躁うつ病の躁状態と診断された。注意しておかなければならないのはこの群の人たちがうつ状態のときはうつのサンプルとしても用いられていることである。本群の年齢は32～62歳で平均年齢は46.85歳（$SD=10.43$），IQと人種のデータは提示されていない。

ハンドテスト指標：表Ⅰ‐16 はうつ群の量的スコアリング・カテゴリーの結果の要約である。本群の人は，一般成人群より INT［対人］反応（2〜11）と ENV［環境］反応（1〜8）がほんの少し低い値であった。しかし MAL［不適応］反応と WITH［撤退］反応に関してはより高い値を示した。とりわけ WITH［撤退］カテゴリーで顕著であった。うつ群では 0〜4 個の DES《記述》，0〜2 個の FAIL《失敗》反応を出した。本群の人は BIZ《奇矯》反応を出さないのが普通である。

表Ⅰ‐17 はうつ群の質的スコアリング・カテゴリーの結果である。本群は質的スコアリング・カテゴリーにスコアできる反応を多く出した（たとえば，AMB《両価性》，DEN《否定》，EMO《情動》，ORA《口唇》，SEN《感覚》）。IM《未熟》のカテゴリーが本群では最も高い頻度で出現した。うつ群の 84％が少なくとも 1 個の IM《未熟》反応をした。

躁群についての量的ハンドテスト・カテゴリーの結果は表Ⅰ‐18 に示されている。躁病の総反応数（11〜30）は一般成人群（10〜20）より多い。さらに躁群は，あらゆる量的スコアリング・カテゴリーにおいて，一律に多くの反応を出す。特に興味深いのは，MAL［不適応］と WITH［撤退］反応数の多さである。一般の人はこのようなタイプの反応を普通はしないからである。躁病者は，ACT《活動》（0〜9），BIZ《奇矯》（0〜2）も一般より反応数が多く，84％が 5 個以上の ACT《活動》と 1 個の BIZ《奇矯》反応をした。しかしサンプル数が少ないので，これらのデータの解釈には注意が必要である。

表Ⅰ‐19 は躁群の質的な結果を示している。躁病の人は，一般の人より多様な質反応を出した。SEX《性的》カテゴリー（0〜4）が最も多数であり，これは躁病の妄想が，しばしば性的で誇大的な性質を持つところから生じているのかもしれない。出現頻度については SEX《性的》に続き IM《未熟》（0〜3）が，さらに CYL《筒状》，MOV《運動》，ORA《口唇》，SEN《感覚》（以上すべて 0〜2）と続いている。ここで再び念を押しておきたいが，サンプル数が少ないので，これらの結果を解釈するときは充分注意して扱うべきである。

躁病とうつ病を比較すると，この 2 群についてより多くの情報が得られ

表Ⅰ-16　うつ群の量的スコア標準値

スコアリング・カテゴリー		Mean	Median	SD	臨界値(注) 84%	臨界値(注) 93%	典型範囲
Interpersonal	[対人]	6.91	5.00	6.82	10	11	2−11
AFF	〔親愛〕	1.35	1.00	1.89	2	3	0−3
DEP	〔依存〕	0.79	0.00	1.15	2	3	0−3
COM	〔伝達〕	1.82	1.00	2.05	3	4	0−4
EXH	〔顕示〕	0.85	0.00	1.46	2	4	0−4
DIR	〔指示〕	1.35	1.00	1.47	2	3	0−3
AGG	〔攻撃〕	0.73	0.00	0.93	1	2	0−2
Environmental	[環境]	5.06	3.50	9.45	6	8	1−8
ACQ	〔達成〕	0.76	0.00	1.42	2	3	0−3
ACT	〔活動〕	3.35	2.00	7.73	4	5	0−5
PAS	〔受動〕	0.94	1.00	0.89	1	2	0−2
Maladjustive	[不適応]	1.65	1.00	2.24	3	7	0−7
TEN	〔緊張〕	0.88	0.00	1.32	2	3	0−3
CRIP	〔不自由〕	0.53	0.00	1.08	1	2	0−2
FEAR	〔恐怖〕	0.24	0.00	0.50	0	1	0−1
Withdrawal	[撤退]	2.53	2.00	2.43	4	6	0−6
DES	〔記述〕	1.97	1.00	2.25	3	4	0−4
BIZ	〔奇矯〕	0.06	0.00	0.24	−	0	0
FAIL	〔失敗〕	0.47	0.00	0.86	1	2	0−2
Responses	総反応数	15.88	11.00	16.75	19	27	8−27

注　臨界値は，累積度数が84%，あるいは93%以上となる素点を示す
　　典型範囲は累積頻度が7%以上93%以下になる素点の範囲である　　n=34

表Ⅰ-17　うつ群の質的スコア標準値

スコアリング・カテゴリー		Mean	Median	SD	臨界値(注) 84%	臨界値(注) 93%	典型範囲
AMB	《両価性》	0.12	0.00	0.41	0	1	0−1
AUT	《自動句》	0.00	0.00	0.00	−	0	0
CYL	《筒状》	0.15	0.00	0.36	0	1	0−1
DEN	《否定》	0.12	0.00	0.33	0	1	0−1
EMO	《情動》	0.12	0.00	0.41	0	1	0−1
GRO	《粗野》	0.06	0.00	0.24	−	0	0
HID	《隠蔽》	0.06	0.00	0.24	−	0	0
IM	《未熟》	0.91	0.00	2.61	1	2	0−2
IMP	《無力》	0.35	0.00	0.54	1	1	0−1
INA	《無生物》	0.03	0.00	0.17	−	0	0
MOV	《運動》	0.12	0.00	0.33	0	1	0−1
ORA	《口唇》	0.12	0.00	0.33	0	1	0−1
PER	《困惑》	0.09	0.00	0.29	0	1	0−1
SEN	《感覚》	0.76	0.00	2.91	1	1	0−1
SEX	《性的》	0.00	0.00	0.00	−	0	0
O	《独創》	0.06	0.00	0.34	−	0	0
RPT	《反復》	0.03	0.00	0.17	−	0	0

注　臨界値は，累積度数が84%，あるいは93%以上となる素点を示す
　　典型範囲は累積頻度が7%以上93%以下になる素点の範囲である　　n=34

表 I-18　躁群の量的スコア標準値

スコアリング・カテゴリー		Mean	Median	SD	臨界値(注) 84%	臨界値(注) 93%	典型範囲
Interpersonal	［対人］	10.38	11.00	2.87	13	14	6－14
AFF	（親愛）	0.85	0.00	1.21	2	4	0－4
DEP	（依存）	1.77	2.00	1.01	3	3	1－3
COM	（伝達）	1.85	2.00	0.90	3	3	1－3
EXH	（顕示）	1.38	1.00	1.39	2	3	0－3
DIR	（指示）	1.85	2.00	1.14	3	3	0－3
AGG	（攻撃）	2.69	3.00	1.49	4	4	1－4
Environmental	［環境］	4.23	3.00	3.75	6	11	1－11
ACQ	（達成）	0.38	0.00	0.65	1	1	0－1
ACT	（活動）	3.00	3.00	3.27	5	9	0－9
PAS	（受動）	0.85	1.00	0.90	2	2	0－2
Maladjustive	［不適応］	2.46	2.00	1.39	3	5	1－5
TEN	（緊張）	1.23	1.00	1.09	2	3	0－3
CRIP	（不自由）	0.69	0.00	1.03	2	3	0－3
FEAR	（恐怖）	0.54	0.00	1.05	2	3	0－3
Withdrawal	［撤退］	1.62	1.00	2.47	2	4	0－4
DES	（記述）	0.92	0.00	1.66	1	4	0－4
BIZ	（奇矯）	0.62	0.00	1.19	1	2	0－2
FAIL	（失敗）	0.08	0.00	0.28	0	1	0－1
Responses	総反応数	18.62	16.00	7.12	21	30	11－30

注　臨界値は，累積度数が84％，あるいは93％以上となる素点を示す
　　典型範囲は累積頻度が7％以上93％以下になる素点の範囲である　　n＝13

表 I-19　躁群の質的スコア標準値

スコアリング・カテゴリー		Mean	Median	SD	臨界値(注) 84%	臨界値(注) 93%	典型範囲
AMB	《両価性》	0.15	0.00	0.38	0	1	0－1
AUT	《自動句》	0.00	0.00	0.00	－	0	0
CYL	《筒状》	0.46	0.00	0.97	1	2	0－2
DEN	《否定》	0.23	0.00	0.60	0	1	0－1
EMO	《情動》	0.08	0.00	0.28	－	0	0
GRO	《粗野》	0.31	0.00	0.48	1	1	0－1
HID	《隠蔽》	0.15	0.00	0.38	0	1	0－1
IM	《未熟》	1.31	1.00	1.18	2	3	0－3
IMP	《無力》	0.08	0.00	0.28	－	0	0
INA	《無生物》	0.08	0.00	0.28	－	0	0
MOV	《運動》	0.46	0.00	0.78	1	2	0－2
ORA	《口唇》	0.62	0.00	0.96	1	2	0－2
PER	《困惑》	0.15	0.00	0.38	0	1	0－1
SEN	《感覚》	0.62	0.00	0.87	2	2	0－2
SEX	《性的》	0.54	0.00	1.13	1	4	0－4
O	《独創》	0.00	0.00	0.00	－	0	0
RPT	《反復》	0.00	0.00	0.00	－	0	0

注　臨界値は，累積度数が84％，あるいは93％以上となる素点を示す
　　典型範囲は累積頻度が7％以上93％以下になる素点の範囲である　　n＝13

る。たとえば，躁群はうつ群よりやや多くの反応をする。しかし，うつ群は MAL［不適応］と WITH［撤退］反応数については躁群より多い。たとえば典型的なうつ群は 0〜7 個の MAL［不適応］反応を産出し，一方，典型的な躁群は 1〜5 個にすぎない。ここで気をつけておかなければならない一つの重要な違いがある。つまりうつ群は躁群より WITH［撤退］反応が多いが，WITH［撤退］反応のタイプが違っている。うつ病者は DES《記述》と FAIL《失敗》反応をするが，BIZ《奇矯》反応はない。一方，躁病者は WITH［撤退］の三つのタイプ全部にわたって反応をする。同様に両群は多数の ENV［環境］反応をするが，躁群の ACT《活動》(0〜9) はうつ群の ACT《活動》(0〜5) より多い。

　躁うつ両群とも多様な質的反応をするが，躁病はうつ病と比べると，多数の質的反応をしがちであった。躁群は，病理的な質的反応もうつ群より多くみられた（たとえば GRO《粗野》，SEX《性的》）。しかし IMP《無力》反応についてはうつ群の人により多く出現した。

　躁群とうつ群のほかの違いも注目すべきものがある。たとえば平均初発反応時間は，躁群（$\bar{X}=2.22$）が，うつ群（$\bar{X}=11.45$）より非常に低い。同様に H-L（初発反応時間差）でも躁群（$\bar{X}=3.00$）がうつ群（$\bar{X}=15.82$）より低い。このことから分かることは，躁病の人の方がうつ病の人より明らかに早く反応を返すということである。

　ワグナーとヘイス（Wagner & Heise, 1981）の最近の研究によると，躁期とうつ期の間でも多くの違いがあることが分かった。それによると，同一人物における躁うつ期をそれぞれ対比させると，その違いは非常に印象的なものであった。たとえば，平均初発反応時間だけを用いて 100％ 正確な識別が可能であった。反応スタイルの質的な違いもまた，重要である。躁的な反応は自信に満ちた大げさな表現をするが，うつ的反応は短くステレオタイプで，力強さもなく弱化したファサードを表わしている。

　躁期とうつ期の明らかな違いは極期にのみ観察されるということも重要な点である。つまり躁うつ病者は「普通の状態」に自然といったん近づくが，彼らのプロトコルはどこか不適応的なものが感じられがちである。一方，両極性障害の循環的な性質が反応時間や反応カテゴリーの移り変わり

を通して明らかになることもある（たとえば反応時間の遅い二つの CRIP《不自由》反応が反応時間の早い二つの AGG《攻撃》反応に変わっていく）。いずれにしてもハンドテストはそのときの心理状態が即座に反映されるので，被検者が障害の諸段階を推移する様子をハンドテストのプロトコルの変化としてとらえることができる。

身体表現性障害群

DSM‐III による定義：この障害群の第一の特徴は，器質的なあるいは身体疾患的な原因がないのに身体症状があるということである。加えて身体的な症状が心理的要因や葛藤と関係しているという決定的な証拠があるか，あるいはあると強く推測されることである。

サンプル：本群は心身症と診断された 52 名の人からなり，30 名の男性と 22 名の女性である。年齢の範囲は 17〜61 歳で平均年齢は 32.75 歳（$SD=11.77$），IQ の範囲は 71〜116（$\bar{X}=98.96$, $SD=10.48$），ほぼ 69% が白人で，23% が黒人，残りの人は人種については報告されていない。

ハンドテスト指標：表Ⅰ‐20 と表Ⅰ‐21 が，本群のハンドテスト結果を要約したものである。身体表現性障害のある人びとは，INT［対人］，ENV［環境］については一般成人群と同じ反応数であった。しかし，MAL［不適応］（0〜4）と WITH［撤退］（0〜2）は，一般成人群よりやや多かった。MAL［不適応］カテゴリーのなかでは，身体表現的な障害のある被検者は，TEN《緊張》（0〜3），CRIP《不自由》（0〜2），FEAR《恐怖》（0〜1）が一般成人群より多かった。一般成人群ではたいてい WITH［撤退］反応がなく，一方，身体表現性群は DES《記述》と FAIL《失敗》カテゴリーについては 0〜1 個の反応数であった。しかし典型的な身体表現性群の人は BIZ《奇矯》反応を産出しない。

身体表現性群は多様な質的スコアも一般成人群より多い。RPT《反復》カテゴリーは最も出現頻度が高く，本群の 84% が 2 個以上反応し，典型範囲は 0〜3 であった。

身体表現性障害の障害の程度や心理力動は広く多彩である。概して，彼

表 I‑20　身体表現性障害群の量的スコア標準値

スコアリング・カテゴリー		Mean	Median	SD	臨界値(注) 84%	臨界値(注) 93%	典型範囲
Interpersonal	［対人］	7.77	8.00	3.03	11	12	4−12
AFF	〈親愛〉	1.40	1.00	1.24	2	4	0−4
DEP	〈依存〉	0.77	1.00	0.92	1	2	0−2
COM	〈伝達〉	2.37	2.00	1.62	4	5	1−5
EXH	〈顕示〉	0.48	0.00	0.85	1	2	0−2
DIR	〈指示〉	1.62	1.00	1.33	2	3	0−3
AGG	〈攻撃〉	1.13	1.00	0.99	2	3	0−3
Environmental	［環境］	4.21	4.00	2.35	6	9	2−9
ACQ	〈達成〉	0.56	0.00	0.78	1	2	0−2
ACT	〈活動〉	2.88	2.50	1.79	4	5	1−5
PAS	〈受動〉	0.77	1.00	0.90	1	2	0−2
Maladjustive	［不適応］	1.85	2.00	1.61	3	4	0−4
TEN	〈緊張〉	1.10	1.00	1.32	2	3	0−3
CRIP	〈不自由〉	0.63	0.00	0.82	1	2	0−2
FEAR	〈恐怖〉	0.12	0.00	0.38	0	1	0−1
Withdrawal	［撤退］	0.56	0.00	1.43	1	2	0−2
DES	〈記述〉	0.35	0.00	1.06	0	1	0−1
BIZ	〈奇矯〉	0.04	0.00	0.19	−	0	0
FAIL	〈失敗〉	0.17	0.00	0.76	0	1	0−1
Responses	総反応数	14.21	14.00	3.59	17	20	10−20

注　臨界値は，累積度数が84％，あるいは93％以上となる素点を示す
　　典型範囲は累積頻度が7％以上93％以下になる素点の範囲である　　n＝52

表 I‑21　身体表現性障害群の質的スコア標準値

スコアリング・カテゴリー		Mean	Median	SD	臨界値(注) 84%	臨界値(注) 93%	典型範囲
AMB	《両価性》	0.15	0.00	0.41	0	1	0−1
AUT	《自動句》	0.00	0.00	0.00	−	0	0
CYL	《筒状》	0.35	0.00	0.62	1	2	0−2
DEN	《否定》	0.10	0.00	0.30	0	1	0−1
EMO	《情動》	0.02	0.00	0.14	−	0	0
GRO	《粗野》	0.04	0.00	0.19	−	0	0
HID	《隠蔽》	0.10	0.00	0.36	0	1	0−1
IM	《未熟》	0.73	0.00	0.95	1	2	0−2
IMP	《無力》	0.10	0.00	0.30	0	1	0−1
INA	《無生物》	0.04	0.00	0.19	−	0	0
MOV	《運動》	0.23	0.00	0.55	0	1	0−1
ORA	《口唇》	0.10	0.00	0.36	0	1	0−1
PER	《困惑》	0.02	0.00	0.14	−	0	0
SEN	《感覚》	0.10	0.00	0.30	0	1	0−1
SEX	《性的》	0.02	0.00	0.14	−	0	0
O	《独創》	0.00	0.00	0.00	−	0	0
RPT	《反復》	0.71	0.00	1.05	2	3	0−3

注　臨界値は，累積度数が84％，あるいは93％以上となる素点を示す
　　典型範囲は累積頻度が7％以上93％以下になる素点の範囲である　　n＝52

らは神経症と人格障害の両方の特徴を示す。反応内容の分析は診断の輪郭をとらえるために重要なものであり，ときには特別な身体化反応の特徴や心理力動の手掛かりとなることもある。

演技性人格障害群

DSM-Ⅲによる定義：本群に必ず見られる特徴は，行動的性格的な障害を持つ人格障害であり，とりわけ対人関係のなかで過度に演技的であり，反応性が高くおおげさに振る舞うことである。

サンプル：サンプルは22名から構成された，6名の男性と16名の女性で演技性人格障害として分類され，ヒステリー性神経症も含まれる。年齢は18～50歳で平均年齢は28.23歳（$SD=7.81$），IQ は81～117までで，平均IQ は96.52（$SD=23.74$），本群のほぼ18％が黒人で，73％は白人，残りの人種については報告されていない。

ハンドテスト指標：表Ⅰ-22は演技性群の量的スコアの結果である。本群の人たちはあらゆる複合カテゴリーで反応数が多いのが一般的であり，総反応数も一般成人群より多い。しかし，ごく普通に出現するタイプの反応がこのグループは少ない。たとえばCOM《伝達》（0～4）は一般成人群のサンプル（1～6）より少なく，AGG《攻撃》（0～5）は一般（0～2）より多い。演技的な人はACT《活動》（1～12）を一般成人群（1～7）より多く反応する。この診断群はMAL［不適応］反応，とりわけFEAR《恐怖》反応が一般成人群より多く，DES《記述》やFAIL《失敗》も多い。しかしBIZ《奇矯》反応については演技性人格障害の人は一般的には出さない。

ヒステリー性マヒのような極端な症状のある転換性障害の人は総反応数が少なく，FEAR《恐怖》とFAIL《失敗》が多くなりがちである。PAS《受動》，DEP《依存》，EXH《顕示》もよく見られる。転換ヒステリーではカードⅥとカードⅨで質的な困難さを示すこともありえるだろう。

表Ⅰ-23は，本群のハンドテストの質的スコアリング・カテゴリーの結果である。質的反応はほかの病理群より少なくなりがちであったが，一般

表 I-22　演技性人格障害群の量的スコア標準値

スコアリング・カテゴリー		Mean	Median	SD	臨界値(注) 84%	臨界値(注) 93%	典型範囲
Interpersonal	［対人］	8.77	8.50	2.96	10	15	6−15
AFF	（親愛）	1.82	2.00	1.30	3	4	0−4
DEP	（依存）	0.64	0.00	0.95	1	2	0−2
COM	（伝達）	2.05	2.00	1.33	3	4	0−4
EXH	（顕示）	0.95	0.50	1.21	2	3	0−3
DIR	（指示）	1.64	1.00	1.00	2	3	1−3
AGG	（攻撃）	1.68	1.00	1.62	3	5	0−5
Environmental	［環境］	4.45	3.50	3.73	5	14	1−14
ACQ	（達成）	0.68	1.00	0.78	1	2	0−2
ACT	（活動）	3.27	2.00	3.28	5	12	1−12
PAS	（受動）	0.50	0.00	0.67	1	2	0−2
Maladjustive	［不適応］	1.82	2.00	1.18	3	4	0−4
TEN	（緊張）	1.18	1.00	1.05	2	3	0−3
CRIP	（不自由）	0.36	0.00	0.58	1	1	0−1
FEAR	（恐怖）	0.27	0.00	0.63	0	2	0−2
Withdrawal	［撤退］	0.41	0.00	0.67	1	2	0−2
DES	（記述）	0.14	0.00	0.35	0	1	0−1
BIZ	（奇矯）	0.00	0.00	0.00	−	0	0
FAIL	（失敗）	0.27	0.00	0.55	1	1	0−1
Responses	総反応数	15.18	14.00	5.10	21	24	10−24

注　臨界値は，累積度数が84%，あるいは93%以上となる素点を示す
　　典型範囲は累積頻度が7%以上93%以下になる素点の範囲である　　n=22

表 I-23　演技性人格障害群の質的スコア標準値

スコアリング・カテゴリー		Mean	Median	SD	臨界値(注) 84%	臨界値(注) 93%	典型範囲
AMB	《両価性》	0.18	0.00	0.50	0	1	0−1
AUT	《自動句》	0.00	0.00	0.00	−	0	0
CYL	《筒状》	0.59	0.00	0.80	1	2	0−2
DEN	《否定》	0.05	0.00	0.21	−	0	0
EMO	《情動》	0.00	0.00	0.00	−	0	0
GRO	《粗野》	0.00	0.00	0.00	−	0	0
HID	《隠蔽》	0.18	0.00	0.39	0	1	0−1
IM	《未熟》	0.86	1.00	0.94	1	2	0−2
IMP	《無力》	0.00	0.00	0.00	−	0	0
INA	《無生物》	0.00	0.00	0.00	−	0	0
MOV	《運動》	0.09	0.00	0.29	0	1	0−1
ORA	《口唇》	0.05	0.00	0.21	−	0	0
PER	《困惑》	0.00	0.00	0.00	−	0	0
SEN	《感覚》	0.41	0.00	0.67	1	2	0−2
SEX	《性的》	0.00	0.00	0.00	−	0	0
O	《独創》	0.05	0.00	0.21	−	0	0
RPT	《反復》	0.55	0.00	0.86	1	2	0−2

注　臨界値は，累積度数が84%，あるいは93%以上となる素点を示す
　　典型範囲は累積頻度が7%以上93%以下になる素点の範囲である　　n=22

群よりは幅広い質的スコアが見られた。たとえば，演技的な人の典型範囲はCYL《筒状》，IM《未熟》，SEN《感覚》，RPT《反復》においてそれぞれ0〜2個の反応を産出した。

分裂病質人格障害群

DSM‐Ⅲによる定義：分裂病質人格障害は新しい診断カテゴリーである。以下に述べる特徴が，本群に分類される人に共通して見られる。すなわち，①情緒的な冷淡さと無関心。②ほめたり批判したりなどの他人への感情に対する無関心。③家族の成員も含めて親しい交友関係をほとんど持とうとしない。④話や行動や思考に分裂病型人格障害に見られるような奇行はない。さらに，これらの症状は精神病的障害のために起こるのではない。

サンプル：分裂病質人格障害として診断された19名で，8名の男性と10名の女性であった（1名は性が報告されていない）。年齢の範囲は18〜44歳で，平均年齢28.37歳（$SD=7.91$），IQの範囲は86〜124（$\bar{X}=104.84$，$SD=10.78$），本群のうち89％は白人，5％は黒人，残りの人種については報告されていない。

ハンドテスト指標：ハンドテストの量的スコアの結果は表Ⅰ‐24に示されている。反応数の典型範囲は一般群が産出するのとよく似ている。しかし分裂病質群はINT［対人］（6〜15），WITH［撤退］（0〜1），総反応数（12〜27）が多い。各複合カテゴリー内の反応産出は一般群と非常に類似している。分裂病質群と一般群の間に大きな量的違いはないが，前者はDES《記述》，FEAR《恐怖》が後者より多かった（一般群の0に対して0〜1）。

表Ⅰ‐25は分裂病質群の質的スコアの結果である。典型範囲は概ね小さい（0〜1）。本群の質的反応は多岐にわたっているが二つの例外としてはIM《未熟》（0〜4）とRPT《反復》（0〜2）がある。

ここでデータをそっくりそのまま見ると何らかの誤解を生じることもあるだろう。すなわち臨床的な経験からすると，分裂病質と診断された人

表Ⅰ-24 分裂病質群の量的スコア標準値

スコアリング・カテゴリー		Mean	Median	SD	臨界値(注) 84%	93%	典型範囲
Interpersonal	[対人]	9.79	10.00	3.60	13	15	6−15
AFF	(親愛)	1.53	1.00	1.61	2	3	0−3
DEP	(依存)	0.68	1.00	0.75	1	2	0−2
COM	(伝達)	3.16	3.00	1.42	4	5	1−5
EXH	(顕示)	0.42	0.00	0.69	1	2	0−2
DIR	(指示)	2.21	2.00	1.32	3	4	1−4
AGG	(攻撃)	1.79	2.00	1.32	3	4	0−4
Environmental	[環境]	5.32	5.00	3.84	8	9	1−9
ACQ	(達成)	0.89	0.00	1.24	2	3	0−3
ACT	(活動)	3.63	3.00	3.04	5	6	1−6
PAS	(受動)	0.79	1.00	0.79	1	2	0−2
Maladjustive	[不適応]	1.79	2.00	1.36	2	3	0−3
TEN	(緊張)	0.79	0.00	1.13	2	3	0−3
CRIP	(不自由)	0.89	1.00	0.94	1	2	0−2
FEAR	(恐怖)	0.11	0.00	0.32	0	1	0−1
Withdrawal	[撤退]	0.32	0.00	0.48	1	1	0−1
DES	(記述)	0.26	0.00	0.45	0	1	0−1
BIZ	(奇矯)	0.00	0.00	0.00	−	0	0
FAIL	(失敗)	0.05	0.00	0.23	−	0	0
Responses	総反応数	17.16	15.00	5.56	22	27	12−27

注　臨界値は，累積度数が84%，あるいは93%以上となる素点を示す
　　典型範囲は累積頻度が7%以上93%以下になる素点の範囲である　　n=19

表Ⅰ-25 分裂病質群の質的スコア標準値

スコアリング・カテゴリー		Mean	Median	SD	臨界値(注) 84%	93%	典型範囲
AMB	《両価性》	0.42	0.00	0.61	1	1	0−1
AUT	《自動句》	0.00	0.00	0.00	−	0	0
CYL	《筒状》	0.37	0.00	0.60	1	1	0−1
DEN	《否定》	0.11	0.00	0.32	0	1	0−1
EMO	《情動》	0.05	0.00	0.23	0	1	0−1
GRO	《粗野》	0.00	0.00	0.00	−	0	0
HID	《隠蔽》	0.00	0.00	0.00	−	0	0
IM	《未熟》	1.26	1.00	1.45	3	4	0−4
IMP	《無力》	0.00	0.00	0.00	−	0	0
INA	《無生物》	0.00	0.00	0.00	−	0	0
MOV	《運動》	0.05	0.00	0.23	−	0	0
ORA	《口唇》	0.11	0.00	0.32	0	1	0−1
PER	《困惑》	0.00	0.00	0.00	−	0	0
SEN	《感覚》	0.37	0.00	0.96	0	1	0−1
SEX	《性的》	0.00	0.00	0.00	−	0	0
O	《独創》	0.00	0.00	0.00	−	0	0
RPT	《反復》	0.79	1.00	0.92	1	2	0−2

注　臨界値は，累積度数が84%，あるいは93%以上となる素点を示す
　　典型範囲は累積頻度が7%以上93%以下になる素点の範囲である　　n=19

が，ときには平均的な反応数を出し，そのなかに 2 〜 3 種類のカテゴリーからなる比較的少ない INT［対人］反応を含むこともある。その一方で，ある分裂病質型は幅広いカテゴリーを含んだ INT［対人］反応を多く産出する。このように分裂病質のカテゴリーは一つのまとまった概念ではないように思われる（Wagner, 1971）。この明らかな矛盾をはっきりさせるには，さらなる研究が求められるだろう。

そのほかの人格障害群

　DSM‐Ⅲ による定義：人格障害は多様な障害を含み，柔軟性がなくいろいろな不適応な特性のために，社会的職業的機能の脆弱化を引き起こすことになる。人格障害はこのようにうまく機能しないことが長い期間にわたって続き，変調をきたす特殊な期間のみに限らない場合に診断される。

　サンプル：何らかの人格障害と診断されている人が本群に含まれる。本群には行為障害や演技性，あるいは分裂病質的な人は含まれていない。これら 3 群についてはすでに述べられた。総数 34 名が本群に分類され，男性 19 名と女性 15 名であった。年齢の範囲は 16〜56 歳で平均年齢 28.29 歳（$SD=10.54$），IQ の範囲は，79〜121（$\bar{X}=96.00$, $SD=11.14$），サンプルの約 61％ が白人で，39％ が黒人であった。

　ハンドテスト指標：表Ⅰ‐26 と表Ⅰ‐27 が人格障害群の結果である。本群は一般的に INT［対人］，ENV［環境］，MAL［不適応］，WITH［撤退］反応が多く，結果として総反応数も多くなる。本群は病理的と見なされる反応数が一般成人群より多い（たとえば MAL［不適応］と WITH［撤退］）。しかし BIZ《奇矯》反応は出現しない。

　人格障害群に分類される人は一般群に比較すると，質的反応も広範囲にわたり数が多い。しかし反応の典型範囲はすべての事例において低かった（0〜1，0〜2）。

　本群はいろいろな種類の人格障害を含んでいるので，ハンドテストの量的，質的スコアの結果を解釈するのには注意する必要があるだろう。人格障害のなかでも違いがあるので，あるタイプの障害には当てはまるが，ほ

表 I - 26　人格障害群の量的スコア標準値

スコアリング・カテゴリー		Mean	Median	SD	臨界値(注) 84%	臨界値(注) 93%	典型範囲
Interpersonal	［対人］	8.12	7.50	4.13	10	16	4−16
AFF	《親愛》	1.09	1.00	1.03	2	3	0−3
DEP	《依存》	0.56	0.00	0.93	1	2	0−2
COM	《伝達》	2.68	2.00	1.98	4	5	0−5
EXH	《顕示》	0.38	0.00	0.74	1	2	0−2
DIR	《指示》	1.82	1.00	1.64	3	4	0−4
AGG	《攻撃》	1.53	2.00	1.26	2	3	0−3
Environmental	［環境］	4.50	4.00	3.12	7	10	1−10
ACQ	《達成》	0.71	0.00	0.94	1	2	0−2
ACT	《活動》	3.15	2.50	2.30	5	6	0−6
PAS	《受動》	0.65	0.00	0.85	1	2	0−2
Maladjustive	［不適応］	1.74	1.00	1.56	3	4	0−4
TEN	《緊張》	0.74	0.00	0.99	1	2	0−2
CRIP	《不自由》	0.76	0.00	1.07	1	2	0−2
FEAR	《恐怖》	0.24	0.00	0.50	0	1	0−1
Withdrawal	［撤退］	0.82	0.00	1.31	1	2	0−2
DES	《記述》	0.47	0.00	0.83	1	2	0−2
BIZ	《奇矯》	0.00	0.00	0.00	−	0	0
FAIL	《失敗》	0.41	0.00	1.05	1	2	0−2
Responses	総反応数	14.88	13.00	5.33	18	26	10−26

注　臨界値は，累積度数が84%，あるいは93%以上となる素点を示す
　　典型範囲は累積頻度が7%以上93%以下になる素点の範囲である　　n＝34

表 I - 27　人格障害群の質的スコア標準値

スコアリング・カテゴリー		Mean	Median	SD	臨界値(注) 84%	臨界値(注) 93%	典型範囲
AMB	《両価性》	0.15	0.00	0.44	0	1	0−1
AUT	《自動句》	0.00	0.00	0.00	−	0	0
CYL	《筒状》	0.35	0.00	0.69	0	1	0−1
DEN	《否定》	0.06	0.00	0.24	−	0	0
EMO	《情動》	0.00	0.00	0.00	−	0	0
GRO	《粗野》	0.06	0.00	0.24	−	0	0
HID	《隠蔽》	0.03	0.00	0.17	−	0	0
IM	《未熟》	0.82	1.00	0.90	1	2	0−2
IMP	《無力》	0.09	0.00	0.29	0	1	0−1
INA	《無生物》	0.03	0.00	0.17	−	0	0
MOV	《運動》	0.03	0.00	0.17	−	0	0
ORA	《口唇》	0.12	0.00	0.41	0	1	0−1
PER	《困惑》	0.00	0.00	0.00	−	0	0
SEN	《感覚》	0.24	0.00	0.61	0	1	0−1
SEX	《性的》	0.00	0.00	0.00	−	0	0
O	《独創》	0.00	0.00	0.00	−	0	0
RPT	《反復》	0.47	0.00	0.96	1	2	0−2

注　臨界値は，累積度数が84%，あるいは93%以上となる素点を示す
　　典型範囲は累積頻度が7%以上93%以下になる素点の範囲である　　n＝34

かには当てはまらないような結果が出てくることもある。一般的に，人格障害の下位型を診断するには反応カテゴリーを直接当てはめてみるのがよいだろう。たとえば受け身的依存的人格の人は，PAS（受動）とDEP（依存）の反応数が多くなるだろう。質的な特徴も重要であって，受け身的攻撃的な人は「上司に後ろ指をさす」のような臆病なAGG（攻撃）を産出するかもしれない。

事例研究

　これまでに述べた診断群のデータでは個々の人格の独自性や微妙さを明白に伝えることはできない。これから述べる事例研究では，ハンドテストが診断作成のためだけでなく，個性記述的な評価のためにどのように用いられるかを論じてみるつもりである。この手引きのデータとして用いたすべての被検者についてそうであったように，最終的な診断のためには，心理テストとその前後の身体的，神経学的，精神科的，心理学的評価との一致がなければならない。

　事例研究ではハンドテスト結果を要約し，診断や人格構造や独自の性格などに相応するプロトコルの際立った特徴についてのみ触れるつもりである。プロトコルを注意深く検討することによって，診断像を補うほかの局面がいろいろと見えてくるであろう。

事例研究1：不安反応

　キャシーは27歳の離婚した女性で，2人の子どもがいる。彼女は高校の教育を受け，多くの短期間の仕事（溶接工，簿記係，レジ係，ウエイトレス，看護助手，秘書など）に就いていた。彼女は不安症状のために入院した病院で，自分の「神経」について不満を言っていた。以前に実施されたWAISは総合IQ＝93であった。ハンドテスト施行中，彼女は協力的ではあったが，臆病で内向的で，はにかんでおり，おびえたような神経質な笑いがしばしばみられた。

　彼女のハンドテスト・プロトコル（図Ⅰ-6参照）は，低いENV［環

カード番号と正位置	初発反応時間	位置(例:>,∧,∨)	被検者の反応	スコアリング 量的	質的
I	4		警察官が「ストップ」と言っているみたい。(ほかには?)ない。「やあ」……かしら……(声が次第に小さく消え入る)	DIR COM	
II	6		私がはじめに思ったのは、ピアノに手を伸ばしていてね、弾こうとしているところ。	EXH	
III	2		指さしている。指示しているみたい。誰かにどちらの道に行けば良いか教えてる。	COM	
IV	8		何か拾い上げようとしているみたい。子どものボールのような。どうしてって手が大きいから。	ACT	IM
V	4		分からないわ、怪我しているように見えるのだけれど。	CRIP	
VI	3		逆上していらいらしている、こぶしでこんこんとたたこうとしている。	TEN	
VII	2		誰かと握手しようとしている。	AFF	
VIII	4		小さな物を拾い上げようとしているみたい。	ACT	
IX	9		分からないけど、親指を打って腫れてるみたい。	CRIP	
X 白紙カード	15		いつも見ているのが思い浮かぶ。ピースサイン、うちの子が、この頃よくやるから。	EXH	IM

図Ⅰ-6　事例研究1のプロトコル：不安反応　　　　　　(次頁に続く)

第４章　さまざまな診断群の指標　115

スコアリング・サマリー

カテゴリー	頻度	割合(%)	例（ほかの例については『ハンドテスト・マニュアル』参照）
量 的 カ テ ゴ リ ー			
AFF （親愛）	1	9	「握手している」「元気づける看護婦の手」
DEP （依存）	0	0	「ちょうだいと頼んでいる」「指導者に敬礼している」
COM （伝達）	2	18	「時の話題を議論している」「手振りしながら話してる」
EXH （顕示）	2	18	「指輪を見せている」「旅芸人の男――ダンスしている」
DIR （指示）	1	9	「命令している」「オーケストラを指揮している」
AGG （攻撃）	0	0	「誰かの鼻を殴っている」
INT ［対人］	6	54	
ACQ （達成）	0	0	「何かとろうと棚の上に手を伸ばしている」
ACT （活動）	2	18	「箱を持ち上げている」「ボールを投げている」
PAS （受動）	0	0	「人が眠っているみたい」「膝の上で手を組んでゆっくりしている」
ENV ［環境］	2	18	
TEN （緊張）	1	9	「非常に緊張している」「怒ってぐっと握りしめているこぶし」
CRIP （不自由）	2	18	「怪我している手」「すっかり疲れ切っている」
FEAR （恐怖）	0	0	「命からがら逃げている」「震えている……怖いから」
MAL ［不適応］	3	27	
DES （記述）	0	0	「ただの左手」「力強い手……特別何もない」
BIZ （奇矯）	0	0	「黒い虫」「死神の頭」
FAIL （失敗）	0	0	スコアできる反応が出されない
WITH ［撤退］	0	0	

ER＝ΣINT：ΣENV：ΣMAL：ΣWITH＝ _6_ ： _2_ ： _3_ ： _0_ 　　　R＝ _11_ 　H-L＝ _13_
AOR＝(AFF＋DEP＋COM)：(DIR＋AGG)＝ _3_ ： _1_ 　　　AIRT＝ _5.7_ 　PATH＝ _3_

質的カテゴリー

AMB 《両価性》	0	0	「誰かをたたいているが，ほとんど力が入ってない」
AUT 《自動句》	0	0	「えっ，何だろう？」(決まり文句，口癖など)
CYL 《筒状》	0	0	「パイプのように長くて丸い物を手に持っている」
DEN 《否定》	0	0	「握手している。でも，手が逆だから違うな」
EMO 《情動》	0	0	「友達に再会してわっと喜んでいる」
GRO 《粗野》	0	0	「岩で，きざなヤツの頭をぶったたいている」
HID 《隠蔽》	0	0	「見られないようにカードを手で隠している」
IM 《未熟》	2	18	「小さな少年の手をとっていっしょに散歩に行こうとしている」
IMP 《無力》	0	0	「私には何も思い浮かびません」
INA 《無生物》	0	0	「彫像の手のようだ」
MOV 《運動》	0	0	「訳もなくただ手を振っている」
ORA 《口唇》	0	0	「グラスの水を飲んでいる」
PER 《困惑》	0	0	「これは本当に難しい問題だ」
SEN 《感覚》	0	0	「手の中の粘土の感触を楽しんでいる」
SEX 《性的》	0	0	「女性の胸を触っている」
O 《独創》	0	0	稀だがうまく見られている反応
RPT 《反復》	0	0	同じか類似の反応を繰り返す

図Ⅰ-6 (続き)　事例研究１のプロトコル：不安反応

境］と高い MAL［不適応］スコアという神経症的布置の一つの典型をきれいに示していた。神経症ではときに DES（記述）と FAIL（失敗）反応が出現することもあるが，WITH［撤退］が多くなることはほとんどない。神経症者の INT［対人］スコアは，普通はほかのスコアに影響されることなく残っている。そのため，もしこのスコアが 5 以下であるなら，単純な神経症は疑わしいものとなる。

キャシーの総反応数は低く（11），MAL［不適応］スコアは全反応数の 27% を占めており，このことは彼女の機能が制限されていることや，神経症のために日常生活がひどく阻害されていることを示唆している。彼女の ACT（活動）スコアはわずか 2 であり，そのうちの一つは，「何か拾い上げようとしているみたい，子どものボールのような，どうしてって手が大きいから」という反応で，子どもっぽさを含み環境への生産的な関わりを持たないものであった。

彼女の対人関係は維持されていたが（6 個の INT［対人］反応），攻撃性は内向化されている（カード VI の TEN（緊張）反応）。彼女の二つの EXH（顕示）反応は総反応数の 18% であり，INT［対人］反応の 33% であるが，これは彼女の賞賛されたい，褒められたいという願望を示唆している。彼女は特別才能のある女性ではなかったので，EXH（顕示）の存在はおそらく彼女の適応力にさらなる負荷をかけることになったにちがいない。

キャシーの劣等感は心の奥深く根をおろしているように思えた。彼女は二つの CRIP（不自由）反応において「分からないわ」と神経症的な無力感をまず述べている。それから率直で直接的な CRIP（不自由）反応を産出した。この観点から見ると，IQ が平均並の人に期待されるような複雑さはプロトコル全体に欠けていた。未熟で個人的な内容は子どもっぽい自己中心性をさらに証拠づけるものであり，この自己中心性が大人としての態度や責任性を受容するのを妨げているのである。実際，顕在化した不安反応には性格的な弱さがあるのではないかと疑わせるのに充分な萎縮のサインがあった。このプロトコルが興味深いのは，短くて何の変哲もないハンドテスト記録からでも多くのことが読みとれることである。

事例研究2：脳器質性症候群

　ジェインは17歳の独身女性で，テストを受けたとき，特殊教育の職業学習プログラムに参加していた。彼女は，稀に起こる代謝障害，レピドーシス（訳注：鱗状疹）にかかっており，これは脳の病変を進行させるものであった。彼女のWAISの総合IQは69であった。ハンドテストが施行されたとき，彼女は神経質そうにガムを激しく嚙み，即座に衝動的に反応を返してきた。また鼻声のはっきりしない発音で話した。

　彼女のハンドテスト・プロトコルは図Ⅰ-7に示されている。彼女の体験比率は重篤な障害を明らかにした。つまり，低いINT［対人］スコア，たった1個のENV［環境］反応，高いMAL［不適応］反応とWITH［撤退］反応であった。診断的には，装飾のないDES《記述》と繰り返されるTEN《緊張》反応が明らかに脳器質性症候群を示唆している。このプロトコルに見られるほかの特徴のうち，脳損傷によく関係しているのは，カードの手を自分の手でまねたり，反応を説明するために手でやってみせたりする行為（D，Eとマーク），まずい語法と奇妙な言葉の使用（たとえば「曲げたたき」slunchin），そしてみるからに戸惑い当惑した様子であった。

　ジェインの記録の特徴は，特有の反応であるTEN《緊張》反応の固執であって，彼女が世界と関わるときに非常に大きな緊張を体験することが直接示されている。彼女のテストを受けるときのせっかちなふるまいは，このハンドテスト・パターンを裏付けるものである。

　ジェインは弱々しく緊張していて，混乱もしているが，精神病ではない。重要なのは，彼女の知覚は特異なようにみえるが，基本的には異様なものではないということである。彼女は自分の考えていることを表現するのは難しいが，現実に根ざした知覚をしている。たとえば，カードⅥの反応には奇妙さがあるが，単に緊張して握りしめているこぶしを述べようとしただけである。彼女は，カードが解決すべき課題そのものであるような反応をするという（たとえば，カードⅦの「……この絵はそう見える」）。器質性疾患特有の例を示している。逆に精神病のプロセスを併発している

カード番号と正位置	初発反応時間	位置(例:>,<,∧,∨)	被検者の反応	スコアリング 量的	スコアリング 質的
I	4		こんなふうに(Q)こう向けて(E)<何してる?>ただこうたてて、指してる。<ほかには?>こうかざしている。	DES / DES	
II	10		何かつかもうと広げている(Q)棚、そうでなかったら誰かをつかみに(笑い)<どうして?>分からない。誰かをつかんでいる(D:攻撃的な動作)こう出している。	ACT / AGG / DES	AMB
III	2		指している。誰かを指しているみたい(Q)誰かを指し示している。	COM	
IV	5		ふー。この手はたぶん震えている。(Q)えー、おそらく神経の加減で。	TEN	
V	3		この手は曲げたたき(slunchin)している。曲げたたきのとき手が疲れてる。	TEN	✓
VI	3		あれはこぶしをぐっと握りしめている(Q)えっと、いらいらしてる。落ちつこうとして、筋肉をきつくきゅっとしている。	TEN	✓
VII	3		手を出している。誰かの手を握ろうとしている。それが手を出している理由です。この絵はそう見える。	AFF	
VIII	5		この手は曲がっている(Q)なぜっていらいらしてる。いらいらして震えると皮膚がひきつるのでしょう。	TEN	
IX	7		分からない(不思議そうに)この手はこうしている。(D)手が……上に。	DES	
X 白紙カード	7		おそらく手を振ろうとしている。	COM	

図I-7 事例研究2のプロトコル:脳器質性症候群　　　　（次頁に続く）

スコアリング・サマリー

カテゴリー	頻度	割合(%)	例（ほかの例については『ハンドテスト・マニュアル』参照）
量的カテゴリー			
AFF 〈親愛〉	1	8	「握手している」「元気づける看護婦の手」
DEP 〈依存〉	0	0	「ちょうだいと頼んでいる」「指導者に敬礼している」
COM 〈伝達〉	2	15	「時の話題を議論している」「手振りしながら話してる」
EXH 〈顕示〉	0	0	「指輪を見せている」「旅芸人の男──ダンスしている」
DIR 〈指示〉	0	0	「命令している」「オーケストラを指揮している」
AGG 〈攻撃〉	1	8	「誰かの鼻を殴っている」
INT［対人］	**4**	**31**	
ACQ 〈達成〉	0	0	「何かとろうと棚の上に手を伸ばしている」
ACT 〈活動〉	1	8	「箱を持ち上げている」「ボールを投げている」
PAS 〈受動〉	0	0	「人が眠っているみたい」「膝の上で手を組んでゆっくりしている」
ENV［環境］	**1**	**8**	
TEN 〈緊張〉	4	31	「非常に緊張している」「怒ってぐっと握りしめているこぶし」
CRIP 〈不自由〉	0	0	「怪我している手」「すっかり疲れ切っている」
FEAR 〈恐怖〉	0	0	「命からがら逃げている」「震えている……怖いから」
MAL［不適応］	**4**	**31**	
DES 〈記述〉	4	31	「ただの左手」「力強い手……特別何もない」
BIZ 〈奇矯〉	0	0	「黒い虫」「死神の頭」
FAIL 〈失敗〉	0	0	スコアできる反応が出されない
WITH［撤退］	**4**	**31**	

ER＝ΣINT：ΣENV：ΣMAL：ΣWITH＝ 4 ： 1 ： 4 ： 4　　　　R＝ 13 　H-L＝ 8
AOR＝(AFF＋DEP＋COM)：(DIR＋AGG)＝ 3 ： 1　　　　AIRT＝ 4.9 　PATH＝ 12

質的カテゴリー			
AMB 〈両価性〉	1	8	「誰かをたたいているが，ほとんど力が入ってない」
AUT 〈自動句〉	0	0	「えっと，何だろう？」(決まり文句，口癖など)
CYL 〈筒状〉	0	0	「パイプのように長くて丸い物を手に持っている」
DEN 〈否定〉	0	0	「握手している。でも，手が逆だから違うな」
EMO 〈情動〉	0	0	「友達に再会してわっと喜んでいる」
GRO 〈粗野〉	0	0	「岩で，きざなヤツの頭をぶったたいている」
HID 〈隠蔽〉	0	0	「見られないようにカードを手で隠している」
IM 〈未熟〉	0	0	「小さな少年の手をとっていっしょに散歩に行こうとしている」
IMP 〈無力〉	0	0	「私には何も思い浮かびません」
INA 〈無生物〉	0	0	「彫像の手のようだ」
MOV 〈運動〉	0	0	「訳もなくただ手を振っている」
ORA 〈口唇〉	0	0	「グラスの水を飲んでいる」
PER 〈困惑〉	0	0	「これは本当に難しい問題だ」
SEN 〈感覚〉	0	0	「手の中の粘土の感触を楽しんでいる」
SEX 〈性的〉	0	0	「女性の胸を触っている」
O 〈独創〉	0	0	稀だがうまく見られている反応
RPT 〈反復〉	2	15	同じか類似の反応を繰り返す

図Ⅰ-7（続き）　事例研究2のプロトコル：脳器質性症候群

ときは，刺激が引き金になって現実から遊離した空想へと独自な飛躍をすることになってしまう。

事例研究3　精神分裂病

バーバラは44歳の女性で2回離婚し，一人の子どもがいる。彼女は9年の教育を受けて，看護助手，店員，工場労働者，お手伝いさんなどのあらゆる職についた。彼女は子ども時代にさかのぼるほど長きにわたる精神病歴を持ち，精神分裂病と診断されており，抑うつ，過敏，不眠を訴え，精神科のクリニックで診てもらっていた。これまでの治療は，産後抑うつに続く11年間にわたる精神分析やインシュリン治療，電気ショック治療，薬物治療であった。彼女はかつて"事故で"バリウムとフェノビタールを過飲したことがあった。彼女のWAISの総合IQは97であった。

彼女はテストに遅れてきて，その言い訳をたくさんした。また，時どきその場にそぐわない感情を見せ，自分の個人的な外見について長々としゃべった。彼女はときに反応が非常に遅くなり，返事するように促さないとふらふらどこかへ行ってしまうかのようであった。

彼女のハンドテスト・プロトコルは，（図Ⅰ‐8参照），MAL［不適応］WITH［撤退］の混合体で，WITH［撤退］が優位を示した。純粋なBIZ《奇矯》反応は分裂病を示唆し，DES《記述》とFAIL《失敗》を伴った総反応数の少なさは質の低下を示唆していた。生活史から判断すると，バーバラはおそらく進行性の分裂病で，荒廃が始まっていた。彼女はまだ外見は精神病状態だったが，引きこもりも起こしており（DES《記述》，FAIL《失敗》），バーンアウト状態に向かっているのかもしれない。

反応継起について注目すべき興味深い点は，カードⅢまでは5個の納得できる反応をしていることである。カードⅣで疲れが見え始め，そのあともろくも崩れている。このことが意味するのは，おそらくバーバラはかろうじてしばらくの間，何とか現実接触を持ち得ていたが，結局は，防衛が崩れて精神病的なプロセスに入ってしまったことである。

カード番号と正位置	初発反応時間	位置(例:>,<,∧,∨)	被検者の反応	スコアリング 量的	スコアリング 質的
I	5		合図している(Q)警官が交通信号を送っている。<ほかには?>(長い沈黙の後)ちょうど誰かを止めているよう。	DIR / DIR	
II	3		子どもの手のよう「見て、私には5本の指がある!」。それか爪にマニキュアをしたあと乾かそうと上げている。	EXH / EXH	IM
III	6		誰かが指さして言っているよう「あれをしなさい」と。	DIR	
IV	15		分からない。(長い時間答えない)<分かりますか。>ちょうどボーリングのボールを投げているよう。	ACT	AMB
V	20		分からない。顔のよう、目があってどうしても手のようには見えない。あんまり汚いから……事故にあったのかもしれない。	BIZ / CRIP	
VI	3		誰かがげんこつを握っているよう。(Q)(返事がない)	DES	
VII	13		本当に分からない(大きく息を吸い込む)	FAIL	
VIII	10		親指と次の指で何かをこすっている。(Q)(間をおいて)分からない。(大きく息を吸い込む)神経質になっている。床からちりをつまみ上げているような気がする。	TEN	
IX	15		ただ手としか言いようがない。手のひらとしか言いようがない。	DES	
X 白紙カード	7		きれいな絵を描いている芸術的な手だと思う。	EXH	

図 I-8　事例研究3のプロトコル:精神分裂病　　　(次頁に続く)

スコアリング・サマリー

カテゴリー	頻度	割合(%)	例（ほかの例については『ハンドテスト・マニュアル』参照）
量 的 カ テ ゴ リ ー			
AFF 〈親愛〉	0	0	「握手している」「元気づける看護婦の手」
DEP 〈依存〉	0	0	「ちょうだいと頼んでいる」「指導者に敬礼している」
COM 〈伝達〉	0	0	「時の話題を議論している」「手振りしながら話してる」
EXH 〈顕示〉	3	25	「指輪を見せている」「旅芸人の男——ダンスしている」
DIR 〈指示〉	3	25	「命令している」「オーケストラを指揮している」
AGG 〈攻撃〉	0	0	「誰かの鼻を殴っている」
INT [対人]	6	50	
ACQ 〈達成〉	0	0	「何かとろうと棚の上に手を伸ばしている」
ACT 〈活動〉	1	8	「箱を持ち上げている」「ボールを投げている」
PAS 〈受動〉	0	0	「人が眠っているみたい」「膝の上で手を組んでゆっくりしている」
ENV [環境]	1	8	
TEN 〈緊張〉	1	8	「非常に緊張している」「怒ってぐっと握りしめているこぶし」
CRIP 〈不自由〉	1	8	「怪我している手」「すっかり疲れ切っている」
FEAR 〈恐怖〉	0	0	「命からがら逃げている」「震えている……怖いから」
MAL [不適応]	2	16	
DES 〈記述〉	2	17	「ただの左手」「力強い手……特別何もない」
BIZ 〈奇矯〉	1	8	「黒い虫」「死神の頭」
FAIL 〈失敗〉	1	8	スコアできる反応が出されない
WITH [撤退]	4	33	

ER＝ΣINT：ΣENV：ΣMAL：ΣWITH＝ _6_ ： _1_ ： _2_ ： _4_   R＝ _12_   H-L＝ _17_
AOR＝（AFF＋DEP＋COM）：（DIR＋AGG）＝ _0_ ： _3_   AIRT＝ _9.3_   PATH＝ _10_

質的カテゴリー			
AMB 〈両価性〉	1	8	「誰かをたたいているが，ほとんど力が入ってない」
AUT 〈自動句〉	0	0	「えっと，何だろう？」（決まり文句，口癖など）
CYL 〈筒状〉	0	0	「パイプのように長くて丸い物を手に持っている」
DEN 〈否定〉	0	0	「握手している。でも，手が逆だから違うな」
EMO 〈情動〉	0	0	「友達に再会してわっと喜んでいる」
GRO 〈粗野〉	0	0	「岩で，きざなヤツの頭をぶったたいている」
HID 〈隠蔽〉	0	0	「見られないようにカードを手で隠している」
IM 〈未熟〉	1	8	「小さな少年の手をとっていっしょに散歩に行こうとしている」
IMP 〈無力〉	0	0	「私には何も思い浮かびません」
INA 〈無生物〉	0	0	「彫像の手のようだ」
MOV 〈運動〉	0	0	「訳もなくただ手を振っている」
ORA 〈口唇〉	0	0	「グラスの水を飲んでいる」
PER 〈困惑〉	0	0	「これは本当に難しい問題だ」
SEN 〈感覚〉	0	0	「手の中の粘土の感触を楽しんでいる」
SEX 〈性的〉	0	0	「女性の胸を触っている」
O 〈独創〉	0	0	稀だがうまく見られている反応
RPT 〈反復〉	0	0	同じか類似の反応を繰り返す

図Ⅰ-8（続き） 事例研究3のプロトコル：精神分裂病

彼女はたった1個だけACT（活動）反応をし，しかもそれは検査者が反応を促すことで，彼女からどうにか引っぱり出すことができたものである（カードⅣ）。そのため彼女は，環境とうまくかかわれていないと考えられる。しかしながらINT［対人］スコアでさえもどこか危なっかしいものであった。つまり対人カテゴリーではDIR（指示）とEXH（顕示）を1個ずつしか産出しなかったことに着目すべきである。このことから示唆されるのは，対人レパートリーが制限されているため，現実の人間関係状況を築き上げるのが難しくなりがちなことである。この点から見て，カードⅩのEXH（顕示）反応は特に理想化されて実際的ではないように見える。彼女は外界に対する守りが薄く，たやすく崩壊してしまう人である。比較的損傷を受けていない時期があったかもしれないが，基本的には分裂病で，最終的には継続的なケアや入院が必要になるかもしれない。

事例研究4：パラノイア

トムは30歳の独身男性で，3年間短大においてフランス語を専攻し，医療記録作成の訓練を受けた。彼はホテルのドアマン，倉庫番，下働きなどをして働いていたが，テスト施行の数か月前から失業中であった。彼は前の雇用主のホテルチェーンから紹介されて来訪した。彼は職場のスーパーバイザーに人の股間をじっと見るなと言われ，上を向いた結果，人とぶつかるという反応を起こしたということであった。彼は，自分を解雇したホテルなんて「つまらない所だ」と感じ，もし（人の股間を）「見つめたら」「ナイフが向けられるだろう」と述べた。彼は事務所に行く途中に，誰かがナイフを向けると付け加えたが，実際は，彼はナイフを見ていなかった（彼は上を向いていたのだから）。しかし，人びとがそのようにするだろうと思っていた。上を向かざるをえないという強迫行為以外には，精神科的な病歴はトムにはなかった。彼は「長い間」飲酒もドラッグもしていなかった。

精神科的および心理学的評価にもとづくと，トムはパラノイアに罹患しているという診断であった。彼は頑固な迫害妄想にかかっていて，それに強迫的にしがみつき，自分の妄想体系の内容にふさわしい情緒的な反応や

カード番号と正位置	初発反応時間	位置(例:>,∧,∨)	被検者の反応	スコアリング 量的	質的
I	2		交通警官（Q）車を止めている。＜ほかには？＞なし！（怒りっぽく話す）	DIR	
II	4		自己防衛しようと何かをひっかいている。爪がそのようだし、緊張しているよう。	FEAR	
III	14		誰かに出て行くように示している。権威的に見える。「出て行け」と言っている。	DIR	
IV	15		火にかざして手を暖めているのかもしれない。水泳をしているのかもしれない。誰かの頭をなでているのかもしれない。	PAS ACT AFF	SEN
V	16		ぐにゃぐにゃのよう、女の人の手。サイフを持っていて落とさないようにしてるから、爪にはマニキュアをしているよう。	PAS	
VI	5		誰かをやさしくげんこつでなぐっている。いいこぶしのようでない。	AFF	DEN
VII	15		握手をしようと差し出しているのかもしれない。	AFF	
VIII	3		皿を洗っている。水からひっぱり出している、濡れているよう。	ACT	SEN
IX	9		何かにぶちあたらないように注意している。混雑した場所にいて誰かにぶちあたらないようにしている。	TEN	
X 白紙カード	12		下向きのこぶし＜何している？＞容器のふたをしている。ジャーのような。	ACT	

図 I-9　事例研究4のプロトコル：パラノイア　　　　　（次頁に続く）

第4章 さまざまな診断群の指標

スコアリング・サマリー

カテゴリー		頻度	割合(%)	例（ほかの例については『ハンドテスト・マニュアル』参照）
量的カテゴリー					
AFF	〔親愛〕	3	25	「握手している」「元気づける看護婦の手」
DEP	〔依存〕	0	0	「ちょうだいと頼んでいる」「指導者に敬礼している」
COM	〔伝達〕	0	0	「時の話題を議論している」「手振りしながら話してる」
EXH	〔顕示〕	0	0	「指輪を見せている」「旅芸人の男——ダンスしている」
DIR	〔指示〕	2	17	「命令している」「オーケストラを指揮している」
AGG	〔攻撃〕	0	0	「誰かの鼻を殴っている」
INT［対人］		5	42	
ACQ	〔達成〕	0	0	「何かとろうと棚の上に手を伸ばしている」
ACT	〔活動〕	3	25	「箱を持ち上げている」「ボールを投げている」
PAS	〔受動〕	2	17	「人が眠っているみたい」「膝の上で手を組んでゆっくりしている」
ENV［環境］		5	42	
TEN	〔緊張〕	1	8	「非常に緊張している」「怒ってぐっと握りしめているこぶし」
CRIP	〔不自由〕	0	0	「怪我している手」「すっかり疲れ切っている」
FEAR	〔恐怖〕	1	8	「命からがら逃げている」「震えている……怖いから」
MAL［不適応］		2	16	
DES	〔記述〕	0	0	「ただの左手」「力強い手……特別何もない」
BIZ	〔奇矯〕	0	0	「黒い虫」「死神の頭」
FAIL	〔失敗〕	0	0	スコアできる反応が出されない
WITH［撤退］		0	0	

ER：ΣINT：ΣENV：ΣMAL：ΣWITH＝ _5_ ： _5_ ： _2_ ： _0_　　　　R＝ _12_　H-L＝ _14_
AOR＝(AFF＋DEP＋COM)：(DIR＋AGG)＝ _3_ ： _2_　　　　AIRT＝ _9.5_　PATH＝ _2_

質的カテゴリー

AMB	《両価性》	0	0	「誰かをたたいているが，ほとんど力が入ってない」
AUT	《自動句》	0	0	「えっと，何だろう？」（決まり文句，口癖など）
CYL	《筒状》	0	0	「パイプのように長くて丸い物を手に持っている」
DEN	《否定》	1	8	「握手している。でも，手が逆だから違うな」
EMO	《情動》	0	0	「友達に再会してわっと喜んでいる」
GRO	《粗野》	0	0	「岩で，きざなヤツの頭をぶったたいている」
HID	《隠蔽》	0	0	「見られないようにカードを手で隠している」
IM	《未熟》	0	0	「小さな少年の手をとっていっしょに散歩に行こうとしている」
IMP	《無力》	0	0	「私には何も思い浮かびません」
INA	《無生物》	0	0	「彫像の手のようだ」
MOV	《運動》	0	0	「訳もなくただ手を振っている」
ORA	《口唇》	0	0	「グラスの水を飲んでいる」
PER	《困惑》	0	0	「これは本当に難しい問題だ」
SEN	《感覚》	2	16	「手の中の粘土の感触を楽しんでいる」
SEX	《性的》	0	0	「女性の胸を触っている」
O	《独創》	0	0	稀だがうまく見られている反応
RPT	《反復》	0	0	同じか類似の反応を繰り返す

図Ⅰ-9（続き）　事例研究4のプロトコル：パラノイア

行動を起こしていた。つまり，彼が本当に人びとの股間を見るのを避けなければならないのだとすれば，彼のほかの行動は非常に風変りではあるが，理解し得るものになる。この特殊な「恐怖症」（これは真の恐怖症ではない，なぜなら彼は理由のない恐れであることを認識していないのだから）を除くと，彼は支離滅裂でもないし，著しい連合弛緩もないし，際立った幻聴もなかった。彼のWAISの総合IQは116で有用な資質を持っていた。

トムの言語能力はすばらしかったが，話し方は男らしくなく，怒りっぽかった。彼のふるまいは奇妙で強迫的に見つめるのを避け続け上を見ているか手を日除けのようにかざし，下を見下ろさないようにしていた。彼はまた窓の外を見つめて検査者と目を合わせるのを避けた。彼の語彙は充分であったけれど，会話を自分から始めることはなく，全般的には無口であった。

予想される通り，彼のハンドテスト反応はかなり奇妙なものであった（図Ⅰ-9参照）。ここで，彼のファサードは少し硬いということに注目しよう。つまり彼は12個反応をし，そのうち2個がMAL［不適応］で，INT［対人］カテゴリーに分類されるのはわずか2個だけであった（DIR《指示》とAFF《親愛》）。女性への同一視の結果と思われるもの（「女の人の手」……）や否定（「誰かをやさしくげんこつでなぐっている」），両価性（四つの反応が「might（かもしれない）」で始まる）はファサードの弱さを証明するものでもある。

ほかの重要な特徴は2個のMAL［不適応］反応であり，これは明らかに彼の恐怖症的な関心を反映している。カードⅡに対する「自己防衛しようと何かをひっかいて」という反応は，攻撃に対する彼の恐れを凝縮したものでもあるし，「何かにぶちあたらないように注意している」という反応は明らかに彼の特殊な性愛的問題によるものである。この反応が性的葛藤を誘発するとされるカードⅨで出現していることに注目すべきである。

彼の性格構造には受動依存的要素の指標もある（2個のPAS《受動》反応「火にかざして手を暖めているのかもしれない」を含む）。また，彼の未来に対する態度を明らかにしようとするなら，カードⅩへの反応から

自我に相容れない衝動をよせつけないようにしようと「ふたをしてしまう」要求があることが分かるだろう。実際，カード X では ACT（活動）か TEN（緊張）のどちらが優位かについてスコアリングの問題が生じた。

　プロトコルからも反応継起の意味ある分析をする機会が得られた。注目すべきことは，トムがカードⅥで攻撃的衝動を表現するのにいかに両価的であるかということである（「誰かをやさしくげんこつでなぐっている」）。その後，カードⅦで AFF（親愛）反応をすることで，この攻撃性の否定は強められた。また，彼のカードⅨへの恐怖症的な反応はカード X の象徴的な対処へと続いた。

　トムのプロトコルは病理的ではあるが，それほどひどい精神病的破綻のサインはない。彼は非常に防衛的で，独特の弱い安定性を保つために多くのエネルギーを浪費していたが，まだエネルギーがあるようにも見えた。わずか 12 個の反応のなかに多くの解釈し得る材料があるのである。

　この事例ではっきりしたことは，ハンドテストに被検者の態度や行動の構えが正確に反映されることである。これは複雑で興味深い診断的試みでもあるが，ハンドテストでは触れ得ないクライエントの人格の深い側面も存在するのは疑うべくもない。にもかかわらず，出現したものは簡潔で明瞭である。ハンドテストによってトムの人格構造や恐怖症的な関心や防衛的方略をうまく要約することができるのである。

事例研究 5：一般成人

　マイケルは 48 歳で，6 人の子どものある男性である。高等学校と 2 年間の技術学校の教育を受けている。彼の大きな後悔の一つは，大学を卒業しなかったことである。彼は穴に落ちて左腕を怪我して神経を痛めるまでは，大きなデパートで洋服仕立て人として働いていた。現在，彼は腕の痛みのためにパートタイムの仕事をしていたが，ある種の再訓練とよりよい仕事につくために職業適性検査とカウンセリングを求めてきた。彼の WAIS の総合 IQ は 112 で，まじめで熱心で協調的な，成熟した態度でテストに臨んだ。

カード番号と正位置	初発反応時間	位置(例:>,<,∧,∨)	被検者の反応	スコアリング 量的	質的
I	3		男が交通を止めている(Q)えっと彼は「止まれ」か「待て」を行なっている。「ほかのやつにあっち行け」とか警察官を思い出した。<ほかに?>ない。	DIR	
II	3		何かをつかみに行こうとしている。握りに行ってる。(Q)何か高い所にある物。	ACQ	
III	2		構図から言うと指さしている。方向を指している。	COM	
IV	3		何かをつかみに行こうとしている。(Q)今にも何か。	ACT	
V	3		手を見せている。(Q)素敵な指輪をしているのかもしれない。それか何かの先をつかみに行こうとしているのかも。(Q)なぜって手が曲がっている。彼は手をその周りにやろうとしている。	EXH ACQ	
VI	3		完全に握りしめているのでなく、部分的に握ってる。手の中に何かコインのような物を持っている。見えないように隠している。	ACT	HID
VII	3		彼は自分の手をこうしてしゃべっているのかもしれない。それか楽にしている。	COM PAS	
VIII	3		鉛筆を持っている。書いているか何かしている。ボタンを縫いつけているように。彼の指の端が見えない。なくなっているのかもしれない。(Q)怪我をしてまだひりひりしているのかもしれない。	ACT ACT CRIP	
IX	4	∧ <	イタリア人の手のよう。なぜって彼らはいつも手を使って話す。もし手を切ったら何も話せないだろう。実際誰かが話しているところ。どうやってもいいの?<はい>(カードを回転する)えっと、こっちを上にすると男は「それを私にくれ」と言っている。それか「手がこんなにきれいだろう、私の手は清潔なんだ」と言っている。	COM DIR EXH	
X 白紙カード	5		(カードの裏を見て)男がこぶしで机をたたいていて何か約束をとりつけようとしている。「こうしかしようがないんだ」と言って。それとも、とてもおだやかに話している。断固とした態度を示そうとして。まあ、状況もそれができるくらい落ちついているので、彼の言い分は受け入れられるだろう。	DIR COM	

図Ⅰ-10 事例研究5のプロトコル:一般成人　　　　　　(次頁に続く)

第 4 章　さまざまな診断群の指標

スコアリング・サマリー

カテゴリー	頻度	割合(%)	例（ほかの例については『ハンドテスト・マニュアル』参照）
量的カテゴリー			
AFF　〔親愛〕	0	0	「握手している」「元気づける看護婦の手」
DEP　〔依存〕	0	0	「ちょうだいと頼んでいる」「指導者に敬礼している」
COM　〔伝達〕	4	24	「時の話題を議論している」「手振りしながら話してる」
EXH　〔顕示〕	2	12	「指輪を見せている」「旅芸人の男——ダンスしている」
DIR　〔指示〕	3	18	「命令している」「オーケストラを指揮している」
AGG　〔攻撃〕	0	0	「誰かの鼻を殴っている」
INT［対人］	9	54	
ACQ　〔達成〕	2	12	「何かとろうと棚の上に手を伸ばしている」
ACT　〔活動〕	4	24	「箱を持ち上げている」「ボールを投げている」
PAS　〔受動〕	1	6	「人が眠っているみたい」「膝の上で手を組んでゆっくりしている」
ENV［環境］	7	42	
TEN　〔緊張〕	0	0	「非常に緊張している」「怒ってぐっと握りしめているこぶし」
CRIP　〔不自由〕	1	6	「怪我している手」「すっかり疲れ切っている」
FEAR　〔恐怖〕	0	0	「命からがら逃げている」「震えている……怖いから」
MAL［不適応］	1	6	
DES　〔記述〕	0	0	「ただの左手」「力強い手……特別何もない」
BIZ　〔奇矯〕	0	0	「黒い虫」「死神の頭」
FAIL　〔失敗〕	0	0	スコアできる反応が出されない
WITH［撤退］	0	0	

ER＝ΣINT：ΣENV：ΣMAL：ΣWITH＝ 9 ： 7 ： 1 ： 0 　　　　R＝ 17 　H-L＝ 3
AOR＝(AFF＋DEP＋COM)：(DIR＋AGG)＝ 4 ： 3 　　　　　　　AIRT＝ 3.2 　PATH＝ 1

質的カテゴリー

		頻度	割合(%)	例
AMB	〈両価性〉	0	0	「誰かをたたいているが，ほとんど力が入ってない」
AUT	〈自動句〉	0	0	「えっと，何だろう？」（決まり文句，口癖など）
CYL	〈筒状〉	0	0	「パイプのように長くて丸い物を手に持っている」
DEN	〈否定〉	0	0	「握手している。でも，手が逆だから違うな」
EMO	〈情動〉	0	0	「友達に再会してわっと喜んでいる」
GRO	〈粗野〉	0	0	「岩で，きざなヤツの頭をぶったたいている」
HID	〈隠蔽〉	1	6	「見られないようにカードを手で隠している」
IM	〈未熟〉	0	0	「小さな少年の手をとっていっしょに散歩に行こうとしている」
IMP	〈無力〉	0	0	「私には何も思い浮かびません」
INA	〈無生物〉	0	0	「彫像の手のようだ」
MOV	〈運動〉	0	0	「訳もなくただ手を振っている」
ORA	〈口唇〉	0	0	「グラスの水を飲んでいる」
PER	〈困惑〉	0	0	「これは本当に難しい問題だ」
SEN	〈感覚〉	0	0	「手の中の粘土の感触を楽しんでいる」
SEX	〈性的〉	0	0	「女性の胸を触っている」
O	〈独創〉	0	0	稀だがうまく見られている反応
RPT	〈反復〉	0	0	同じか類似の反応を繰り返す

図Ⅰ-10（続き）　事例研究5のプロトコル：一般成人

彼のハンドテスト・プロトコルは本質的にはノーマルで（図Ⅰ-10参照），体験比率はバランスがとれ，たった一つだけMAL［不適応］反応を出した。彼の初発反応時間は早かったが，反応のすばやさはAGG《攻撃》反応がないことで和らげられた。彼の衝動性は社会的問題を生み出すようには見えない。さらにカードⅥへの反応に見られるHID《隠蔽》内容から，彼が持っている敵対心は包み隠され，外に顕在化しないことが示唆された。

彼は明らかに顕示的な傾向を示し（2個のEXH《顕示》反応），男性役割を意識しており，何回にもわたって男性の手であると述べた（カードⅠ，Ⅴ，Ⅵ，Ⅷ，Ⅸ，Ⅹ）。実際，テストの間中，自分の身体的外見を非常に気にし，また一家の稼ぎ手や家族の長としての役割に誇りを持っているようにもみえた。注目すべきは，社会的な認識がカードⅩにも強く出ていることであり，そこでは手が「とてもおだやかに話している。断固とした態度を示そうとして。まあ，状況もそれができるくらい落ちついているので，彼の言い分は受け入れられるだろう」とみられている。

達成動機は2個のACQ《達成》反応で明らかで，このことは，おそらく職業に関するカウンセリングとテストを受けたいという欲求に結びついていた。彼は指導的で話し好きであり，自分の意見を知らせたり，他人の行動に影響を与えたりすることに関心があるように見えた。カウンセリングのなかで，ビジネスや個人的な仕事に対してはっきりした志向性を示したが，これらはCOM《伝達》，DIR《指示》反応の量，質に関わるように感じられた。

マイケルはおそらく，リラックスしたりゆっくりした時間を楽しむこともあるが（1個のPAS《受動》反応），適度な活力も持ち合わせていた（4個のACT《活動》反応）。ACT《活動》反応の一つである「ボタンを縫いつけているように」は彼の職業に直接関係しているようであった。総反応数17も，平均以上のエネルギー水準を示唆していた。

マイケルの1個のCRIP《不自由》反応は，手が「まだひりひりしているのかもしれない」と述べていることから興味深いものである。これは彼の傷害と結びついた不適切感を含んでいるにちがいない。またそれ以上

に，多分長きにわたる劣等感を投影しているにちがいない。おそらく彼は，長いあいだ達成できないと感じ，悩み続けていたであろう。もし指の先がないというのが性愛的な意味があるのだとすれば，カードIXへの反応（「私の手はきれいだ」）は，これに関する推測の材料を提供していることになる。

たしかにマイケルは適応の典型ではない。にもかかわらず，彼の生活史が明らかにするように，彼は社会の生産的な一員であり，法を固く守る市民でもあった。彼の行動は何年にもわたって異常ではなかった。けれどハンドテストには，彼の人格の個人的で興味深い一面が出現したし，同時に基本的な正常性と安定性が明らかになった。

要　約

この章で論じたことから示唆されるのは，ハンドテストは簡潔にもかかわらず，その人がどの標準的診断カテゴリーに属するかをみる診断的目標に充分適うものであり，パーソナリティの一般的でない部分や個性的な点を浮かび上がらせることもできるということである。ハンドテストが最もうまく機能するのはほかの心理力動的技法からの情報と統合されたときであり，また腕のある臨床家が解釈したときである。テストが作成されて以来，診断的な判断の基礎となる実質的なデータベースを収集しようと，多くの協力者が一丸となって努力が続けられてきている。しかしハンドテストは投影法であり，「料理ブック」ふうに用いられるべきものではない。テスト結果を分析するにあたり，よく熟考し努力すればするほど，診断的情報はより良いものになるであろう。

第5章　信頼性・妥当性と調節変数*の検討

　ハンドテストの専門的で，精神測定的な特性や，さまざまなスコアリング・カテゴリーを確立するための研究が20年以上にわたって続けられている。これらの研究は，この検査用具が，妥当性と信頼性のある投影的査定技法であることを示している。本章では，ハンドテストの安定性，内的整合性，評定者信頼性が検証されていることを提示し，テストの妥当性に関する調査といくつかの調節変数（たとえば，年齢，性別，社会的地位など）が検査のパフォーマンスにどういった影響を与えるかについて考察する。検査の理論的な根拠に関する研究は第Ⅰ部第1章を参照されたい。

信　頼　性

反応の安定性

　ハンドテストの再検査信頼性については，一般群と精神病理群ともに検証されている。表Ⅰ-28は，以下に掲載した再検査に関する研究結果のまとめである。全般的にみて，これらの研究からは，ハンドテストのパフォーマンスがさまざまな集団において研究の時期に関係なく安定していることが示されている。

　パネックとストーナー(Panek & Stoner, 1979)の研究は，女性56名，男性15名，合計71名の一般の被検者を調査対象としている。被検者はすべて中西部の州立大学の学部学生で，平均年齢は19.18歳（$SD=1.65$）

---

　*訳注：調節変数（moderator variable）：二つ以上の変数の間の関係に何らかの影響を及ぼしていると考えられる変数。たとえば，実験的に定義された独立変数と，観測された従属変数の関係は，社会統計的な集団の違いによって異なることが予測される。この社会統計的な集団の違いを示す変数が調節変数である。ちなみに，独立変数と従属変数の関係を説明する媒介変数（多くが人間の内的状態を仮定する概念変数となる）とは異なる。

表 I - 28　再検査信頼性研究の要約

スコアリング・カテゴリー		Panek & Stoner,1979	McGiboney & Carter,1982	Wagner, Maloney, & Wilson, 1981	Stoner & Lundquist, 1980
Interpersonal	［対人］	0.78	0.68	0.44	0.83
AFF	（親愛）	0.60	0.52	−	0.67
DEP	（依存）	0.64	0.60	−	0.69
COM	（伝達）	0.64	0.80	−	0.70
EXH	（顕示）	0.80	0.58	−	0.52
DIR	（指示）	0.65	0.52	−	0.69
AGG	（攻撃）	0.51	0.67	−	0.41
Environmental	［環境］	0.60	0.63	0.37	0.58
ACQ	（達成）	0.51	0.21	−	0.69
ACT	（活動）	0.62	0.69	−	0.40
PAS	（受動）	0.59	0.68	−	0.43
Maladjustive	［不適応］	0.72	0.61	0.37	0.47
TEN	（緊張）	0.63	0.53	−	0.44
CRIP	（不自由）	0.71	0.63	−	0.47
FEAR	（恐怖）	0.73	0.68	−	0.12
Withdrawal	［撤退］	0.86	0.80	0.60	0.71
DES	（記述）	0.70	0.56	−	0.73
BIZ	（奇矯）	−	−	−	0.63
FAIL	（失敗）	0.89	0.91	−	0.61
Responses	総反応数	0.80	0.73	0.37	0.71
AIRT	平均初発反応時間	0.43	0.51	0.33	−
High Minus Low	初発反応時間差	0.30	−	−	0.29
Pathological	病理スコア	0.76	0.69	0.45	0.71
Acting Out Score	行動化スコア	0.55	0.62	−	0.44

であった。2週間の間をあけて検査が実施された。再検査相関は，量的スコアリング・サブカテゴリーに関しては.51〜.89の間で，複合量的スコアは.60〜.86の間，集約スコアは.30〜.80の間であった（表 I - 28 参照）。

　マクギボニーとカーター（McGiboney & Carter, 1982）の最近の研究では，アクティング・アウト行動のために特別な学校にいる青少年集団を対象に，ハンドテスト反応の安定性について検討している。被検者は，男

子 30 名，女子 10 名，計 40 名であった。彼らは，8，9，10 学年で，行動上の問題のために特別な学校に送られてきた生徒たちである。全体の平均年齢は，15.16 歳（$SD=0.63$）で，改訂版児童用ウェクスラー式知能検査（WISC-R）（Wechsler, 1974）での IQ の平均は 102（$SD=14.55$）であった。すべての生徒に対して個別にハンドテストが施行され，3 週間後に再度検査が実施された。ピアソンの積率相関が，量的サブカテゴリーと複合スコア，集約スコアについて計算された。24 種類の変数のうち，23 種類の変数に $p<.001$ の有意な相関が見られた。相関係数の範囲は，ACQ（達成）の .21 から，FAIL（失敗）の .91 で，相関が .50 より低かったのは一つだけで，15 種類の変数に少なくとも .60 の相関が見られた（表 I-28 参照）。この研究の結果，アクティング・アウトや攻撃的な行動に関係していると考えられる変数は，3 週間の間一貫して生じることが示された。

　ワグナー，マロニーとウィルソン（Wagner, Maloney & Wilson, 1981）は，4 種類の複合カテゴリーと，病理的な反応の総合得点である集約スコアの PATH（病理スコア），総反応数，平均初発反応時間の安定性について検証している。再検査の期間は，1～10 年の間で，平均 4.25 年（$SD=2.28$）であった。被検者は，男性 59 名，女性 41 名の計 100 名で，さまざまな精神病理を抱えた者が含まれていた。IQ の平均は 94.67（$SD=14.87$）で，最初の検査時の平均年齢は 25.13 歳（$SD=8.02$），二度目の検査時の平均年齢は 29.38 歳（$SD=8.32$）であった。表 I-28 で示したように，再検査相関の範囲は .33～.60 で，スコアにもよるが，再検査の期間が非常に長いことを考えると充分な安定度を示している。

　ストーナーとルンドキスト（Stoner & Lundquist, 1980）は，老人福祉施設に入所している男性 14 名，女性 36 名，計 50 名に対して二度ハンドテストを施行している。被検者の平均年齢は 76.94 歳（$SD=10.48$）で，再検査までの期間は平均 34.90 日であった。再検査相関の範囲は，量的サブカテゴリーで .12～.73，複合スコアが .47～.83，集約スコアが .29～.71 であった。

表 I-29 テストを 2 回施行した 7 人のスコアリングの内的整合性

スコアリング・カテゴリー		施行 1	施行 2
Interpersonal	［対人］	0.61	0.63
Environmental	［環境］	0.78	0.59
Maladjustive	［不適応］	0.54	0.42
Withdrawal	［撤退］	0.76	0.73
Responses	総反応数	0.85	0.85
AIRT	平均初発反応時間	0.67	0.72
Pathological	病理スコア	0.60	0.52

注　Wagner, Maloney, & Wilson, 1981の研究による

内的整合性

　ハンドテストの量的スコアリング・カテゴリーの内的整合性について検証した研究は二つあり，どちらの研究も反応の内的整合性を証明している。

　最初の研究は，100名のプロトコルをさまざまな群から抽出している（たとえば，一般成人，大学生，高校生，非行少年，受刑者と仮釈放者，さまざまな精神疾患の診断を受けた者など）。折半法による信頼性（スピアマン・ブラウン係数）が，各被検者のカード I, III, V, VII, IX の PATH（病理スコア）と，カード II, IV, VI, VIII, X の PATH（病理スコア）を比較することで得られた。本研究の集約スコアは，被検者が幅広い層から集められているため，広範囲に分散している。すべてのプロトコルが，3名の検査者によってスコアリングされ，検査者毎を二人ずつペアにした場合の信頼性係数が算出された。検査者の折半法による信頼性係数は.85と.84と.85で，二人ずつペアにした場合の信頼性係数は.86と.96と.92であった。

　前節で述べたワグナーら（1981）の研究は，以下のハンドテストスコア（INT［対人］，ENV［環境］，MAL［不適応］，WITH［撤退］，総

反応数，平均初発反応時間，PATH（病理スコア））の内的整合性についても検証している。スピアマン・ブラウンの修正公式を用いた奇数-偶数相関係数が，それぞれの施行毎に算出された。表Ⅰ-29に示したように，使用されたスコアと各施行時の信頼性係数は.42～.85の間であった。MAL［不適応］のカテゴリーは，どちらの施行でも信頼性が最も低く（.54と.42），総反応数は，どちらの施行でも信頼性が最も高かった（どちらも.85）。最初の施行の平均相関係数は.69で，二度目の施行は.64であった。

評定者間信頼性

100名のハンドテスト・プロトコルを3名の評定者が分類したところ，高い一致率が示された。このプロトコルは，先に述べた内的整合信頼性に関する研究で用いられたものである。3名の評定者は大学院生で，スコアリングの手引きとしてハンドテスト・マニュアルに掲載されている定義と反応例を用いて分類を行なった。しかし，それ以上の援助は与えられなかった。すべてのデータに関して15種類の量的スコアリング・サブカテゴリーのどれかに分類し，それが二人の間で完全に一致した場合を評定者間の一致とした。評定し忘れた場合と一致しなかった場合がエラーとしてカウントされた。最終的な割合は，一致した反応の総数を分類した反応の総数で割り，小数をなくすために100を掛けた値で示されている。二人の評定者をペアにした場合のそれぞれの一致率は，評定者1と2が80％，評定者1と3が78％，評定者2と3が83％であった。評定者間の不一致の多くは，異なる複合カテゴリー間にまたがるものよりも，同一の複合カテゴリーのなかで生じていた。たとえば，ある反応を一人の評定者がACQ（達成）に分類し，もう一人の評定者がACT（活動）に分類するなど，どちらもENV［環境］反応に分類することはよく見られたが，同じ反応をACQ（達成）とAGG（攻撃）に分類するといったことは少なかった。

　一般の女性を被検者とした研究（Maloney & Wagner, 1979）では，ハンドテストの評定者間信頼性についてさらに詳しい証拠を提供している。

被検者の平均年齢は，20.06歳（$SD=1.79$）で，全員が大きな州立大学の学生であった。研究では二人が評定を行なっている。一人は充分な訓練を受けた大学院生で，あとの一人はテスト原著者であった。全体の一致率は，89.34％であった。量的サブカテゴリーと複合カテゴリーのそれぞれについてのスピアマンの相関係数は.71〜1.00（完全な一致）の間であった。相関係数の中央値は.91であった。先の研究と同様に，不一致の多くは異なる複合カテゴリー間にまたがるものよりも，同一の複合カテゴリーのなかで生じていた。この研究は，ハンドテストのスコアリング・システムが明瞭であることを示している。

　一般女子学生を被検者としたほかの研究では，EXH（顕示）スコアにおいて，二人の評定者が高い一致を示した（Wagner & Hoover, 1972）。被検者は，中西部の大学の女子学生24名であった。被検者の年齢の中央値は19.8歳で，4学年にわたっていた。ハンドテストのEXH（顕示）スコアに関しては，相関が.95であった。

　ハンドテストが実際に使われそうな現実の臨床状況に近づけた試みとして，ウェンドラーとザカリー（Wendler & Zachary, 1983）は，博士課程レベルの二人の心理学者に評定をさせている。この二人の評定者は，ハンドテストのスコアリングについての特別の訓練は受けておらず，カテゴリーの定義とスコアリングの例に関して検査マニュアルを参照したのみであった。45のプロトコルが，一般成人と精神的なハンディキャップを持った者，そして躁うつ病者から集められた。評定者間信頼性が，カッパー係数（Light, 1971）の値の範囲と一致率の二つの方法によって確かめられた。

　カッパー係数は，すべての量的サブカテゴリーと4種類の複合スコアについて算出された。15種類のサブカテゴリーのカッパー係数の結果は.45〜1.00の範囲内で，全体では.69であった（表Ⅰ-30参照）。一つを除いてすべて.50以上の係数であり，COM（伝達）のみ低いカッパー値（.45）であった。高かったのはAFF（親愛）（.91），EXH（顕示）（1.00），FAIL（失敗）（1.00）であった。4種類の複合スコアは，INT［対人］が（.92），ENV［環境］が（.75），MAL［不適応］が（.83），WITH

表 I-30　量的スコアの一致率とカッパー係数

スコアリング・カテゴリー		カッパー	一致率 評定者1を基準にした場合	一致率 評定者2を基準にした場合
Interpersonal	［対人］	0.92	96	90
AFF	（親愛）	0.91	92	77
DEP	（依存）	0.82	82	78
COM	（伝達）	0.45	51	62
EXH	（顕示）	1.00	100	14
DIR	（指示）	0.78	80	72
AGG	（攻撃）	0.87	88	90
Environmental	［環境］	0.75	81	89
ACQ	（達成）	0.53	55	67
ACT	（活動）	0.61	66	66
PAS	（受動）	0.63	66	78
Maladjustive	［不適応］	0.83	84	79
TEN	（緊張）	0.87	88	54
CRIP	（不自由）	0.84	84	94
FEAR	（恐怖）	0.50	50	67
Withdrawal	［撤退］	0.71	78	82
DES	（記述）	0.55	62	77
BIZ	（奇矯）	0.66	67	60
FAIL	（失敗）	1.00	100	74

注　Wendler & Zachary, 1983の研究による

［撤退］が（.71）であった。複合スコア全体に関するカッパー値は.81であった。

次に二人の評定者の一致率について検証している（表 I-30 参照）。二人の評定者が一致したのは，15種類のサブカテゴリーに関しては全部で72%，複合スコアに関しては87%であった。15種類のサブカテゴリーに関してみると，評定者1を基準としたとき（つまり，一致した数と評定者1がそのスコアに分類した数とを比較した場合），の一致率は50〜100%の間で評定者2を基準としたとき（つまり，一致した数と評定者2がそのスコアに分類した数とを比較した場合）は14〜94%の間であった。一致率が低かったカテゴリーは，その反応の出現頻度が低かった（たとえば，

EXH（顕示））。複合スコアの一致率は，評定者1を基準としたときは78〜96％で，評定者2を基準としたときは79〜90％であった。評定者の不一致は，異なる複合カテゴリー間にまたがるものよりも，同一の複合カテゴリーのなかで生じていた。

基準関連妥当性

基準となる集団との比較

ハンドテストは，さまざまな一般群や臨床群を判別することが可能かどうかについて検証されている。この節では，①一般成人の被検者の比較，②一般群と臨床群の比較，③異なった臨床群の比較についての多くの研究結果を紹介する。全体として，これらの研究はハンドテストがさまざまな群を正確に識別できることを示している。

一般成人の比較

一般成人のさまざまな群の間で，ハンドテスト・カードに対する反応に違いがあるかを検討した研究は多くなされている。たとえば，ホランドの類型によって分類した女性の間で，人格的な違いが見られるかをハンドテスト反応を用いて検証したものがある（E. F. Wagner, 1982）。この研究では，初心者向けの心理学の講義を受講していた女性122名に対して，職業興味検査（VPI＝Vocational Preference Inventory）（Holland, 1970）とハンドテストが施行された。被検者は，VPI得点の最高点から，ホランドの6類型（現実的，研究的，芸術的，社会的，企業的，慣習的）のどれかに分類された。ホランドのタイプの各型についてクラスカル・ウォリスによる一要因分散分析を行なった結果，AGG（攻撃），PAS（受動），INT［対人］，平均初発反応時間，総反応数の5種類のハンドテスト変数においてホランドの類型群間に有意な差が見られた（どれも $p < .05$）。マン・ホイットニーのU検定を用いてホランドの類型各ペアを比較した結果，現実的群は，社会的群よりもAGG（攻撃）とPAS（受動）が高く，研究的，社会的，企業的群よりも平均初発反応時間が短く，また，研究的群よりも総反応数が多いという結果であった。

男性をホランドの類型によって分類し，パーソナリティの違いを比較した研究が，ダニエルとワグナー（Daniel & Wagner, 1982）によってなされている。VPIとハンドテストが120名の男子学部学生に施行された。学生は，ホランドの6類型の一つに分類され，この類型の間でハンドテストの変数に違いがないか検討された。クラスカル・ウォリスの一要因分散分析の結果，6種類のハンドテスト・スコア（INT［対人］，DEP《依存》，ACT《活動》，CRIP《不自由》，DES《記述》，総反応数）において類型群間で有意な差が認められた（$p<.10$）。さらに詳しい比較の結果，①社会的群は，研究的，企業的，現実的群よりもDEP《依存》を多く出していた，②慣習的群は，現実的，社会的群よりもINT［対人］が多かった，③現実的群は，企業的，研究的，芸術的，慣習的群よりもACT《活動》が少なかった，④現実的群は，芸術的，研究的，企業的群よりもCRIP《不自由》が少なかった，⑤慣習的群は，芸術的，企業的群よりもDES《記述》が多かった，⑥現実的群は，企業的，研究的群よりも総反応数が少なかったが，一方で慣習的群は，芸術的，現実的群よりも総反応数が多かったことが示された（どれも$p<.05$以下）。総じて，これらの結果は，ホランドの記述した人格類型に予測されるものであった。

　ラッシュ，フィリップスとパネック（Rush, Phillips, & Panek, 1978）の研究では，謝礼があるかないかによって参加した被検者の間にパーソナリティの違いがみられるかを，ハンドテスト刺激に対する反応の差から検討した。サンプルは女性で，被検者の一部（$n=24$）は，謝礼のないボランティアとして募集され，別の被検者（$n=23$）は，謝礼のあるボランティアとして募集された。すべての被検者にハンドテストと，埋没図形検査（Group Embedded Figures Test）（Witkin, Oltman, Raskin, & Karp, 1971）と，棒・枠組み検査（Rod-and-Frame Test）（Oltman, 1968）の二つの知覚スタイルを測定する検査，さらに，選択的注意を測定する選択的注意テスト（Selective Attention Test）（Mihal & Barrett, 1976）が施行された。ステップワイズ選択法による判別分析の結果，ACQ《達成》，PAS《受動》，INT［対人］のハンドテストのスコア，知覚スタイル測定の成績，注意課題における失敗数の組み合わせが，謝礼を出した

被検者と出さなかった被検者を有意に判別した（$\chi^2 (1, 6) = 36.93$, $p < .001$）。これらによって出された線形関数は，被検者の94％を正確に分類した。

「自己顕示的」な行動に携わる女性群は，ほかの女性よりもEXH《顕示》反応を多く出した（Wagner & Hoover, 1972）。チアリーダーとバトンガール（$n = 12$）の群と，この群に年齢と大学の学年を一致させた女子学生（$n = 12$）の群が被検者であった。両群の年齢の中央値は19.8歳で，どちらの群にも大学1年生が1名，大学2年生が8名，大学3年生が2名，大学4年生が1名であった。すべての学生にハンドテストが施行された。予測された通り，チアリーダーとバトンガールの学生が，統制群の学生よりも有意に多くのEXH《顕示》反応を出した（$p < .05$）。

マロニー，ディッチマン，ワグナー（Maloney, Deitchman, & Wagner, 1982）の研究では，月経周期の時期によってハンドテスト・パフォーマンスに違いがないかどうかについて検討している。女子大学生48名が被検者であった（平均年齢20.06歳，$SD = 1.79$）。学生は，ハンドテストとギルフォード・ジメルマン気質調査（Guilford-Zimmerman Temperament Survey）（Guilford & Zimmerman, 1949）のなかから抽出されたスケールが施行された。女性は次の2群に分けられた。一つの群は，月経周期初期（5～9日）で，もう一つの群は，月経前の期間（20～25日）であった。ギルフォード・ジメルマン気質調査では二つの群に差はみられなかった。ハンドテスト変数では，ACT《活動》（$z = -2.07$, $p < .05$）と，ENV［環境］（$z = -2.10$, $p < .05$）と，初発反応時間差の得点（$t(46) = -2.67$, $p < .01$）の3種類の変数のみに有意な差がみられ，すべて月経前群の方が高い数値であった。結果からは，どこにも月経前の女性が月経初期の女性よりも心理学的に否定的な兆候を持っていることを示すような傾向はみられなかった。

グリーン，サヴィッキとワグナー（Greene, Sawicki, & Wagner, 1974）の研究では，空手をしている学生と，ほかの身体的な活動をしている学生とで，ハンドテスト反応にわずかな違いがみられている。この研究では，30名の空手をしている学生（男性24名，女性6名）と，30名の統制群

（男性20名，女性10名）が被検者であった。空手群の平均年齢は22.6歳，統制群の平均年齢は20.6歳であった。反応数の違いが，マン・ホイットニーのU検定によって検証された。その結果，AFF《親愛》（空手群＝1.8，統制群＝2.7，$p<.05$），DEP《依存》（空手群＝0.2，統制群＝1.2，$p<.05$），総反応数（空手群＝11.9，統制群＝16.6，$p<.01$）の三つに有意な差が見られた。これらの結果は，空手群が統制群よりも抑制が強く，意志が堅いことを示しており，さらに，肯定的な対人接触に関する反応が統制群よりも少なかったことを示している。

一般群と臨床群の比較

多くの研究において，一般成人とさまざまな診断のついた群間でハンドテスト・パフォーマンスに違いが見られるかが検討されている。オズワルドとロフタス（Oswald & Loftus, 1967）による比較研究では，一般の児童と非行少年の反応の違いが検討されている。全部で169名の子どもが研究対象となっており，少年院に処遇された少年が52名，ランダムに選ばれた少年が114名で，すべて中学生であった。χ^2検定で，一般群と非行群に有意な差が見られた。有意差のあったハンドテスト変数は，AFF《親愛》（$\chi^2(1)=4.2$, $p<.05$），AGG《攻撃》（$\chi^2(2)=7.01$, $p<.05$），DES《記述》（$\chi^2(1)=18.6$, $p<.001$），FAIL《失敗》（$\chi^2(1)=10.52$, $p<.01$），総反応数（$\chi^2(3)=11.42$, $p<.01$），AOS（行動化スコア＊）（$\chi^2(1)=10.11$, $p<.01$）であった。この研究は，ハンドテストで一般児童と非行少年を識別することができることを支持している。

また，黒人の青年を対象にした研究では，攻撃的か攻撃的でないかによってAFF《親愛》，WITH［撤退］，AOS（行動化スコア）の変数に違いが見られたことから，ハンドテストの判別力が支持されている（King, 1975）。この研究の被検者は全部で104名で，すべて男子であった。被検者の半数は，教師，行政官，また少年裁判所によって攻撃的な行動を見せ

＊　このAOS（行動化スコア）は，「社会化されていない」INT［対人］反応（DIR《指示》，AGG《攻撃》）の合計数から，「社会化された」INT［対人］反応（AFF《親愛》，DEP《依存》，COM《伝達》）の合計数を引いて算出されている。

たとされた者で，残り半数は破壊的な行動をしたことが報告されなかった者であった。AOS（行動化スコア）とAFF（親愛）反応の数は，この二つの群間で有意な差ではなかった。しかし，攻撃的であるとされた被検者は，攻撃的でない被検者よりもWITH［撤退］反応を有意に多く出していた（$p<.01$）。

　マクファランド（McFarland, 1980）の研究では，大学生と受刑中の男性を対象に，ハンドテスト修正版における反応が検討された。被検者は各群43名ずつで，全部で86名の男性であった。受刑者群の年齢は19〜27歳で，大学生群の年齢は18〜35歳であった。受刑者群のすべての男性は，検査以前に大学に入学していた。その結果，FAIL《失敗》とAFF《親愛》スコアに有意差が見られた。男子大学生は，受刑者群よりも多くのAFF《親愛》反応を出しており，さらに，受刑者群は，大学生群がどのカードにも反応失敗しなかったのに対して，多くのFAIL《失敗》を出していた。これらの結果は，ハンドテストに判別力があることを支持するものである。

　カンポス（Campos, 1968）は，一般成人よりも子どもの方がAOS（行動化スコア）は高くなると報告しており，この比率は，攻撃的な子どもと攻撃的でない子ども，また，暴力的な非行少年と暴力的でない非行少年の間に差が見られることを示した。

　大学生90名のハンドテスト反応により，薬物使用者と統制群の比較が行なわれた（Wagner & Romanik, 1976）。学生は，薬物使用のタイプと頻度を評価するための質問紙を施行され，その結果によって三つの群に分けられた。①未使用者，②マリファナ使用者，③複数薬物使用者の3群である。各群はそれぞれ30名ずつであった（各群ともに，男性17名，女性13名）。クラスカル・ウォリスの一要因分析によって，EXH《顕示》（$p<.05$），ACQ《達成》（$p<.05$），ACT《活動》（$p<.001$），ENV［環境］（$p<.001$）の4種類のハンドテスト変数に有意差が見られた。マリファナ使用者は，ほかの2群よりも有意にEXH《顕示》が多く，一方，未使用者はACT《活動》，ACQ《達成》，ENV［環境］反応をより多く出していた。ACT《活動》とACQ《達成》はともにENV［環境］複合

カテゴリーに属しているため，この研究で，薬物使用のタイプや頻度にかかわらず，環境への指向性の欠如が薬物使用学生に一般的にみられる特徴であることが示された。

ハンドテストとロールシャッハ法（Rorschach & Huber, 1954）を用いて，自己顕示欲の強い群と，いくつかの統制群間で検査パフォーマンスが比較された（Wagner, 1974）。自己顕示欲の強い群は，7名の女性ストリッパーで，平均年齢は27.7歳（$SD=3.70$）であった。この群が，年齢とロールシャッハのM反応の数が対応している「一般成人」，「神経症」「分裂病」診断群の三つの統制群と比較された。ハンドテストのEXH《顕示》スコアにおいて，自己顕示欲の強い群とほかの統制群との間に有意差がみられた（一般成人 $p<.01$，神経症 $p<.05$，$p<.05$，分裂病 $p<.05$）。AGG《攻撃》とSEX《性的》スコアには有意差は見られなかった。従って，ストリッパー群が統制群よりも自己顕示的な反応が多くなるという最初の仮説は確認されたが，しかし，ストリッパー群に性的な反応や攻撃的な反応が多くなるという仮説は支持されなかった。

ワグナー（1961）は，ハンドテスト反応によって，一般成人と分裂病者とを識別することができるかを検討した。男性分裂病者群（$n=50$）と男子大学生群（$n=50$）にハンドテストが実施された。分裂病群の平均年齢は42.5歳で，一般群は20.0歳であった。4種類のハンドテスト変数の相関が計算された（すべて $p<.001$）。INT［対人］は.56で，ACT《活動》は.40，MAL［不適応］は.36，WITH［撤退］は.81であった。これらの結果は，ハンドテスト変数において，一般群と分裂病群との間に有意な差が見られることを示している。

42名の脳血管障害（CVA）患者群の心理的状態を測定するためにハンドテストが用いられた（Wang & Smyers, 1977）。CVA群の24名の患者が右脳半球に，10名が左脳半球に，8名が両半球に損傷があった。平均年齢は48.3歳であった（$SD=15.7$）。明らかな脳損傷を持たない32名の患

＊訳注：急性の末梢神経炎。風邪や下痢などの後，1週間から10日程して一過性に運動麻痺が生じる。ただし，重症の場合には手足などに機能障害が残る例がある。

者が統制群とされた。統制群は，脊髄障害か，関節炎，腰痛，末梢神経障害，ギラン・バレー症候群*のどれか一つの理由で入院していた。統制群の平均年齢は 42.2 歳であった（$SD=19.0$）。両群の間に有意差がみられたのは，21 種類のハンドテスト変数のうちの 4 種類であった。CVA 群は AGG（攻撃）反応（$\chi^2(1)=4.20$，$p<.05$）と総反応数（$\chi^2(1)=3.91$，$p<.05$）が少なく，FAIL《失敗》反応（$\chi^2(1)=5.48$，$p<.05$）と WITH［撤退］反応（$\chi^2(1)=6.94$，$p<.01$）を多く出していた。研究者は，脳血管障害を患っている患者は，より引きこもりがちで積極性に乏しい傾向にあり，現実に対処するのがかなり困難であると指摘している。

臨床群の比較

ハンドテストは，さまざまな診断的問題があるとされた子どもたちの外顕的行動を効果的に測定できることが認められており（Hoover, 1977），多くの研究で，さまざまな診断群のハンドテスト反応に差があることが検証されている（たとえば，非行，分裂病，知的ハンディキャップ）。

ウェットゼルら（Wetsel et al., 1967）の研究では，初犯非行少年と常習非行少年を対象に，特定のハンドテスト変数の違いを調べた。被検者は，常習者 25 名，非常習者 25 名の計 50 名の少年であった。各群ともに女子 12 名，男子 13 名，平均年齢 15 歳であった。各変数間について t 検定を行ったところ，AOS（行動化スコア）において常習群と非常習群の間に有意な差が見られた（$t(24)=1.72$，$p<.05$）。さらに，ウィルコクソンの対応のあるサイン・ランク検定では，AGG《攻撃》スコアに有意差が見られた（$p<.05$）。これらの知見は，常識的な犯罪者は，彼らが外界と関わる際に攻撃的な構えを持ち込んでしまうという仮説を支持するものであった。

ゼルク（Selg, 1965）は，ハンドテストを用いて子どもの攻撃性を診断できるか検討した。被検者は，四つの小学校から選ばれた 16 名の生徒で，彼らは攻撃的であるか攻撃的ではないかのどちらかとして，教師や友達から選ばれた。結果は，ハンドテストの AOS（行動化スコア）が二つの群を識別できることを示していた。

AOS（行動化スコア）は，暴力的な非行少年とそうでない非行少年とで異なることが示されている（Wagner & Hawkins, 1964）。この研究には，10〜17歳までの60名の非行少年が対象となった。被検者は次の2群に分けられた。①暴力群（$n=30$）。この群は，人に身体的な傷害を負わすような行為によって補導された非行少年である。②非暴力群（$n=30$）。この群は，暴力的な行為によって補導されたのではなく，また，そうした行為をしたという記録もない非行少年であった。AOS（行動化スコア）において有意差が見られ（$\chi^2(1)=17.24$, $p<.001$），暴力群が高い値を示していた。さらに，AOS（行動化スコア）のみで，暴力群と非暴力群の非行少年を78％の確率で正確に分類することができた。

攻撃的なアルコール症患者と攻撃的でないアルコール症患者のグループの間でも，ハンドテスト反応に有意差が示された（Haramis & Wagner, 1980）。60名の男性アルコール症患者が，攻撃的（飲酒時に攻撃的な行動をした事件歴をもつ）か，攻撃的でない（攻撃的な行為の事件歴が知られていない）かのどちらかに分類された（各群 $n=30$）。両群は，年齢や学歴について可能な限り対応させた。攻撃群の平均年齢は30.57歳（$SD=9.46$）で，非攻撃群の平均年齢は34.37歳（$SD=10.49$）であった。攻撃群は，非攻撃群よりも有意に多くのAGG（攻撃）反応を出し（$p<.05$），ACT（活動）反応は有意に少なかった（$p<.05$）。

AOS（行動化スコア）と反社会的行動との関係が，軍人服役囚を対象に研究されている（Brodsky & Brodsky, 1967）。軍人刑務所で受刑中の海軍と空軍の犯罪者合計614名が被検者であった。被検者の平均年齢は22.4歳で，教育歴は10.2年であった。研究の第一段階として罪状のタイプにもとづいて以下の3群が抽出された。一つは無届外出者や逃亡者などの回避犯罪者群（$n=270$），第二の群は窃盗などの財産犯罪者群（$n=156$），そして第三に暴行や強姦などの対人犯罪者群（$n=42$）であった。AOS（行動化スコア）は対人犯罪者群と財産犯罪者群の間に有意差が見られた（$p<.01$）が，しかし，ほかの群間には見られなかった。ハンドテスト変数のCOM（伝達）が，対人犯罪者群よりも財産犯罪者群の方が有意に多く（$p<.05$），一方，対人犯罪者群は，財産犯罪者群や回避犯罪

者群よりも多くの TEN《緊張》と CRIP《不自由》反応を出していた（$p < .05$）。さらに財産犯罪者群は，回避犯罪者群よりも ACT《活動》を多く出していたが，TEN《緊張》反応は少なかった（$p < .01$）。

　第2段階として，最初のテスト施行後1年以内に釈放された403名の犯罪者をフォローアップしている。被検者は，釈放後に受けた懲戒の程度によって3群に分けられた。懲戒を受ける犯罪者（$n = 114$）と，中程度の順応群（$n = 111$），模範囚（$n = 178$）であった。AOS（行動化スコア）の分布を各群毎に出した結果，すべての群が類似した分布となり，本調査をもとに臨界得点を見出すことはできなかった。

　施設での適応を判断するために AOS（行動化スコア）と MAL［不適応］得点の検出力が，アッカラテとグティレ（Azcarate & Gutierrez, 1969）の研究によって検討された。16～18歳までの80名の男子非行少年が被検者であった。彼らは，施設に入所中，どのくらい隔離室で過ごしたかによって3群に分けられた。①ひと月に少なくとも隔離室で一日過ごした群，②隔離室で過ごした日がひと月に一日より少なかった群，③一度も隔離室に入らなかった群の3群であった。被検者全員にハンドテストが施行され，MAL［不適応］得点と AOS（行動化スコア）によって4群のスコア群のどれかに分類された。二つの4×2のマトリックスが計画された。つまり，4群のスコア群すべてに関して，隔離室カテゴリーの①の群と③の群を比較すると，隔離室カテゴリー①の群と②の群をまとめた群と③の群を比較するものの二つが行なわれた。

　MAL［不適応］スコアもしくは AOS（行動化スコア）の単独のもの，もしくは，さまざまに組み合わせたものについての χ^2 値はすべて有意であった（$p < .05$）。結果は，AOS（行動化スコア）が1より大きく，または，MAL［不適応］スコアが4より大きいことは，施設への適応が低いことと関係しており，一方，AOS（行動化スコア）が0より小さく，MAL［不適応］スコアが3より小さいことは，施設適応が良いことと関係していることが示された。AOS（行動化スコア）のみでは，ケースの73％以上が正確に予測され，MAL［不適応］得点のみでは，ケースの66％以上が予測され，二つのハンドテスト変数を組み合わせると，ケース

の82％以上が正確に予測されることが示された。

　AOS（行動化スコア）とWITH［撤退］スコアについて，入院中の分裂病患者の攻撃的な群と非攻撃的な群の間に違いがみられた（Wagner & Medvedeff, 1963）。被検者は70名で，半数が攻撃的で半数が非攻撃的であると医師と病棟看護婦によって分類された。攻撃群は，男性21名，女性14名からなり，平均年齢は37.57歳（$SD=11.54$）であった。非攻撃群は，男性18名，女性17名で，平均年齢は37.14歳（$SD=11.54$）であった。AOS（行動化スコア）とWITH［撤退］スコアによって，高群と低群が定義された。AOS（行動化スコア）の高群は1以上，低群は0以下，WITH［撤退］スコアの高群は1以上，低群は0以下とされた。二つの2×2のマトリックスが計画され，各ハンドテスト変数それぞれに，χ^2検定を用いた分析がなされた。その結果，AOS（行動化スコア）（$\chi^2(1)=7.06, p<.01$）とWITH［撤退］スコア（$\chi^2(1)=12.87, p<.001$）の両方において高い有意差が見られた。これらの結果は，ハンドテストが分裂病患者集団においても，攻撃的な患者と非攻撃的な患者とを判別することが可能であることを示している。

　ドラモンド（Drummond, 1966）は，英国において，分裂病患者集団を対象に上記の研究の追試を試みている。被検者は全部で66名の患者で，36名が攻撃的な群で30名が非攻撃的な群であった。攻撃群は，男性19名，女性17名で，20〜58歳であった（$\bar{X}=37.11, SD=9.90$）。非攻撃群の男女の人数は同じで，年齢は25〜58歳であった（$\bar{X}=41.93, SD=10.62$）。両群のAOS（行動化スコア）とWITH［撤退］スコアを比較した結果，有意差は見られなかった。この結果は，ハンドテストが分裂病的な思考の不安定さに敏感なために生じたのかもしれないし，もしくは，文化的な差に敏感であるために生じたのかもしれない。今後，異なった診断群を対象にさまざまな文化圏のなかでハンドテストを用いた研究がなされることが期待される。

　心理的な状態を調べるためのハンドテストの検出力が，ヘイス（Heise, 1980）やワグナーとヘイス（1981）の一連の研究において検討されている。これらの研究では，女性9名と男性6名，計15名の患者の群が被検

者であった。彼らは，躁うつ病と診断されており，躁期とうつ期の両方で検査が行なわれた。研究の最初の時点での平均年齢は 33.7 歳で，以前の入院歴は 2 〜 17 回であった。ウィルコクソンの対応のあるサイン・ランク検定によって，ハンドテスト反応の数とタイプに違いがないか検討された。次に挙げる多くの変数に有意差が見られた（すべて $p<.05$）。DEP《依存》，COM《伝達》，EXH《顕示》，DIR《指示》，AGG《攻撃》，INT［対人］，ACT《活動》，TEN《緊張》，DES《記述》，FAIL《失敗》，WITH［撤退］，総反応数，平均初発反応時間，H-L（初発反応時間差），PATH（病理スコア）。被検者は，躁期においてより多くの MOV《運動》を出し，FAIL《失敗》と DES《記述》反応が少なかった。そして，うつ期では多くの WITH［撤退］を出し，INT［対人］や ENV［環境］反応は少なかった。この研究の結果，さまざまな診断群の患者を判別するハンドテスト反応の検出力が支持された。

　男性神経症者群における精神性愛的な不適応に関するハンドテスト指標が，CYL《筒状》と SEX《性的》の質的スコアを用いて検討された（Wagner, 1963）。40 名の男性神経症者が被検者であった。患者の半数は，さまざまな性的問題を呈しており，それが主たる症状であった（たとえば，同性愛，露出症，窃視症，小児性愛）。この群の平均年齢は 32.0 歳（$SD=9.5$）であった。残りの患者は，主たる症状が性的でなかった（たとえば不安状態，ヒステリー，神経症性抑うつ，心身症的障害など）。この群の平均年齢は 33.1 歳（$SD=7.4$）であった。CYL《筒状》と SEX《性的》反応の数が各群ごとに合計され，χ^2 検定によって比較された。主に性的機能障害を持つ患者群は，有意に多くの CYL《筒状》と SEX《性的》反応を出していた（$\chi^2(1)=6.54$, $p<.05$）。この研究は，性的逸脱のある神経症と，ほかの主たる症状をもつ神経症群の間の違いをハンドテストが検出できることを示した。

　ハーデスティ（Hardesty, 1975）の研究は，教育可能な発達遅滞児が職業学習プログラムで成功するかしないかを，ハンドテスト修正版によって識別することができるか検討した。全部で 50 名の被検者は，中西部の八つの高校で行なわれた職業学習プログラムに参加していた。2 群の間に

有意な差がみられたのは，ACT（活動）とMAL［不適応］の2種類の量的スコアにおいてのみであった（どちらも $p<.05$）。研究者は，ハンドテスト修正版のパフォーマンスだけでは，その個人が職業学習において成功するかどうかを予測することはできないと結論づけている。

　知的なハンディキャップをもった群の仕事ぶりを「優秀」と「優秀でない」に分け，ハンドテストを用いて検討がなされた（Wagner & Capotosto, 1966）。「優秀」な働き手群は男性18名と女性10名で，平均年齢は31.2歳（$SD=9.1$），平均IQは63.6（$SD=15.3$），施設に入っていた期間の平均は15.0年（$SD=8.2$）であった。「優秀でない」働き手群は男性14名と女性4名で，平均年齢は34.8歳（$SD=12.2$），平均IQは61.1（$SD=17.9$），施設に入っていた期間の平均は20.0年（$SD=11.5$）であった。彼らが与えたACT（活動）反応の数を基準に，少なくとも2個のACT（活動）反応を出している被検者を活動的，ACT（活動）反応を1個も出していない被検者を非活動的と分類した。被検者の少なくとも74％が，彼らの出したACT（活動）反応の数によって，「優秀な」働き手か，「優秀でない」働き手かのどちらかに正確に分類され χ^2 検定を行なったところ2群間に有意差がみられた（$\chi^2=9.92$, $p<.01$）。

　また，ハンドテストのACT（活動）スコアは，慈善事業の保護作業所で満足のいく働きをしている人と満足のいく働きをしていない人とを有意に判別したことが示された（Wagner & Copper, 1963）。被検者は50名であった。彼ら全員が個人指導者や各部門の監督者によって，「満足のいく仕事をしている」（満足）か「満足のいく仕事をしていない」（不満足）かが評価された。「満足」群は，男性15名，女性15名で，「不満足」群が，男性11名，女性9名であった。「満足」群の平均年齢は40.5歳（$SD=14.5$）で，「不満足」群の平均年齢は33.6歳（$SD=13.6$）であった。ACT（活動）反応の数と満足のいく仕事の評価との間に有意な正の相関が見られた（ϕ 係数（四分点相関係数）$r=.77$）。さらに「満足」群は「不満足」群よりも有意に多くのACT（活動）反応を出していた（$\chi^2(1)=30.08$, $p<.001$）。この研究は，ACT（活動）スコアが，保護作業所の優秀な働き手と優秀でない働き手とを識別できることを示している。

しかしながら，上記の研究の妥当性をほかの側面から検討する試みでは，満足な労働者と不満足な労働者のハンドテストのACT《活動》反応の数に有意な差は見られなかった(Huberman, 1964)。カナダの製造工場の18名の労働者群が被検者であった。ACT《活動》スコアと同様にほかのハンドテスト得点も，優秀な労働者とそうでない労働者を識別することはできなかった。この研究は，さまざまな文化的な環境のもとでハンドテストの妥当性が確認される必要があることを明らかにしている。

さらに，脳損傷者と非脳損傷者のハンドテストにおける違いを検討するために，ワグナー，マロニー，ウォルター（Wagner, Maloney, Walter, 1980）は，脳障害のある患者とない患者を対象に研究した。患者は16〜55歳で，IQは90〜109の間であった。それぞれの群は，女性10名，男性15名の合計25名であった。脳損傷群は，伝染病か飲酒，身体的な外傷，脳の病気，先天的な状態によって器質的な障害を持っていた。非脳損傷群は，神経症もしくは人格障害と診断された患者であった。ステップワイズ回帰分析を行なった結果，最初のステップでハンドテストとロールシャッハの量的カテゴリーが得られ（$R = .593$），二番目のステップでハンドテストの質的カテゴリーとロールシャッハのサインが得られた（$R = .713$）。母相関係数は，ハンドテストの量的スコアリング・カテゴリーに対して.002〜.31の範囲であった。平均初発反応時間のみは.31（$p < .05$）の有意な相関が得られた。この研究の結果，ハンドテストが脳損傷患者と非脳損傷患者とを識別するのに有効であり，同時にIQと脳損傷の関係に対しても敏感であり，脳損傷と同様にIQレベルによってハンドテストのパフォーマンスが変わることが明らかとなった。

ワグナー（1974）の研究は，男性露出症群とその群と対応させた臨床群男性のハンドテスト反応における違いを検討した。露出症群は，わいせつな露出をしたケースからなる大きな集団から抽出された男性12名で，平均年齢は25.5歳（$SD = 6.2$）であった。この群には，分裂病（$n = 3$）と診断されたもの，神経症（$n = 4$）と診断されたもの，人格障害（$n = 5$）と診断されたものがいた。この群が，露出行動は呈していないが，年齢，人種，臨床診断を対応させた群と比較された。露出症者は，ハンドテスト

でより多くの EXH《顕示》，AGG《攻撃》，SEX《性的》反応を出すであろうという仮説がたてられた。結果は，統計的に有意ではなかったが，露出症者は統制群よりも多くの EXH《顕示》反応を出していた。しかしながら，SEX《性的》と AGG《攻撃》反応に関しては，露出症者は統制群より多く出すことはなかった。

予測的妥当性

　ハンドテスト反応とほかの行動，精神状態の比較は，さらに本検査が精神測定法として適切であることを支持している。たとえば，ホッジ，ワグナー，シュライナー（Hodge, Wagner, & Schreiner, 1966）は，7名の大学生を対象に催眠誘導によって攻撃心や愛情の情緒を生起させる実験を行なった。3名の男性と4名の女性が次のような基準によって選択された。①催眠状態に入ることができること，②再トランス状態になるような催眠暗示に反応すること，③後催眠健忘を示すことの三つの条件であった。すべての学生が次の3回，ハンドテストを実施された。1回目は通常の状態で，2回目は初期トランス状態下で，3回目は要求された情緒状態に導入されたトランス状態下で実施された。最初の二つの検査の間では，AGG《攻撃》と AFF《親愛》反応の数に有意な差は見られなかった。対応のあるウィルコクソン検定で，3回目の検査とほかの検査との間に AFF《親愛》（$p<.05$）と，AGG《攻撃》（$p<.01$）の両方に有意な差が見られた。これらの反応が増加したことは，精神状態に合わせて予測されたような変化が生じるという，ハンドテストの妥当性を確認したことになる。

　ハンドテスト刺激に対する反応とその後の破壊的な行動とが78名の施設に入っている精神発達遅滞者を対象に検討された（Panek, Wagner, & Suen, 1979）。被検者は，46名の男性と32名の女性からなり，発達遅滞のために全寮制の施設に入所していた。平均年齢は42.32歳（$SD=16.25$）で，スタンフォード・ビネー式 IQ（Terman & Merrill, 1960）の平均は40.80（$SD=14.31$）であった。ハンドテスト施行後3か月の間に見られた暴力や破壊的な行動の頻度が，AAMD 適応的行動スケール（ABS）

(Nirhira, Foster, Shellhaas, & Leland, 1969) を用いて出された。スピアマンの順位相関係数が AOS（行動化スコア），ACT《活動》かつ MOV《運動》反応の数，そして ABS によって測定された暴力的行動のカテゴリー数との間で算出された。有意な正の相関が AOS（行動化スコア）と ABS 得点の間（$r = .22$, $p < .05$）と，ACT《活動》かつ MOV《運動》反応の数と ABS 得点との間（$r = .39$, $p < .001$）に見られた。この研究の結果は，行動の予測，特に臨床集団における暴力的行動や破壊的行動に関するハンドテストの有用性と有効性を支持するものであった。

　AOS（行動化スコア）はしかし，情緒障害児群のアクティング・アウト行動を予測することはできなかった（Breidenbaugh, Brozovich, & Matheson, 1974）。情緒障害のための公立学校のプログラムに参加した男児 36 名，女児 4 名，合計 40 名の子どもが被検者であった。子どもの年齢は 8〜13 歳で，平均年齢は 11 歳 1.1 か月であった（$SD = 19$ か月）。知能指数の平均は 96.9（$SD = 13.2$）であった。各子どもにハンドテストが新学期と学年末に実施された。2 回の検査の相関は .27 で，本研究のサンプルでは，AOS（行動化スコア）は，それほど安定した測度ではないことが示された。教師の行動評価と AOS（行動化スコア）との相関（新学期 .22，学期末 −.06），子どもの描画に対する臨床家の評価と AOS（行動化スコア）との相関（新学期 .07，学期末 .05）は，どちらも低いものであった。本研究の結果，AOS（行動化スコア）を用いて情緒障害児の外顕的攻撃性を予測することはできないことが示された。しかしながら，この結果は，被検者の年齢や，本診断群に特有のものであるかもしれないため，AOS（行動化スコア）が不安定であると決定することはできない。

　メンタル・ヘルスセンターの入所者を対象にした研究で，精神病理の評価と PATH（病理スコア）に相関があることが示された（Wagner, Darbes, & Lechowick, 1972）。被検者は男性 25 名，女性 25 名，合計 50 名で，年齢は 16〜57 歳であった。ハンドテストは，施設に入所した最初の週の間に施行され，精神病理の評価は，少なくとも 9 名のスタッフ・メンバーによって（たとえば看護婦，精神科看護助手，介護者，心理学者，精神科医，ソーシャルワーカーである），少なくとも 1 週間をかけて評価

された。各患者の評価とPATH（病理スコア）が順位に置き換えられ，スピアマンの順位相関係数が算出された。その結果，二つの得点の間に有意な相関が見られた（$r = .51$, $p < .001$）。本研究の結果は，PATH（病理スコア）が全般的な精神科的問題のスクリーニング指標として有用であることを示している。

ドーニーとワグナー（Daubney & Wagner, 1980）は，ハンドテストと医学校における成功の予測との関係を調査した。学校での成功は，評価点の平均で測定された。被検者は男性13名，女性10名，計23名の学生であった。すべての学生が検査の時点で18歳であった。その後，医学校の最初の2年間追跡調査された。学生は，ハンドテストとロールシャッハ法が施行され，不適応の単一指標としてハンドテストとロールシャッハ法からドーニーの指標が産出された。その結果，不適応得点は，知的な能力や成績に関するすべての測度と負の相関を示した。不適応指標と最初の1年目の医学校の成績との間には，－.55の相関がみられた。本研究によって，医学生の学業的成功を予測するために不適応指標が有用であることが示された。

併存的妥当性

多くの研究において，ハンドテスト反応と，さまざまな行動やパフォーマンスとの関連が検討されている。パネック，ワグナー，バレット，アレクサンダー（Panek, Wagner, Barrett, & Alexander, 1978）は，ハンドテスト反応と自動車事故の回数の関係を調べた。彼らは，17～72歳の170名の女性に対して検査を実施した。被検者は8歳毎に区切られた年齢群に分けられた（たとえば，17～24歳，25～32歳）。各群は，およそ25名ずつであった。すべての被検者にハンドテストと，過去5年間の運転行動に関する自己報告式の質問紙が実施された。すべての群において，事故の回数とハンドテストのDIR（指示）（$r = .23$）とAOS（行動化スコア）（$r = .16$）との間に有意な相関（$p < .05$）が見られた。

さらに，被検者は，年齢によって若年者ドライバー（17～48歳）と高齢者ドライバー（49～72歳）の二つの群に分けられた。若年者ドライ

バー群において，平均初発反応時間と事故の回数との間に有意な相関がみられた（$r=-.27$）。高齢者ドライバー群では，事故の回数とハンドテストの DIR（指示）（$r=.41$），AOS（行動化スコア）（$r=.37$）との間に有意な相関がみられた。研究者は，ハンドテストは事故を起こしやすい性格傾向をもつ個人を特定するのに有効であると結論づけている。

　警察官として優秀かどうかということとハンドテスト反応との間に有意な関係があることも示されている（Rand & Wagner, 1973）。各警察官は，4 名の上官によって，警察官としての業績の優秀さに関して順位づけされた。ケンドールの一致係数（W）による評価者の全体一致度は .91 であった。各警官に対する 4 名の評価の平均値が出され，それによって各警察官の業績順位がつけられた。業績順位といくつかのハンドテスト変数に相関が見られた。DEP（依存）が $-.40$，AGG（攻撃）が $-.31$，ACT（活動）が .31，FEAR（恐怖）が $-.31$，INT［対人］が $-.30$，ENV［環境］が .37 で，これら 6 種類の変数の相関は有意であった（$p<.05$ 以上の有意水準）。つまり，より優秀な警察官の方が攻撃性を出したり，不安を持ったり，人に頼ったりせず，人との関係に関心が薄く，さらに，活動的で環境に関心が向いていることが示された。

　教師と友達によって攻撃的であるか攻撃的でないかを評価された子どもに関する研究では，行動と AOS（行動化スコア）の間に非常に強い関係があることが示された（Selg, 1965）。59 名の子どものうち，28 名（男 22 名，女 6 名）が攻撃的であると評価され，31 名（男 12 名，女 19 名）が攻撃的ではないと評価された。年齢と性別には有意な差はなかった。ϕ 係数（四分点相関係数）がそれぞれの性と学年毎に算出された。男児群では .47，女児群では .40，低学年児群では .68，高学年児群では .63，全体では .69 であった。

　ワグナーとホーバー（Wagner & Hawver, 1965）による研究では，保護作業所の職業成績と八つの心理テストの結果が比較されている。調査は 27 名を対象としており，女性が 11 名，男性が 16 名であった。年齢は 21〜34 歳で，平均年齢は 23.7 歳（$SD=3.1$）であった。ビネー式知能検査の L-M 式で測定された IQ は 13〜49 で，平均は 34.4（$SD=8.8$）で

あった。各被検者は，作業所での成績に関して4件法を用いて順位づけされた。成績の評価はハンドテストのACT（活動）スコアと相関があり，結果的に.57（$p<.01$）の相関がみられた。この研究では，ACT（活動）スコアが作業所の成績の予測指標として有用であることを支持している。

IQが低く脳損傷の認められる群と認められない群の間にハンドテストの結果に違いがあるかどうかについてワグナー，クライン，ウォルター（Wagner, Klein, & Walter, 1978）らが調査している。被検者は100名で，IQの値と脳損傷があるかないかによって4群に分けられた。第Ⅰ群は25名で，明らかに脳損傷のある群で，IQは75〜89の間であった。第Ⅱ群は25名で，脳損傷があり，IQは60〜74の間であった。第Ⅲ群は25名で，脳損傷はなく，IQは75〜89の間であった。第Ⅳ群は25名で，脳損傷はなく，IQは60〜74の間であった。すべての群の平均年齢はほとんど同じであった。知能指数の違いによって，いくらか有意な相関が得られ（$p<.05$），DIR（指示）は.29，AGG（攻撃）は.31，INT［対人］は.34，ACT（活動）は.32，ENV［環境］は.33，DES（記述）は－.28，WITH［撤退］は－.32，総反応数は.30，PATH（病理スコア）は－.23であった。ハンドテスト変数と脳損傷の関係については，2種類のみ有意な相関が得られ，WITH［撤退］が.23，PATH（病理スコア）が.20で，どちらも$p<.05$であった。本研究の結果，ハンドテストは脳障害による影響よりもIQによる影響に対して敏感であることが示された。さらにいえば，この結果から，ハンドテスト反応は，平均以下のIQの者に対して脳損傷があるかないかを決定するための有効な方法ではないことが示された。

構成概念妥当性

収束的妥当性

収束的妥当性は，似通った構成概念を査定しているとされる測度間に有意な相関があるときにみられる。収束的妥当性があるとされた四つの研究について以下に考察する。

エリツァー（Elizur, 1949）のスコアリング・システムを用いたロールシャッハ法の敵意得点とハンドテストのAOS（行動化スコア）との関係が，マルティン，ブレイアとブレント（Martin, Blair, & Brent, 1978）によって研究されている。被検者は29名で，男性14名，女性15名であった。年齢は16～60歳の間，平均年齢は34歳であった。全員にロールシャッハ法とハンドテストが個別に施行された。ピアソンの積率相関係数が次の変数間について計算された。①AOS（行動化スコア）とロールシャッハ敵意得点，②AOS（行動化スコア）とH％（敵意得点／総反応数），③AGG（攻撃），DIR（指示）と敵意得点。相関係数は.40，.54，.64で，有意水準はどれも$p<.01$であった。本研究の結果は，ハンドテストのAOS（行動化スコア）とエリツァーのシステムを用いたロールシャッハの敵意得点が，同じ次元のものを測定していることを示している。

　パネックとヘイスリップ（Panek & Hayslip, 1980）による研究は，ハンドテストと精神状態質問紙（MSQ：Mental Status Questionnaire）(Kahn, Goldfarb, Pollack, & Peck, 1960）を用いて，57名の高齢者の全般的な精神的健康さのレベルを測定している。被検者の年齢は，56～96歳で，平均年齢は77.26歳（$SD=9.72$）であった。全員が介護施設の入所者で，そこに1年から5年の期間入所していた。ハンドテスト変数と質問紙の総得点との間のピアソンの相関係数が算出された。その結果，6種類の変数に有意な相関がみられた（すべて$p<.05$）。DEP（依存）－.26，COM（伝達）－.36，DES（記述）.38，PATH（病理スコア）.47，INT［対人］－.32，WITH［撤退］.43であった。このことは，ハンドテストが施設入所高齢者の精神機能のわずかな障害でさえも見逃さないことを示している。さらに，WITH［撤退］得点は，この集団において精神状態を測定するものとして妥当なものであることを示している。

　ヘイスリップとパネック（Hayslip & Panek, 1982）は，彼らが1980年に行なった52名の施設に入所している老齢者を対象とした研究の追試と拡充を試みた。被検者の年齢は65～101歳で，平均年齢は83.87歳（$SD=6.89$）であった。女性が46名，男性が6名であった。被検者は個別にMSQとハンドテストが施行された。ピアソンの積率相関係数が，

MSQとハンドテスト得点の間で計算された。8種類の変数に有意な相関がみられ（すべて$p<.05$），ACQ（達成）$-.30$，ACT（活動）$-.34$，PAS（受動）$-.34$，DES（記述）$-.27$，PATH（病理スコア）$.33$，ENV［環境］$-.46$，WITH［撤退］$.49$，総反応数 $-.27$ であった。これらの結果は，ハンドテスト変数が一般的な精神健康度の個人差に敏感であることを支持している。

　グリーン（Greene, 1978）は，ハンドテスト結果の解釈として構造分析を適用し，ハンドテストの解釈とMMPIによる診断とを比較した。メンタル・ヘルス・センターに入院している女性13名と男性17名，合計30名に対して調査した。精神科的な診断が，3名の精神科スタッフによって各被検者毎に行なわれた。女性の平均年齢は37.9歳で，男性は27.1歳であった。精神科診断と一致したのは，構造分析とMMPIを行なった30ケースのうちの22ケースであった。コクランのQ検定を行なった結果，診断法の間には差は認められなかった。本研究から心理学的診断を決定するためにハンドテストを用いた構造分析が有効であることが示された。

弁別的妥当性

　弁別的妥当性は，本来，相関関係が期待されない異なる構成概念を測定している変数の間に相関がないことによって示される。フェー（Fehr, 1976）による研究では，ホルツマンのインク・ブロット・テクニック（HIT）の集団法（Holtzman, Thorpe, Swartz, & Herron, 1961）とハンドテストのAOR（行動化比率）とを比較している。被検者は72名の男子大学生であった。HITの不安と敵意の二つの得点とAOR（行動化比率）との関係が確かめられた。予測された通りピアソンの積率相関係数でAOR（行動化比率）と不安は$r=-.09$，敵意は$r=.07$と低い相関であった。AOR（行動化比率）は外顕的攻撃性を測定しているが，一方でHITの敵意得点は，潜在的な攻撃性を測定している。HITの不安と敵意得点はともに幅広い要因を包含した測度と最も関係が深いと考えられる（たとえば，IPAT不安質問紙，Cattell & Scheier, 1967；顕在性敵意尺度，Wiggins, 1966）。

AOR（行動化比率）を検証した類似の研究が，120名の男子大学生を対象に，ハイドンとブロドスキー（Higdon & Brodsky, 1973）によって行なわれた。被検者は，60名ずつストレス群と非ストレス群に分けられた。被検者は通常の条件か，もしくは実験的にストレス状況が作られた状態で知能検査を施行された。ストレス条件は，被検者の課題遂行の所要時間を計測し，そして課題遂行結果を実験的に低く評価することで作られた。AOR（行動化比率）とMMPIの敵意得点との間に何の関係も見られなかったことから，この二つの検査は，実験的に作られたストレスの条件下で異なった構成概念を測定することを表わしている。

　8種類の一連の心理テストが，保護作業所の環境で働く重度発達遅滞の成人に対して実施された（Wagner & Hawver, 1965）。検査は，ハンドテスト（ACT（活動）スコア）と，「オコナーの手先の器用さテスト」（*O'Connor Finger Dexterity Test*：O'Connor, 1926），「オコナーのピンセット操作テスト」（*O'Connor Tweezer Dexterity Test*：O'Connor, 1928），「ミネソタ配置操作テスト」（*Minnesota Rate of Manipulation Placing Test*：ミネソタ職業安定調査研究所, 1969 a），「ミネソタ回転操作テスト」（*Minnesota Rate of Manipulation Turning Test*：ミネソタ職業安定調査研究所, 1969 b），「グッドイナフとハリスの描画テスト」（Goodenough & Harris, 1963），「ベンダー視覚運動ゲシュタルトテスト」（Bender, 1946），「スタンフォード・ビネー検査」であった。被検者は27名の労働者で，女性11名，男性16名であった。年齢は21～34歳で，平均年齢は23.7歳（$SD=3.1$）であった。IQの値は13～49で，平均IQは34.4（$SD=8.8$）であった。ハンドテストとほかの検査の間のスピアマンの順位相関係数を算出したところ.27～.48の間であったため，ハンドテストのACT（活動）スコアは，ほかの検査とは異なった特性を測定していることが示された。このことは，ハンドテストの弁別的妥当性に関して，ハンドテストは器用さの検査もしくは知能検査とはあまり相関がないことを示したことになる。

　全体として，上記の信頼性と妥当性研究の結果から，ハンドテストはほ

かの投影法検査や客観的検査と比べて決して遜色のないものであることが示された。それはかなり幅広い多くの診断群に対して有効であり，各群の特徴的な行為傾向についての情報を提供してくれるものである。

調節変数

検査の心理測定としての特性を充分に確かめるためには，ハンドテストのパフォーマンスに関して，年齢や性，被検者の特性による影響について充分に検討しておく必要がある。そうした変数は，一般に調節変数といわれている。これらの変数は，一般に被検者の属性である要因を表わし，それは検査結果に影響し，結果的に社会統計的な集団によって異なった反応が生じることになる。知的レベルや年齢，性，文化的な違いが本検査のパフォーマンスにどのように影響するかについて，多くの研究で検討されている。

IQ の影響

知的水準は，心的能力検査との相関により，ハンドテストのパフォーマンスにいくらか影響することが示されている（Brodsky & Brodsky, 1967）。軍刑務所の海軍と空軍の犯罪者 614 名を対象とした研究で，ハンドテスト反応のカテゴリーと陸軍一般分類検査（Army General Classification Test）との間にかなり低い正の相関がみられた。ブロドスキーらの研究の概要は前述の通りである（p.146 参照）。

パネックとワグナー（1979）の研究では，知能がハンドテスト・パフォーマンスに影響することが示された。81 名の発達遅滞の成人に対して，ハンドテストとスタンフォード・ビネー検査が施行された。47 名の男性と 34 名の女性が被検者であった。被検者の IQ は，重度発達遅滞（平均 IQ＝26.41）から中度発達遅滞（平均 IQ＝43.45），軽度発達遅滞（平均 IQ＝65.68）であった。被検者全体の平均年齢は 42.64 歳（$SD=$ 16.19）であった。スタンフォード・ビネー検査の IQ とハンドテスト変数との間のスピアマンの順位相関係数は .22〜.57 であった（表Ⅰ-31 参

表 I-31　スタンフォード・ビネーIQとハンドテストスコアの相関

スコアリング・カテゴリー		r
Interpersonal	［対人］	0.50
AFF	《親愛》	0.26
DEP	《依存》	0.24
COM	《伝達》	0.23
EXH	《顕示》	0.22
DIR	《指示》	0.26
AGG	《攻撃》	0.27
Environmental	［環境］	0.57
ACQ	《達成》	0.30
ACT	《活動》	0.49
PAS	《受動》	0.27
Maladjustive	［不適応］	0.39
TEN	《緊張》	0.28
CRIP	《不自由》	0.27
Withdrawal	［撤退］	−0.54
DES	《記述》	−0.29
FAIL	《失敗》	−0.33
Responses	総反応数	0.42
AIRT	平均初発反応時間	0.22
Pathological	病理スコア	−0.56
Repetition	反復	−0.35

注　相関係数はスピアマンの順位相関係数　　$n=81$

照)。結果は，IQが高いほど被検者はAFF《親愛》, DEP《依存》, COM《伝達》, EXH《顕示》, DIR《指示》, AGG《攻撃》, INT［対人］, ACQ《達成》, ACT《活動》, PAS《受動》, ENV［環境］, TEN《緊張》, CRIP《不自由》, MAL［不適応］反応を多く出し，DES《記述》, FAIL《失敗》, WITH［撤退］, PATH《病理スコア》, RPT《反復》反応をあまり出さなかった。さらに，IQが高いほど，総反応数と平均初発反応時間の増加が見られた。

　本研究の結果より，知的レベルの高い者は，他者への関心や内的世界を処理する能力が高く，これによってINT［対人］やENV［環境］反応が増加することが示された。しかしながら，MAL［不適応］, TEN《緊

張），PAS（受動），CRIP（不自由）反応が増加することは，知的ハンディキャップを持っている者にとって，知能が向上するにつれ，内的な弱さや，もしくは外的な禁止と心理的な不充分さの感情に気づくことができることを意味している。

年齢の影響

多くの検査，とりわけ投影法検査では，被検者の年齢によって影響を受けることが示されている。研究により，年齢が高くなるほど人格が退化し，現実への方向づけがうまくなされなくなることが明らかになっている（たとえば，Ames, Metraux, Rodell, & Walker, 1973； Chown, 1968； Gilbert & Hall, 1962； Rosen & Neugarten, 1960）。

パネックら（Panek, Sterrs, & Wagner, 1976）は，加齢の結果生じる人格変化に関する調査を行なっている。27名の高齢者（平均年齢＝66.56，$SD=10.90$）と，27名の若者（平均年齢＝36.44，$SD=14.29$）が被検者であった。2群を分けるための分析がハンドテストのデータに関して行なわれた。最初にスピアマンの順位相関係数が，検査パフォーマンスと年齢との間で算出された。その結果，8種類のハンドテスト変数に年齢との相関が見られ（すべて$p<.05$），FAIL《失敗》.047，WITH［撤退］.43，RPT《反復》.40，DIR《指示》－.39，INT［対人］－.26，ACT《活動》.26，ENV［環境］－.33，総反応数 －.52 であった。

次に，ウィルコクソンの対応のあるサイン・ランク検定を用いて，2群のスコアリング・カテゴリーにおける反応数の差が検討された。AFF《親愛》$p<.05$，INT［対人］$p<.05$，FAIL《失敗》$p<.05$，総反応数 $p<.01$ の四つに有意差がみられた。高齢者は若者と比べて，AFF《親愛》とINT［対人］反応が少なく，多くのカードにおいて失敗する傾向があった。さらに，若者は全般的に総反応数が多かった。本研究の結果は先行研究と類似した結果であった。

生涯にわたってハンドテストのパフォーマンスに変化がみられるかを検討するため，17〜72歳までの175名の女性に対して検査が実施された（Panek, Wagner, & Avolio, 1978）。被検者は，7群の年齢群のどれかに

分類され，各群とも，25名の女性からなっている。第1群は17～24歳，第2群は25～32歳，第3群は33～40歳，第4群は41～48歳，第5群は49～56歳，第6群は57～64歳，第7群は65～72歳であった。すべての女性は，視力・聴力ともに正常範囲内であり，非常に健康であった。クラスカル・ウォリス検定を用いて検討した結果，12種類のハンドテスト変数に有意な差が見られ，DEP（依存），$H=15.78$；COM（伝達），$H=17.12$；EXH（顕示），$H=14.10$；DIR（指示），$H=17.86$；ACQ（達成），$H=16.09$，平均初発反応時間，$H=21.77$；PATH（病理スコア），$H=13.29$であった（すべて$p<.05$以上の有意水準）。本研究の結果，ハンドテストのパフォーマンスにおける年齢の影響が明らかなことと，一般的な加齢の過程の一部として全般的な人格の衰えがあることが示された。

　ストーナー，パネック，サターフィールド（Stoner, Panek, & Satterfield, 1982）の研究は，150名の被検者を用いて，生涯にわたるハンドテストの変化について調査した。被検者は，20～86歳で，3群に分けられた。第1群は20～44歳，第2群は45～64歳，第3群は65～86歳であった。各群とも，男性25名，女性25名であった。被検者全員の健康状態は良好か優良であることが報告された。24種類のハンドテスト変数がZ得点に変換され，共分散分析によって分析された。3×2（年齢と性）のデザインが用いられ，WAISの言語性下位検査得点が共変数とされた。年齢群において，DEP（依存），$F(2, 142)=3.43, p<.05$，；AGG（攻撃），$F(2, 142)=3.76, p<.05$；ACT（活動），$F(2, 142)=3.75, p<.05$の三つに有意差がみられた。結果は，高齢者ほど他者への求めや他者からの援助が増大し，敵意が減少し，活動的な仕事への関心が減少することを示している。

　高齢者におけるハンドテストの安定性を調査するために2群比較の研究が行なわれた（Foreman, Wagner, Sterns, & Edwards, 1982）。被検者は120名で，その半数は州立精神病院に入院中の男性31名，女性29名（平均年齢67.68，$SD=6.35$）で，残りの半数は独立住居型老人寮施設からボランティアで参加した男性22名，女性38名（平均年齢72.72，

$SD=7.23$) であった。マン・ホイットニーの U 検定によって，24 種類のハンドテスト変数が検定された。その結果，ハンドテスト反応は，23 種類の変数において適応群と不適応群の間に有意差があることが示された（すべて $p<.05$）。ACQ《達成》得点のみ有意差がみられなかった。この研究は，ハンドテストが，高齢者集団を研究したり，適応しているか適応していないかについての意味のある識別を行なうのに適した検査であることを示している。

　高齢者に対するハンドテストの使用は，52 名の施設入所成人を対象としても調査されている（Hayslip & Panek, 1982）。この研究の目的は，高齢者集団における器質的な機能障害を査定するにあたって，ハンドテストが有効であるかどうかを扱っている先行研究の妥当性を他の面から検討することであった。被検者は 46 名の女性と 6 名の男性であり，全員が長期滞在老人養護施設で生活していた。年齢は 65〜101 歳で，平均年齢は 83.87 歳であった（$SD=6.89$）。精神状態質問紙（Kahn et al., 1960）とハンドテストが全員に施行された。その結果，年齢にかかわらず，ハンドテストの WITH［撤退］と PATH（病理スコア）が，認知的な損傷の有効な指標となることが示された。

性の効果

　性別によってハンドテスト反応に違いが見られるかについて調査した研究はわずかしかない。小学校 2 年生の 14 の集団を対象に，ハンドテスト反応に違いが見られるかが検証された（Stoner, 1978）。全員が中西部のコミュニティーにある公立小学校に入学していた。全部で男児 69 名，女児 65 名であった。マン・ホイットニーの U 検定の結果，男児と女児との間に，ハンドテストの 11 種類の変数に有意差がみられた。女児の方が，より多くの EXH《顕示》（$z=-2.08$, $p<.05$）と，FAIL《失敗》（$z=-2.24$, $p<.05$）を出し，逆に男児は，より多くの ACT《活動》（$z=6.19$, $p<.001$）と，ENV［環境］（$z=5.40$, $p<.001$），DES《記述》（$z=3.26$, $p<.001$），WITH［撤退］（$z=2.94$, $p<.01$），PATH（病理スコア）（$z=2.93$, $p<.05$）を出していた。

女児は，初発反応時間（$z=-2.95$，$p<.01$）に見られるように，反応を言語化するのに有意に長い時間を要しており，また，高い H-L（初発反応時間差）（$z=-2.46$，$p<.01$）を示していた。男児は，AOS（行動化スコア）（$z=2.50$，$p<.01$）で高い得点を出しており，また，総反応数（$z=5.99$，$p<.001$）の数も多かった。結果は，幼い男児と女児の間には，ハンドテスト反応に性差があることを示している。このことは，本検査の手の絵に対する反応に現れるような習慣性の行為傾向の違いが，男児と女児に見られることを示している。

前項でも引用したストーナーら（1982）の研究は，生涯にわたるハンドテストに性差が見られるかについても検討している。被検者は男性 75 名，女性 75 名で，20～86 歳であった。被検者は年齢によって 3 群に分けられた。共分散分析の結果，5％以下の有意水準で，わずかながら有意な性差が見られた。男性は，多くの DES（記述），WITH［撤退］，PATH（病理スコア）反応を出していた。これらの結果は，ロールシャッハ法の研究で報告されていることと類似したものであった（たとえば Ames et al., 1973）。

異文化による影響

性差と同様に，ハンドテストの文化差について検討した研究は数少ない。ステソンとワグナー（Stetson & Wagner, 1980）の研究は，中国人，イラン人，アメリカ人学生のハンドテスト反応を比較している。検査は，台湾出身男性 30 名，イラン出身男性 30 名に対して行なわれた。被検者全員が大学生で，それぞれの群に合わせて，年齢と学歴とを対応させた 2 群のアメリカ人大学生群が統制群であった。マン・ホイットニーの U 検定の結果，3 群の間にいくつか有意差が見られた（$p<.05$）。イラン人は，アメリカ人の統制群よりも DEP（依存）が多く，平均初発反応時間が長く，H-L（初発反応時間差）が高く，ACT（活動），ENV［環境］が少なかった。中国人群は，COM（伝達），INT［対人］，初発反応時間，H-L（初発反応時間差）がアメリカ人群よりも多かった。イラン人群は，中国人群よりも DEP（依存），PAS（受動），CRIP《不自由》が

多く，EXH（顕示），DIR（指示），AGG（攻撃），AOS（行動化スコア）が少なかった。二つのアメリカ人群の間には有意差は見られなかった。これらの結果が中国やイランの文化の特徴に関する先行研究とどのように一致するかについての詳細は，ステソンとワグナーの研究を参照されたい。この研究は，ハンドテストが異文化間研究にも使用できる可能性を示している。

　オズワルドとロフタス（Oswald & Loftus, 1967）は，南オーストラリア出身の114名の男子中学生と，男子52名と女子26名の非行少年を，アメリカ人集団と比較した。調査された群と先のハンドテスト・マニュアル（Wagner, 1978 a）にある類似の群の間に顕著な違いが見られた。このことは，とりわけAOR（行動化比率）のようなハンドテストスコアの解釈は，異なる文化出身の被検者を用いる際には，慎重に行なうべきであることを示している。

第Ⅱ部　児童・青年のためのハンドテスト解釈

第6章　児童・青年への適用

　第II部は，児童や青年に対するハンドテストの使用方法についてまとめたものである。ここでは一般の児童や青年を対象にハンドテストを行なっている者にとって役立つ事例研究と，診断的なテストバッテリーのなかにハンドテストを取り入れる際のガイドラインを提供する。この検査の歴史や特性，限界については，第I部第1章で述べられている（Wagner, 1983）。さらに，同第2章では，実施法とスコアリングが充分に考察されている。この第II部は，児童と青年の記録を解釈する際に必要となるスコアリングの修正に焦点をしぼっている。

　児童の反応をスコアリングするには，ほんのわずかな修正が必要なだけで，スコアリング・カテゴリーは成人のものと同じである。しかしながら児童の反応を解釈するときには，重要な検討が必要である。まず，生産性——反応の総数に反映される——は年齢とともに増加する傾向にある。次に，児童が幼ければ幼いほど反応は短く，シンプルで率直なものになる。最後に，児童と青年の記録は，成長過程にある児童の体験や興味，発達的なレベルを反映している。これはおそらく質的スコアに現れるであろう。たとえば，8歳児にとって質的分類のIM《未熟》反応は，自然なものであるが，SEX《性的》反応は病的なものである。図II-1は，普通の8歳児であるアンドレアのスコアリング記録とテスト反応である。彼女は何ら問題はないのに多くのIM《未熟》反応を出している。この図は，ハンドテスト・スコアリング用紙（日本版：誠信書房発行）に反応とスコアを記録した実例の提示となっている。

　5～18歳の児童の平均値は，本書の付表のなかに掲載されている。この標準データは年齢群ごとに以下の五つの表に分けられている。

- グループ1は，5〜6歳児（幼稚園児）
- グループ2は，7〜9歳児（小学校低学年）
- グループ3は，10〜12歳児（小学校高学年）
- グループ4は，13〜15歳児（中学生）
- グループ5は，16〜18歳児（高校生）

　これらの表は，子どものプロトコルを解釈する際にも用いられる。これは第II部第8章で述べられている。また，同第8章には，表II-1に年齢群別にハンドテストの集約スコアリング・カテゴリーの平均値が示してあり，これによって各年齢群によってスコアの平均値がかなり異なることが分かる。

第6章 児童・青年への適用　171

THE HAND TEST
Scoring Booklet
Edwin E. Wagner, Ph.D. and Howard M. Knoff, Ph.D.

Published by

WPS WESTERN PSYCHOLOGICAL SERVICES
Publishers and Distributors
12031 Wilshire Boulevard,
Los Angeles, California 90025-1251

氏名：アンドレア.M　　　　　　　　　　性別：女性　　人種：白人
住所：123ホーリー街　ミッドタウンOH　　　　　　　　電話番号：555-4444

　　　　　　　大人　　　　　　　　　　　　　子ども
婚姻状況：　　　　　　　　　　　　学校名：ジェファーソン小学校
職業：　　　　　　　　　　　　　　学年：2年生
最終学歴：　　　　　　　　　　　　担任名：ロブレイス先生

検査日：83年7月15日　　　　　紹介者：両親
生年月日：75年6月4日　　　　　紹介理由：兄が分裂病のため用心して。
年　齢：8歳1か月11日　　　　　　　また、湿疹を患っている。
実施時の様子：検査を楽しんでいた。明瞭に話す。言語的なレベルは2年生にしては優秀である。大変協力的。

生育歴など必要な情報：学業成績は良好である。行動上の問題はないが、「泣き虫」で、依存的であると書かれている。また、妹と仲が悪い。しばしば風邪をひき、皮膚アレルギーを持っている。

検査者名：E2　W

Copyright © 1969, 1981 by WESTERN PSYCHOLOGICAL SERVICES
Not to be reproduced in whole or in part without written permission of Western Psychological Services.
All rights reserved.

W-110A

図II-1　一般児童のハンドテスト・スコアリング用紙の完成例

172　第Ⅱ部　児童・青年のためのハンドテスト解釈

カード番号と正位置	初発反応時間	位置(例:>, <,∧,∨)	被検者の反応	スコアリング 量的	スコアリング 質的
Ⅰ	4	∧	止まれって言ってる。(ほかに何かあるように見える?)う～ん、たぶん、えっと、こんなふうにして何かをつかまえてる。(D)つかんでいる。	DIR	
				ACT	
Ⅱ	3	∧	椅子みたいなものを押してるみたい。ひっかいてる(Q)かゆい。何かを撫でている。(Q)犬。	ACT	
				TEN	SEN
				AFF	IM
Ⅲ	4	∧	何か言ってる。「行ってなになにをしなさい」って。それか、たぶん、「向こうを見て」か、それか、「いっしょにどこかに行こう」かな。	DIR	
				COM	
				COM	
Ⅳ	2	∧	これは、男の人が握手しようとしてるように見える。それと、うーん、男の人がバイクに乗ろうとしているみたい。	AFF	
				ACT	
Ⅴ	6	∧	男の人がこんなようにしている(D:実際にやってみる)(Q)何かに手を伸ばしてる……。こっそりやってる。子羊を抱いている。(Q)世話しようとしてる。撫でようと。	ACQ	(AGG)
				AFF	IM
Ⅵ	2	∧	この絵は、男の人がちょうど蠅を捕まえたところ。殺しちゃった。見せようとしている。「蠅をやっつけたぞ」って感じで。それから、誰かを殴ろうとしてる。	AGG	IM
					(EXH)
				AGG	
Ⅶ	4	∧	うーん、何かを止めてるみたい。(Q)おもちゃの車……へりにいかないようにしてる。それから、女の人が爪を塗ってる。一つだけ赤い。	ACT	IM
				EXH	
Ⅷ	1	∧	小さな鞄を持ち上げようとしてる。それから、この人、指がかゆい。√それから、何か……紙を拾い上げてる。	ACT	IM
				TEN	RPT
				ACT	
Ⅸ	5	∨	❻何に見えるかなあ……うーん、この人、こんなふうに手を振ってる(実際にやってみる)。それから、うーん、それで終わり。	COM	
Ⅹ 白紙カード	9	∧	うーん、こんな感じにしてる(D:実際にやってみる)。誰かがキャンデーをくれたから。この人はちょうど口に1個入れちゃったところ。	DEP	ORA

図Ⅱ-1(続き)　一般児童のハンドテスト・スコアリング用紙の完成例

スコアリング・サマリー

カテゴリー	頻度	割合(%)	例（ほかの例については「ハンドテスト・マニュアル」参照）
量的カテゴリー			
AFF 〈親愛〉	3	14	「握手している」「元気づける看護婦の手」
DEP 〈依存〉	1	4	「ちょうだいと頼んでいる」「指導者に敬礼している」
COM 〈伝達〉	3	14	「時の話題を議論している」「手振りしながら話してる」
EXH 〈顕示〉	1	4	「指輪を見せている」「旅芸人の男──ダンスしている」
DIR 〈指示〉	2	10	「命令している」「オーケストラを指揮している」
AGG 〈攻撃〉	2	10	「誰かの鼻を殴っている」
INT [対人]	12	56	
ACQ 〈達成〉	1	4	「何かとろうと棚の上に手を伸ばしている」
ACT 〈活動〉	6	29	「箱を持ち上げている」「ボールを投げている」
PAS 〈受動〉	0	0	「人が眠っているみたい」「膝の上で手を組んでゆっくりしている」
ENV [環境]	7	33	
TEN 〈緊張〉	2*	10	「非常に緊張している」「怒ってぐっと握りしめているこぶし」
CRIP 〈不自由〉	0	0	「怪我している手」「すっかり疲れ切っている」
FEAR 〈恐怖〉	0	0	「命からがら逃げている」「震えている……怖いから」
MAL [不適応]	2	10	
DES 〈記述〉	0	0	「ただの左手」「力強い手……特別何もない」
BIZ 〈奇矯〉	0	0	「黒い虫」「死神の頭」
FAIL 〈失敗〉	0	0	スコアできる反応が出されない
WITH [撤退]	0	0	

$ER = \Sigma INT : \Sigma ENV : \Sigma MAL : \Sigma WITH = \underline{12} : \underline{7} : \underline{2} : \underline{0}$　　$R = \underline{21}$　$H-L = \underline{8}$

$AOR = (AFF + DEP + COM) : (DIR + AGG) = \underline{7} : \underline{4}$　　$AIRT = \underline{4.1}$　$PATH = \underline{2}$

質的カテゴリー			
AMB 《両価性》			「誰かをたたいているが，ほとんど力が入ってない」
AUT 《自動句》			「えっと，何だろう？」（決まり文句，口癖など）
CYL 《筒状》			「パイプのように長くて丸い物を手に持っている」
DEN 《否定》			「握手しているところ。でも，手が逆だから違うな」
EMO 《情動》			「友達に再会してわっと喜んでいる」
GRO 《粗野》			「岩で，きざなヤツの頭をぶったたいている」
HID 《隠蔽》			「見られないようにカードを手で隠している」
IM 《未熟》	4	19	「小さな少年の手をとっていっしょに散歩に行こうとしている」
IMP 《無力》			「私には何も思い浮かびません」
INA 《無生物》			「彫像の手のようだ」
MOV 《運動》			「訳もなくただ手を振っている」
ORA 《口唇》	1	4	「グラスの水を飲んでいる」
PER 《困惑》			「これは本当に難しい問題だ」
SEN 《感覚》			「手の中の粘土の感触を楽しんでいる」
SEX 《性的》			「女性の胸を触っている」
O 《独創》			稀だがうまく見られている反応
RPT 《反復》	1	4	同じか類似の反応を繰り返す

図II-1（続き）　一般児童のハンドテスト・スコアリング用紙の完成例

ハンドテストの反応の質的分析(米国版)*

ハンドテスト・カードのなかには，予想される反応や反応カテゴリーが出やすいものがある。この期待される反応パターン，すなわち「カードプル」は，ハンドテストの質的分析のなかで考察されるべきものである。以下に各カードについての予想されるカードプルを要約する。

カードⅠ：新しい場面に対する最初の反応を表わす。DIR，COM，AFFが出される。

カードⅡ：ACTあるいはACQが出やすい。何らかの神経症的ショックがこのカードで最初に顕在化しがちである。

カードⅢ：COM，DIR，ACT反応が出やすい。一般的には容易なカードで，ここでの失敗は重篤な偏奇の指標となるかもしれない。

カードⅣ：強いカードプルはない。反応はより個性的で個人の特徴を反映するかもしれない。通常男性の手として見られ，「父親カード」になるかもしれない。

カードⅤ：環境反応が出される。神経症的ショックか受動性に対する態度を表わす。

カードⅥ：攻撃性への態度を表わす。AGGとACT反応が優勢。

カードⅦ：強いカードプルはない。ときにⅥカードによって誘発された攻撃性の反動となることがある。

カードⅧ：ACTを引き出す容易なカードの一つ。

カードⅨ：精神性愛的な意味を含む。しかし，これは，最も難しいカードのうちの一つなので，反応を過剰解釈しないように気をつけなければならない。

カードⅩ：強いカードプルはない。おそらく反応するのに最も難しいカードであろう。その人の想像的能力や将来の生活上の役割についての考えが反映されがちである。

予想されるカードプルから離れていたり，特別通常からはずれた反応はカードショックを表わすかもしれない。カードショックの分析は，主たる心理学的テーマや傾向を特定するのに貢献することが多い。カードショックが見出されるのは反応時間が初発反応時間（AIRT）から有意にはずれていたり，そのカードに対しておおげさな行動的反応をすることによってなされる（たとえば，体で拒絶したり，カードについての拒否的な意見を言ったり，何度もカードをグルグル回したりする）。特定のカードに対する軽いカードショックは，下図の適切な場所に一つだけチェックマークを書くことで示され，二つのチェックマークは強いショックを示すものとして使われる。

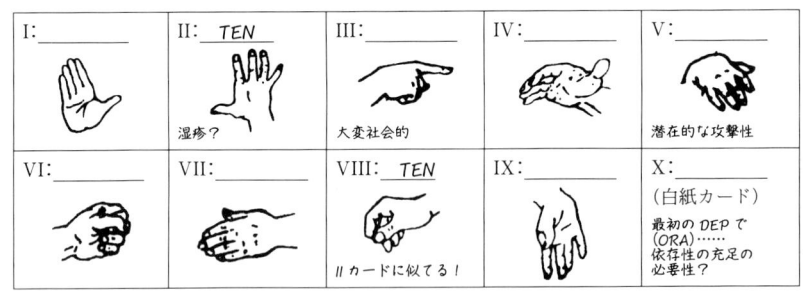

Ⅰ:_____	Ⅱ: TEN	Ⅲ:_____	Ⅳ:_____	Ⅴ:_____
	湿疹？	大変社会的		潜在的な攻撃性

Ⅵ:_____	Ⅶ:_____	Ⅷ: TEN	Ⅸ:_____	Ⅹ:_____
		Ⅱカードに似てる！		(白紙カード) 最初のDEPで(ORA)……依存性の充足の必要性？

コメント：反応時間が早い。ショックがわずかしか起きてない。しかし類似のTENテーマを出しており，カードⅨで回転がある。多くの手が男性的。

図Ⅱ-1（続き） 一般児童のハンドテスト・スコアリング用紙の完成例

*訳注　WPSのスコアリング用紙の訳。日本版スコアリング用紙には日本人のカードプルが印刷されている。

第7章　児童・青年を対象とする
　　　　信頼性・妥当性の検討

　ハンドテストは導入が容易なため，あらゆる年齢層で実施が可能であり (Panek, Wagner, & Kennedy-Zwergel, 1983)，さらに，聴覚障害者や精神発達遅滞者にも可能である（Levine & Wagner, 1974）。ハンドテストは一般に子どもにも適用できるが，これは，教示が簡単であり，読解力を必要とせず，しかも言葉で答えることのできる年齢の子どもであれば誰にとっても，手は大変身近な刺激だからである。さらに，ハンドテストは行動に現れる行為傾向を査定している。10代の青年の反社会的な行動は社会の注目を集めるので，青年の心理を査定するための用具としてハンドテストは非常に役立つものである。また，ハンドテストは大変簡便なため，衝動的な子どもや青年に忍耐を求めることもない。彼らの多くには，ゲームの一種として受けとめられるようである。

　しかし，ハンドテストにも限界はある。5歳児以下の子どもへの施行は予定されていない。さらに，この検査は，意識の表面に近い行動的な傾向を探っているのであって，深層の精神内的な要因を探るものではない。また，この検査は，個人の反応を尺度化して，決まった解釈に当てはめるような，料理ブック方式で用いられてはならない。むしろ，それぞれのプロトコルは，個性記述的に分析されるべきであり，その際，個人の反応の全体にわたるパターンを注意深く検討し統合すべきである。完全な人格アセスメントを行なうためには，ハンドテストはほかの人格検査や面接と組み合わせて使われる必要がある。

　本書の第Ⅰ部（Wagner, 1983）に報告された信頼性・妥当性の検討は，このテストの信頼性と妥当性を評価するためのしっかりとした基準を提供している。これに関連してボッデン（Bodden）は次のように記述している。「結局，妥当性のデータは，ハンドテストが一般に使われているロー

ルシャッハや TAT（絵画統覚検査）もしくはホルツマン法のような投影法に充分匹敵するものであることを示している」(Bodden, 1984, p. 320)。第Ⅱ部の以下の段落には，特に子どもや青年に関連したいくつかの研究がまとめられている。

信 頼 性

再検査信頼性

全体的に見て，いくつかの研究によって，子どものデータの信頼性は成人のものと同じであることが報告されている（McGiboney & Carter, 1982；Panek & Stoner, 1979；Stoner & Lundquist, 1980）。13～76歳までの広範囲のグループにおけるハンドテストの再検査信頼性が，第Ⅰ部第5章の表Ⅰ-28にまとめられている（Wagner, 1983, p. 67；本書 p. 133）。これらの結果は以下の研究から得られたものである。すなわち，パネックとストーナー（Panek & Stoner, 1979）らの平均年齢19歳の学部大学生を対象にした研究，マクギボニーとカーター（McGiboney & Carter, 1982）の8～10年生（日本では中学1～3年生）の生徒，平均年齢15歳を対象とした研究，ワグナーとマロニー，ウィルソン（Wagner, Maloney, & Wilson, 1981）の第1回目の検査時の平均年齢が25.13歳を対象とした研究，ストーナーとルンドキスト（Stoner & Lundquist, 1980）の平均年齢76.94歳を対象とした研究である。これらの研究は，すべてハンドテストのパフォーマンスが広範囲の年齢集団にわたって安定していることを示している。

内的整合性

ハンドテストの量的スコアリング・カテゴリーの内的整合性についても，いくつかの研究で検証されている。高校生以上の被検者を対象にした内的整合性の検証がワグナーら（1981）によって行なわれている。その研究では，INT［対人］，ENV［環境］，MAL［不適応］，WITH［撤退］，総反応数（R），平均初発反応時間（AIRT），PATH（病理スコア）にお

いて，折半法による高い信頼性が確かめられた。2回の施行におけるこれら7種類のスコアの信頼性が，第Ⅰ部第5章（Wagner, 1983, p. 67；本書 p. 135）の表Ⅰ-29 に掲載されている。

評定者間信頼性

評定者間信頼性に関する充分な情報が，第Ⅰ部に掲載されている（Wagner, 1983）。公立学校の子どもを対象とした最近の研究が，ワグナー，ラッシュとマルシコ（Wagner, Rasch & Marsico, 1990）によってなされており，これにはハンドテストの評定者間信頼性に関するさらに詳しい根拠が示されている。この研究の評定者として充分に訓練を受けた二名の大学院生が，それぞれ別々に重度の行為障害をもつ 98 名の子どものプロトコルのスコアリングを行なった。すべての被検者の反応について 15 種類の量的スコアリング・サブカテゴリーに分類し，完全な一致が見られた場合に評定者間の一致と見なした。スコアリングし忘れたものと一致しなかったものをエラーとしてカウントした。最終的な一致率は，一致した反応の総数をスコアリングされた反応の総数で割ることで求められた。スコアリング・カテゴリーすべてにわたって 90％の一致率が得られた。特に PATH（病理スコア）の一致率は高かった。

同様の手続きによって，ヒルゼンロスとジベック（Hilsenroth & Sivec, 1990）は，スクール・サイコロジストに心理評価のために紹介された 193 名の子どもと青年を対象として調査し，すべてのスコアリング・カテゴリーを通して 91％の一致率を得た。同様の分析が年齢と性を対応させた一般の統制群によって行なわれた際，スコアリング・カテゴリーを通して 89％の一致率が得られている。

妥 当 性

行動化／非行

ハンドテストの初期の研究は，行動化に関するものがほとんどであった。ゼルク（Selg, 1965）は，ハンドテストの行動化比率（AOR）と教

師による子どもの攻撃性についての評価との間に有意な関係があることを示した。同様に，カンポス（Campos, 1968）は，成人よりも子どもにおいて AOR（行動化比率）が高くなると報告し，この指標によって攻撃的か，非攻撃的か，暴力的な非行少年か暴力的でない非行少年かを区別でき，さらに彼らが攻撃的か攻撃的でないかを識別することができるとしている。さらに，ワグナーとホーキンス（Wagner & Hawkins, 1964）は，暴力的な非行少年と暴力的でない非行少年を AOR（行動化比率）によってかなり正確に判別できることを示した。キング（King, 1975）は，攻撃的な黒人男子青年が攻撃的でない黒人男性よりも多くの WITH［撤退］を出すことを示した。オズワルドとロフタス（Oswald & Loftus, 1967）は，非行少年と普通の少年では，AGG（攻撃），DES（記述），FAIL（失敗），AOR（行動化比率），反応総数に違いがみられたとしている。フーバー（Hoover, 1977）は，さまざまな情緒的もしくは行動上の問題を持つために紹介されてきた子どものハンドテスト変数が，外顕的な行動といくらか関連していることを報告している。

　とりわけ，非行少年に関しては，いくつかの研究が行なわれてきている。ウェットゼル，シャピロとワグナー（Wetsel, Shapiro, & Wagner, 1967）は，常習的な非行少年は，そうでない非行少年よりも高い AOR（行動化比率）を示し，AGG（攻撃）反応が多いことを示した。アッカラテとグティレ（Azcarate & Gutierrez, 1969）は，少年刑務所に入れられた男子非行少年の施設内での適応とハンドテストとの関係を検討した。その結果，AOR（行動化比率）と MAL［不適応］スコアが，隔離室で過ごした時間を 82％の確率で正確に予測した。この研究は，行動化が AOR（行動化比率）によってのみ予測されるのではなく，MAL［不適応］スコアによっても予測されることを示している。高い MAL［不適応］スコアは，攻撃衝動が行動として表出されかねない防衛の破綻を知らせるものと考えられる。

　最近の研究は，ハンドテストとほかの人格的な適応に関する指標との関係に焦点を当てている。こうした研究の一つの動向は，ハンドテストを個人のペルソナ（人格の外層，もしくは「ファサード・セルフ（外面自

己)」）の指標と関係づけている。マクギボニー，カーターとジョンズ（McGiboney, Carter, & Jones, 1984）は，ハンドテストと高校生用人格質問紙との間に多くの相関があることを報告し，その関係は，両者がともにファサード（外面）の指標であることによると解釈している。

性的虐待

ハンドテスト変数と子どもの性的虐待との関係が示されてきている。ラッシュとワグナー（Rasch & Wagner, 1989）は，性的虐待の犠牲者である24名の女子と，年齢と人種とを対応させた公立学校の女子の統制群に対してハンドテストを施行した。性的虐待を受けた女子は，総反応数とMAL［不適応］反応が多く，また，あからさまな性的いたずらのテーマを繰り返した。興味深いことに，彼女らはAFF（親愛）反応も多く出していた。このことの理由は明らかではなく，今後の研究が望まれる。

虐待を受けた群に属する子どもたちのプロトコルの分析では，三つのタイプの反応が示唆されている。反応の一つのタイプは，露骨な性的な行為にたずさわる手を知覚するというような病的な特徴を示していた。2番目のタイプは，不適応や神経質の指標によって特徴づけられるが，しかし，現実とのコンタクトは良好であることを示したものであった。3番目のタイプは，一般の子どもと識別することができないものであった。

これらの結果は，性的虐待児について記述した文献のなかにみられる，明らかに相反する次のような観点と一致するもののようである。まず，①深刻な混乱，②抑うつ，安心感のなさ，不充分感，そして③心的外傷を被っているようにはみえないことである。研究のデータには，それぞれの特徴が示されており，多様な性的虐待児の各群を説明しているのである。このことは，ハンドテストが，性的虐待を受けた子どもの心的外傷後の状態を評価する助けになることを示している。

情緒的／行動的障害

ハンドテスト変数と顕著な行動上の問題の関係についての最近の研究において，ワグナー，ラッシュとマルシコ（Wagner, Rasch, & Marsico,

1990）は，重い行動障害をもった98名の子どもと，対応させた一般の子どもの統制群を対象に研究している。子どもの多くは男子であった。障害のある群は，10個のハンドテスト変数において有意差がみられた。顕著な違いがみられたのはWITH［撤退］スコアで，このスコアが重度の病理の指標であることが確認されている。

ヒルゼンロスとジベック（Hilsenroth & Sivec, 1990）は，社会的もしくは情緒的な不適応（不良行動の繰り返し）のためにスクール・サイコロジストに紹介されてきた生徒を対象に検討している。彼らは，性と年齢を対応させた一般の公立学校の生徒からなる統制群と比較された。被検者の72名が男子で，22名が女子，平均年齢は9歳であった。不適応群は，22種類のハンドテスト変数において統制群と異なっていた。

興味深いことに，この研究でもっとも予測的となったスコアは，PATH（病理スコア），AGG（攻撃），PAS（受動）で，これらは反社会的行動と関連がみられたスコアであった（たとえば，Azcarate & Gutierrez, 1969；Haramis & Wagner, 1980）。このことは，社会的および情緒的不適応のためにスクール・サイコロジストに紹介されてきた少年は，高いPATH（病理スコア）に反映されるような情緒的な混乱のみではなく，高いAGG（攻撃）スコアに反映されるような他者との敵意的な関係に向かうことを示している。また，そうした者は高いPAS（受動）スコアに反映されるように，環境と消極的な関わりしか持てないのである。PATH（病理スコア），AGG（攻撃），PAS（受動）が多くなるような心的状態は，生徒の一般的な不適応の中核となるパターンと見なしてよく，WITH［撤退］反応は，より重い病理の指標となるものと考えられる。

IQとの関連

ハンドテスト変数のうちのあるものはIQと関係している（Panek & Wagner, 1979）。ハンドテストは，学校においてスクリーニングのための用具として使用されているので，知能に関係するスコアを詳しくみておくと役立つだろう。ジベック，ヒルゼンロスとワグナー（Sivec, Hilsenroth, & Wagner, 1989）は，IQを検査するためにスクール・サイコロジストに

紹介されてきた6〜19歳の生徒を対象に，ハンドテスト・スコアとIQとの関係を検討した。彼らは，174名の生徒からスタンフォード・ビネー検査（Terman & Merrill, 1973），もしくは，児童用ウェクスラー式知能検査・改訂版（Wechsler, 1974）と，ハンドテストの記録を得た。スタンフォード・ビネー検査を受けた男子は49名，女子は11名で，平均年齢は8歳，平均IQは90であった。DES《記述》はIQと負の相関があり，DIR《指示》はIQと正の相関があった。全体の結果として，IQを予測するための重相関係数はR=.49となった。次に男子88名，女子26名，計114名の生徒のWISCとハンドテストの記録が比較された。8種類のハンドテスト変数にIQと有意な相関が見られた。重回帰分析が行なわれた結果，IQは，RPT《反復》，AOR（行動化比率），Ball反応（43頁参照），ACQ《達成》の四つのスコアによって重相関係数R=.47で説明された。このように，ハンドテストはIQといくらか関連があるが，しかし明らかに知能とは別の解釈をも含むものである。

　本章で概観した研究は，ハンドテストが成人と同様に，子どもに対しても信頼性と妥当性を満たしたものであることを示している。ハンドテストはたしかに子どものアクティング・アウト行動を予測する。ハンドテストのスコアリング・カテゴリーのうちあるものは，IQと適度な関連を持っている。また，ほかのカテゴリーは性的虐待とも関連している。つまりマニュアル通り成人に対してハンドテスト（Wagner, 1983）を使用していた者にとってありがたいことに，子どもと青年の標準値を用いることで，スコアリングと解釈をそのまま子どもや青年に使用することが可能なのである。そのため，成人に対するハンドテスト実施の経験を，子どもや青年への適用に役立てることができるのである。

第8章　児童・青年の解釈標準

　子どものハンドテスト・プロトコルは，多くの点で，おとなのプロトコルに似ている。幼稚園を出ると INT［対人］と ENV［環境］反応が目立つようになり，WITH［撤退］と MAL［不適応］反応は全体の10％に満たなくなる。一般に INT［対人］反応は，ENV［環境］反応の約1.5倍出現する。BIZ《奇矯》反応は稀にしか見られず，PATH（病理）スコアは1か2である。これは，重篤な行動障害を持つ子どもたちの PATH（病理スコア）の平均値の4よりずっと低い値である（Wagner, Rasch, & Marsico, 1990）。INT［対人］カテゴリー反応は全体の50〜60％，ENV［環境］カテゴリー反応は30〜40％である。小学校1年生以降，最も一般的な PATH（病理スコア）は，WITH［撤退］カテゴリーではなく，MAL［不適応］カテゴリーとなる。

年齢と性別の傾向

　子どもが学齢に達しているならば，次の二，三の点を考慮することで，ハンドテスト解釈の基本原則を適用できる。第1の点は，反応の産出数は年齢とともに増加するということである。幼稚園児では反応数の平均は10個である。この数は10代に入るまで少しずつ増加し，最大値の約14個に達する。反応数は成人期を通じて一定であるが，老年期に達すると9あるいは10個に低下する（Panek & Wagner, 1985）。

　子どもの反応の解釈のために，いくつかの発達指標がある。児童や青年の記録には子どもたちの経験や興味や発達水準が反映されているので，子どもの年齢が低いほど，より短く，単純で率直な反応スタイルをとる。また，発達指標は，特定の質的カテゴリーにはっきりと現れる。たとえば IM《未熟》反応は小さな子どもたちに典型的だが，SEX《性的》反応は

ごく稀であり，もしあれば病理指標となる。発達傾向に注意を払うことも重要である。つまり子どもの年齢が幼稚園に近ければ近いほど，発達の遅れが病理のサインとしてうけとられやすくなる。小さな子どもたちに関しては，BIZ《奇矯》，DES《記述》，FAIL《失敗》およびWITH［撤退］カテゴリーの解釈（Stoner & Spencer, 1984）には慎重さが求められる。

ハンドテスト変数における年齢と性別の関係は複雑で，近年になってようやく扱われるようになったテーマである（Stoner, Panek, & Satterfield, 1982）。初期の研究の一つに小学校2年生の性差を取り上げたものがある。ストーナー（Stoner, 1978）は，11種類のハンドテスト変数に性差を見出した。女子は有意にEXH《顕示》，FAIL《失敗》を多く出し，反応の言語化により時間をかけ，カードによって初発反応時間に大きな差が見られた。これに対して男子は多くの反応を出した。なかでもACT《活動》，ENV［環境］カテゴリー，DES《記述》反応，WITH［撤退］カテゴリーが多く，PATH（病理スコア）が高かった。

ネイス（Nace, 1983）は，12～13歳の性差を調べた。性差として，男子が女子より多くのEXH《顕示》反応を出した。興味深いことに，12歳群と13歳群の年齢群の間に，5種類の変数で有意差が見出された。12歳群はより多くのACT《活動》反応とENV［環境］カテゴリーを出し，一方，13歳群はDIR《指示》，FAIL《失敗》反応，WITH［撤退］カテゴリーが多かった。全年齢層にわたるハンドテストの性差研究で，ストーナー，パネック，サターフィールド（Stoner, Panek, & Satterfield, 1982）は，男性，特に高齢の男性はDES《記述》，WITH［撤退］カテゴリー，PATH（病理スコア）が高いことを見出した。このことは，高齢の男性が心理的にあまり活発ではないことを示唆している。

マクギボニーとヒューイ（McGiboney & Huey, 1982）は，青年期の男子に関して，ハンドテストの解釈は特に複雑になることを指摘した。そこでは，学校行政当局に教室場面での慢性的な逸脱行動のために送られてきた黒人の青年男子について述べている。彼らのINT［対人］カテゴリーは，ENV［環境］カテゴリーのおよそ2倍であった。そこで著者らは，青年期には，AOR（行動化比率）はあまり効力を発揮しないがINT［対

人]：ENV［環境］比率が,「もしPATH（病理スコア）が高くなっていれば, 明らかな攻撃的行動として発現されるかもしれない心理的な混乱」を反映している可能性を示唆している（p.441）。

児童と青年の新標準

ハンドテスト遂行における発達傾向を分析するために, テスト変数を年齢と性別に関連づけて研究した。このマニュアルの付表は, オハイオ州アクロンの公立学校から無作為に抽出された389名の生徒による新標準を報告している。この標準により, あらゆる学年のハンドテスト・スコアの予想値を知り, また年齢や性差による傾向をみることができる。この新サンプルは限られた地域から集められているが, 合衆国のほかの地域から集められたデータは, この標準が合衆国内の児童, 生徒の代表値であることを示唆するものである。

このデータは男女15名ずつ, 各学年ごと30名からなる。さらに, 被検者は五つの年齢群に配置された。

- グループ1　　5〜6歳　　（幼稚園児）
- グループ2　　7〜9歳　　（小学校低学年）
- グループ3　　10〜12歳　（小学校高学年）
- グループ4　　13〜15歳　（中学生）
- グループ5　　16〜18歳　（高校生）

単一の質的, 量的変数の頻度が低いために, 集約変数のみ調べた。R（総反応数）, AOR（行動化比率）, PATH（病理スコア）, AIRT（平均初発反応時間）, H-L（初発反応時間差）, INT［対人］, ENV［環境］, MAL［不適応］, WITH［撤退］である。

性別と年齢とハンドテスト変数の関係を調べるために, 多変量分散分析（MANOVA）を行なった。年齢に関するF値は有意であった〔$F(36)=3.5, p<.01$〕。また, 性別に関するF値も有意であった

〔$F(9)=2.3$, $p<.05$〕。年齢と性別の交互作用に関するF値も有意であった〔$F(32)=1.6$, $p<.05$〕。年齢と性別の完全な交互作用が，ENV〔環境〕において認められた〔$F(4, 379)=3.17$, $p<.05$〕。唯一，ENV〔環境〕において有意な年齢効果を示したのはグループ3（10～12歳）である（$t(63)=3.6$）。一対比較のt検定によれば，グループ3の男子はENV〔環境〕の平均値が5.15（$SD=3.58$）で女子は3.10（$SD=3.10$）であった。性別の主効果はMAL〔不適応〕の平均値の差に認められた（$F(1, 379)=3.75$, $p<.01$）。そこでは男子（平均値=1.0，$SD=1.34$）は女子（平均値=.71，$SD=.94$）よりも多くの反応数であった。標準表を利用する際には，このような男女のちょっとした違いにも注意を払うとよいだろう。

各年齢群の反応数の平均値とF検定結果は，表II-1に示されている。隣接群の平均値間の比較は，表II-1の右の四つの欄を見ると確認できる。どの場合も有意差のあったものを#マークで示している。たとえば，青年期前期（グループ4）から後期（グループ5）にかけてのAOR（行動化比率）の大きな変化は，4/5と記された欄の#マークによって示されている。

一つひとつの集約変数を詳しくみると，年齢群によって，AOR（行動化比率），PATH（病理スコア），H-L（初発反応時間差），MAL〔不適応〕，WITH〔撤退〕，そしてR（総反応数）に差があることが分かる。全般にPATH（病理スコア）は年齢とともに減少するが，一方，INT〔対人〕は増加している。

表II-1によれば，5～6歳児では，ほかの年齢群より高いPATH（病理スコア）が出ている。WITH〔撤退〕反応数は，5～6歳を過ぎると，有意に低下している。他方，INT〔対人〕は，5～6歳以降も，有意ではないが，上昇を続けるのである。

反応数の増加に示されるように，子どもたちは年齢とともに生産性を増してゆく。AOR（行動化比率）は，高校生になると有意に上昇する。これは，おそらくティーンエイジャーの反抗傾向の現れであろう。興味深いことに，H-L（初発反応時間差）は年齢と曲線的な関係を示している。

表 II-1　年齢群別集約スコア平均値の一元配置分散分析

スコアリング・カテゴリー		グループ1 ($n=35$)		グループ2 ($n=90$)		グループ3 ($n=95$)		グループ4 ($n=93$)		グループ5 ($n=79$)		F	群別の平均値に有意差が認められた群間年齢群			
		平均値	標準偏差	平均値	標準偏差	平均値	標準偏差	平均値	標準偏差	平均値	標準偏差		1/2	2/3	3/4	4/5
AOR	行動化比率	1.06	2.32	1.73	2.32	1.64	2.61	1.82	2.37	2.68	2.57	3.29**				#
Pathological	病理スコア	3.65	4.10	1.83	2.31	1.35	1.97	1.17	1.53	1.59	1.74	8.51**	#			
AIRT	平均初発反応時間	7.57	7.31	7.00	3.87	7.98	7.09	6.51	3.06	6.76	2.56	1.30				
H-L	初発反応時間差	14.78	10.15	19.22	14.73	22.31	17.16	16.96	10.34	17.86	10.38	2.92*			#	
Interpersonal	[対人]	5.12	2.37	6.74	2.88	7.65	3.35	7.35	3.11	8.06	3.22	6.15**	#			
Environmental	[環境]	3.56	1.95	3.98	2.47	4.09	2.84	3.97	2.22	4.07	2.53	0.78				
Maladjustive	[不適応]	0.65	0.90	0.82	1.18	0.82	1.21	0.67	0.89	1.21	1.40	2.72**				#
Withdrawal	[撤退]	1.75	2.63	0.51	1.00	0.27	0.76	0.23	0.64	0.18	0.48	15.30**	#			
R	総反応数	10.56	2.16	11.76	3.85	12.66	5.23	12.56	4.69	13.37	4.58	2.85*				

* $p<.05$; ** $P<.01$
\# は有意差が認められた群間

すなわち中学生で増加し，その後は減少するのである。

標準を強化する研究

モランとカーター（Moran & Carter, 1991）は，ハンドテストを用いた包括的な研究を行なった。彼らの知見は，本書の提供している標準を広く支持している。彼らの研究は，学年（幼稚園から第8学年まで）や性別（223名の男子，241名の女子）のバランスのとれた464名の子どもたちを対象としている。人種については，216名が黒人であり，248名が白人であった。社会経済的地位は，家族収入によって分類された。これによると，年収15,145ドル以下の家庭の子どもたちが190名，21,553ドル以上の家庭の子どもたちが204名，その中間の家庭の子どもが80名という構成であった。モランとカーターの研究は，周到に計画された統計分析にもとづき，彼らの学年による標準が第II部の年齢グループ標準に一致しており，性差や人種や社会経済的地位別の標準は特に必要ではないことを示したのである。

標準表の利用

結論として，五つの年齢グループには大きな発達差が認められた。標準データは，参照しやすいように年齢水準ごとに表にまとめられている。児童や青年の反応を解釈する際には，この年齢別標準表（付表：235頁参照）に目を通しておくべきである。標準表には，各スコアリング・カテゴリー，複合カテゴリー，および総反応数（R）の平均値，中央値，標準偏差がまとめられている。たとえば10歳児のテストをした査定者は，平均的な予想値を知るために，付表A-3（239頁参照）だけを調べればよい。このグループの総反応数の平均値は12.66（$SD=5.23$）であり，スコアの範囲は7〜46である。同様の情報が，ハンドテストのほかのスコアすべてについて得られるようになっている。

標準表には重要な臨界値も載せられている。この値は，分布の累積頻度が，84%および93%以上となる素点を表わしている。たとえば，グルー

プ1では，少なくとも84%の5〜6歳児が3個以下のCOM（伝達）を出し，また少なくとも，93%が2個以下のAFF（親愛）を出している。グループ1に属するある子どもが，もし3個を超えるCOM（伝達）を出したなら，それはこのタイプの反応が過剰であることを示している。さらに，この5〜6歳児の群では，少なくとも84%が1個もCRIP（不自由）を出しておらず，93%までが，出したとしても1個のCRIP（不自由）にとどまっている。したがって，5〜6歳児のある子どもが，もし2個以上のCRIP（不自由）を出したならば，さらにほかの検査法で詳しく調べる必要があるかもしれない。表には反応の全範囲も記載されている。第6章には，特定のスコアリング・カテゴリーについて解釈する方略について，さらに詳しく考察されているので参照されたい（Wagner, 1983）。

第 9 章　事例研究

　本章で述べる事例研究は，ハンドテストを通常のやり方で施行した診断群のなかから選んでなされた。ここでの事例は，著者の 30 年にわたるハンドテスト経験で見出されたスコアや指標のごく普通の型を示している。これらのカテゴリーは，問題のある児童青年を扱うときに，概念的にも経験的にも役に立っている。ハンドテスト使用者は，第 I 部（Wagner, 1983）に出ているハンドテスト診断指標の経験的な根拠に精通しておかなければならない。

一般児童のプロトコル

　事例研究を始める前に，一般児童のハンドテスト施行の特徴を見ることが役に立つであろう。反応数は，その子どもの年齢レベルに相応するのが普通である。年齢の如何にかかわらず，総反応数が 10 以下か 30 以上というのは稀なことである。典型的なプロトコルは，60％の INT［対人］と 40％の ENV［環境］反応からなる。つまり，普通は少なくとも 5 個の INT［対人］と 3 個の ENV［環境］反応があり，INT［対人］反応は，一般的には少なくとも 3 種類の INT［対人］カテゴリーを出していれば充分である。
　病理的な反応（MAL［不適応］と WITH［撤退］）は，総反応数が多ければ，それほど重篤な意味を持たないが，4 個以上の PATH（病理スコア）が 6 歳以後の一般児童の記録に生じることはまずない。しかしこのスコアはあまり堅苦しく考えすぎてはいけない。というのは，PATH（病理スコア）が少なくても，ほかの量的・質的変数が病理性を示しうることがあるからである。6 歳以上の一般児童では，普通は少なくとも 2 個の ACT（活動）を産出し，BIZ（奇矯），FAIL（失敗）反応はない。

AUT《自動句》やGRO《粗野》，IMP《無力》，PER《困惑》，SEX《性的》，RPT《反復》などの質的反応もない。

　言葉使いや反応内容は，その子どもの年齢や学年レベルに相応しているはずである。異常サインは補償的なサインによって緩和されるし，病理的な指標がないからといって正常であるという保証は何もない。第10章で述べるように，ハンドテストは診断バッテリーの一部として最も有用なのである。

　次に私たちのハンドテスト経験より見出された診断の型について示すが，これから述べる事例によって，ハンドテスト使用者が何らかの発見的価値を見出し，経験に根ざした類型学へと研究を進めていくことを期待している。

事例A：重篤な器質性疾患

　神経学的な脆弱さは子どもの知的，情緒的，社会的機能を脅かす。このような弱さを持った子どもがハンドテストに出会うと，非常に難しい課題であるかのように見なしてしまうことが多い。つまり多くの場合，総反応数は少なく，生じる反応は短くステレオタイプである。FAIL《失敗》，DES《記述》，IMP《無力》，PER《困惑》，AUT《自動句》，RPT《反復》などが，この種のプロトコルでよく見られる。AIRT（平均初発反応時間）は並外れて早かったり遅かったりで，その子の弱点が衝動性か，あるいは遅延的反応性かのどちらの形で現れるかによって異なる。このような子どもたちは，たいていIQテストで知的な欠陥が明らかにされており，学習困難児として分類されていることが多い。ときに衝動統制に欠けるような問題行動が生じると，ハンドテスト上では高いAGG／R比と多数のMOV《運動》反応として表現される。またINT［対人］反応数が少なければ少ないほど，その子どもが肯定的で社会的な関係に加わる能力も乏しくなる。ENV［環境］反応数の減少は，教室での効率の低下に関係している。チャールスの事例では，脳の損傷がどれほど人格的な弱体化を招くかについて，ハンドテストにより明らかにされている。

表II-2　重篤な器質性疾患

カード番号	IRT	被検者の反応	スコアリング 量的	質的	
I	4″	振っている。手を開いている。(ほかに?)ない。	COM	(MOV)	
II	13″	アー，分からない。(考えてみて)分からない。	FAIL		
III	1″	指している。(Q)なぜってほかの指がくっついている。あっている?(Q)ぼくあっている?(Q)誰ということなくただ指さしている。	ACT	(PERP)	
IV	3″	何かをつかむ。(Q)えーと分からない。	ACQ	(IMP)	
V	7″	ネコか犬を撫でている。	AFF	(IM)	
VI	3″	手を閉じている。(Q)なぜかは分からない。(笑う)	DES	(IMP)	
VII	16″	ウーン，分からない。思い浮かべるの?　ただのこんな手，なぜかは分からない。	DES	(IMP)	
VIII	1″	何か小さい物をつかんでいる。ダイヤモンドのような。	ACT		
IX	2″	分からない。思いつかない。	FAIL	(IMP)	
X	6″	うーん，撫でている，子猫を。	AFF	(IM)	(RPT)

AFF=2	ACQ=1		DES=2	R=8	(IM)=2
COM=1	ACT=2		FAIL=2	AIRT=5.6	(IMP)=4
INT=3	ENV=3	MAL=0	WITH=4	H-L=15	(MOV)=1
				PATH=8	(PERP)=1
				ER=3:3:0:4	(RPT)=1
				AOR=3:0	

注　Q=検査者の質問

　チャールスは8歳の子どもで，学校では「不満足な」成績をとっていた。彼のすることはだらしなくて，ほかの子どもたちの邪魔をし，教師からはクラスの困り者と思われていた。未熟児で生まれ，目の筋肉の発育不全と脊髄の発育不良を伴っており，2歳のとき，けいれんを伴った重い偽膜性咽頭炎を起こしていた。心理学的な検査にもとづいてチャールスは小児神経科医に紹介され，そこで脳器質症候群と診断された。

　チャールスのハンドテストは表II-2に示しているが，典型的な器質性疾患者の反応である。彼はFAIL《失敗》を出したりそっけない記述をし，総反応数も少なかった。彼の質的スコアはIMP《無力》，PER《困惑》，RPT《反復》を含んでいた。たとえば，カードV（「犬や猫」）やカードX（「子猫」）で「撫でている」を繰り返した。カードIでは目的のない運動があり，早い反応時間は衝動性や行動化傾向を反映している。さらにカードIIでは反応失敗し，カードVI，VIIでは手の状態を述べるにとど

まった。これらのサインから彼は行動上のレパートリーが不足し脆弱化していることが分かるが，精神病的思考のサインはない。

事例 B：器質的強迫性

　強迫的なパターンは，器質的精神症候群の人にとってはごく普通の補償的な戦略である。強迫的な構えは，ほかの心理テストよりもハンドテストでたやすく見出すことができる。このパターンは上塗り的な行動に現れており，ハンドテスト上では子どもは多数の繰り返しやステレオタイプな反応をすることで，神経学的な弱さから生じる不適切な特徴を補償しようとするのである。強迫的構えの特徴は，多い総反応数とCOM（伝達），TEN（緊張），ACT（活動）カテゴリーにおいてとりわけきわだつ。RPT《反復》の多さに顕著に現れた。このタイプのプロフィールは総反応数が30個以上あるのが普通で，もしほかの指標があれば，25ぐらいまで下がることもあるかもしれない。

　ヨセフは11歳の少年でこのパターンを代表する。ハンドテストは34個の総反応数中，5個のRPT《反復》，15個のACT《活動》反応がみられた（表Ⅱ-3参照）。ヨセフは行動上のハンディキャップが大きい子どものための学校に籍を置いており，学習面や生活面の問題を呈したために，心理テストを受けることになった。顕示（注意を得ようとする）行動（EXH《顕示》＝5）と衝動性（AIRT（平均初発反応時間）＝5.9秒）が，敵対的ではないものの教室場面で彼を教えるのは難しいことを示している。この事例から分かるのは，総反応数の多さが必ずしも複雑さや深さの指標とはならないことである。逆にヨセフの生産性は，表面的で，反復的で，ステレオタイプな行動傾向を反映しているのである。

事例 C：軽度の器質性疾患

　著者の経験では，軽度の器質性疾患は前述した器質性症候群ほどはっきりはしていない。しかしここで特に取り上げたのは，学校で問題を呈する

第9章　事例研究　193

表II-3　器質的強迫性

カード番号	IRT	被検者の反応	スコアリング 量的	質的
I	1″	振っている。(Q)止めている──警官が止めているよう、交通信号で止まれ。	COM DIR	
II	3″	手を乾かしている。指を数えている、僕が算数するような。	PAS, ACT	(PERS)
III	1″	指さしている。(Q)誰かに行くことになっている場所を教えている。それか男が指でバランスをとっているのかも(Q)、ただおもしろがって。	DIR, ACT	(TEN, IM) (MASC)
IV	3″	何かをつかみに行こうとしているのかもしれない。(Q)バイクのハンドルのような、それか道具、ハンマーかドライバーかフォークナイフのようなもの。友達と仲直りをしに行こうとしているのかもしれない。(Q)オーイと手を振っているのかもしれない。すくっている、(Q)泥を。顔を洗っている。──水で。	ACT AFF COM ACQ ACT	(CYL) (CYL) (RPT) (COMP)
V	9″	@動物やクモやタコのまねをしているみたい。こうしているのかもしれない。(D:テーブルの上で指をたたいている)私はいつもそうしてる。@	EXH TEN	(IM) (PERS)
VI	3″	誰かを殴っている。誰を殴りたいかは分かっているんだ！(Q)なぜって彼は汚いんだ──彼はキリギリスかカブト虫をつかまえているのかもしれない、僕がするように。ノックしているのかもしれない。(Q)友達が家にいるかどうか調べてる。@	AGG ACT	(MASC) (IM) (PERS) (AFF)
VII	5″	手を犬のようにしているのかもしれない。(D)互いの両手を打ち合わせる。(Q)なぜって何かいいことをしたから。バスケットボールで1点とったような。犬のようなのを撫ぜている。芸をしたような。	EXH EXH AFF	(IM) (COM) (IM)
VIII	2″	指を鳴らしている、歌いながら(D)手話。Oという字の。何かを持ち上げているのかもしれない。5000ポンドの重さのようなのをみせびらかしている。男が何かを指で包んでいるかもしれない。	EXH COM EXH ACT	(CYL) (MASC)
IX	3″	また数えている。これはすごく違うように見える。(E)ほかの手話。何かを押しているのかもしれない。──支えているような、何かにもたれている、いつも私がするような。振っている。	ACT COM PAS COM	(RPT) (RPT) (RPT)(PERS)
X	29″	何をしているのかな、私の宿題をしている。男が先生のために絵を描いたり色を塗ったりしている。前に言ったのと同じ答えをすることができないぞ、本を読もうと持ち上げているのかもしれない。テレビのチャンネルを変えているのかもしれない。ちょうど今たわごとをいっぱい考えていた。縫いものをしたり、フィンガー・ペインティングしたり。ドアベルを鳴らしたり(前からそれを言いたかったというように)そう、それだ！	ACT ACT ACT ACT ACT ACT ACT	(PERS) (MASC)(RPT)

AFF=2	ACQ=1	TEN=1		R=34	COMP=1
COM=5	ACT=15			AIRT=5.9	CYL=3
EXH=5	PAS=2			H-L=28	IM=5
DIR=2				PATH=1	MASC=4
AGG=1				ER=15:18:1:0	RPT=5
INT=15	ENV=18	MAL=1	WITH=0	AOR=7:3	PERS=5

注　Q＝検査者の質問；　@＝被検者のカード回転；　D＝被検者のジェスチャー；
　　E＝被検者が自分の手でカードの手をまねて説明する

子どもには，気づかれにくい器質的な損傷が存在することが多いからである。重い器質的脆弱性のある子どもによく見られるサインがあるにはあるが，軽度の器質性疾患についてのサインは微かなものであったり，稀にしかみられなかったりする。たとえば，総反応数は正常範囲内で，反応も質的に複雑だが，気をつけてみると，思わず口をついて繰り返しの言葉が出ていたり，AGG（攻撃）反応が多めであるといった程度である。

　メアリーの事例はこのタイプを示している。メアリーは14歳の少女で，学校当局には不可解な人物と思われていた。スクール・サイコロジストにテストされたとき，彼女は全IQ＝111であったが，平均以上のIQにもかかわらず，学校ではうまくいっていなかった。担任は彼女のことを「孤立している」と記し，ほかの生徒は彼女を仲間はずれにしていた。というのは，彼女は親しげに近づいてくるかと思うと，今度はがらりと態度が変わって，敵対心をむき出しにするからである。スクール・サイコロジストが述べた彼女は，「不幸で神経質な少女で，白昼夢にふけりがちで，考古学者になりたがっている」であった。メアリーは母親や祖父母と同居しているが，今は亡き父を普通以上に慕っていた。彼女は以前，児童相談クリニックで診てもらっており，彼女の情緒的問題は母親がメアリーに充分な愛情と注意を払ってやらなかったせいだとされていた。メアリーの母親は家族を支えるために働き，娘のために精一杯してやっていると思っていたので，自分ばかりが責められることは不本意なことであった。

　メアリーの受療歴を調べてみると，子どもの頃，約10か月間具合の悪かったことがあり，一時的な麻痺があった。そのとき，医師は彼女が小児麻痺にかかっていると思った。彼女の顔の表情は仮面様で姿勢は硬く，足取りはぎこちなかった。心理テストによると神経学的な問題が疑われ，神経学的なコンサルテーションによってその診断は確かなものとなった。さらに神経科医が報告しているのは，メアリーの初期の小児マヒは実際は脳炎だったのではないかということである。

　メアリーのハンドテスト結果は表Ⅱ-4に掲げたが，器質性疾患の次のような指標を示している。

表 II-4　軽度の器質性疾患

カード番号	IRT	被検者の反応	スコアリング 量的	質的
I	5″	誰かを止めてる(ほかに?)誰かを押す。誰かをたたく。	DIR AGG, AGG	
II	4″	何かをつかんでいる。(Q)いそいで本をつかむ、犬かネコを呼んでいる。それだけ。	ACT AFF	(IM) (SEN)
III	3″	何かを指している。(Q)家とか車。本の頁を指でなぞっている。	COM ACT	
IV	12″	犬の頭を撫でているのかな。誰かをたたいている。	AFF AGG	(IM) (SEN) (RPT) (RPT)
V	18″	何かの上に手を休めている。何かを撫でている。	PAS ACT	(SEN) (RPT)
VI	12″	誰かをたたこうとしている。机の上をたたいている。手綱をとっている。	AGG DIR, ACT	(TEN)
VII	30″	犬の頭を軽くたたいている。動物を撫でている。	AFF AFF	(IM) (SEN) (RPT) (IM) (SEN) (RPT)
VIII	4″	指を鳴らしている。(Q)何か忘れた。手綱を取っている。	TEN ACT	(RPT)
IX	36″	誰かに止まれと言おうとしている。誰かをたたく。	COM AGG	(DIR)
X	19″	引き金をひいている。(Q)拳銃の。	AGG	(GRO)

AFF=4	ACT=5	TEN=1		R=21　　　　GRO=1
COM=2	PAS=1			AIRT=14.3　IM=4
DIR=2				H-L=33　　　RPT=6
AGG=6				PATH=1　　 SEN=5
INT=14	ENV=6	MAL=1	WITH=0	ER=14:6:1:0 AOR=6:8

注　Q=検査者の質問

(1)　6個のAGG《攻撃》反応があり，女子としては珍しい。これらのAGG《攻撃》反応は，おそらく脳炎の影響で情緒統制力が弱まっている結果である。彼女の情緒が不安定なために級友との距離が生じているが，これは4個のAFF《親愛》と6個のAGG《攻撃》反応に反映されている。着目すべきことには，AGG《攻撃》反応のひとつはGRO《粗野》反応であることである。これは稀にしかみられないことで，PATH（病理スコア）はわずか1であるにもかかわらず，病理性が示唆されている。

(2)　2組みのRPT《反復》があった。その内容は，馬への興味に関係しており，一つは動物を撫でたり軽くたたいたりするもので，もう一つは「手綱を握る」である。

(3)　多くの未熟なAFF《親愛》反応があり，これは単に繰り返しだけでなく，彼女の神経学的な状態に関連した発達的に未分化な情緒が強いことを示唆している。

　典型的な神経学的指標——少ない総反応数やFAIL《失敗》とDES《記述》反応の存在——を備えてはいないが，微細な指標があり，熟達した臨床家なら器質性疾患を疑うのに充分である。

事例D：不適応傾向

　「不適応傾向」という用語は，大人について一般的に使われる「神経症的」に代わる用語として，しばしば学齢期の子どもの特徴を描写するために用いられ，行動症候学上，一概にまとめきれない状態を指すものである。ハンドテストにおいて不適応傾向を示す子どもは，もし治療しないままであれば神経症的な大人になりがちで，たとえば転換反応のようによく知られた神経症症状を呈することもある。なかには人格障害になる者もあり，また精神病になる者もあるかもしれない。

　子どもの不適応傾向には，大人の神経症に生じたハンドテストのサインと同じ特徴が見られる。少ないACT《活動》反応数，多いMAL［不適応］反応数，高いPATH（病理スコア），高いH-L（初発反応時間差），AMB《両価性》，ORA《口唇》，CYL《筒状》のような神経症的な質的スコアが出現する。ときにはFAIL《失敗》とDES《記述》反応が生じ，これは知的な困難さによるよりも，むしろカードショックの結果として生じる。年少者が周囲にうまく対応できなくなり，不安による悩みや劣等感や恐怖症的な関心を示すようになると，彼をとりまく環境は緊張をはらんだものとなりがちである。

　そうなると，家庭や学校での対人関係は外傷的で不快なものとなりやすく，高いMAL［不適応］スコアとして現れる。不適応のタイプやその理由は，反復されるテーマのなかに現れることが多い。たとえば仲間はずれにされているある子どもが2個のCRIP《不自由》反応を産出し，「いや

表II-5　不適応傾向

カード番号	IRT	被検者の反応	スコアリング 量的	スコアリング 質的
I	6″	止まれと言っている。(何かほかにある?)ありません。	DIR	
II	19″	男の人が何かで手を切った。痛がっている。	CRIP	(TEN)(MASC)
III	2″	方向を指示している。(Q)命令のような。	DIR	
IV	12″	何かをつかもうとしている。(Q)何か。(Q)手を伸ばそうとしている。	ACQ	
V	16″	生気がない。生きている感じがしない。	CRIP	
VI	5″	男がこぶしを握っている。怒りをコントロールしようとしている(負けまいと努めている)。	TEN	(MASC)(MASC)
VII	4″	他の人と握手しようとしている。	AFF	
VIII	6″	ちょうど男が指鳴らしをしたところ。(Q)いらいらしている。	TEN	(MASC)
IX	54″	分からない。……@何かおもしろそうな,……(V)この男も止まれと言っているよう,でも分からない。	DIR	(AMB)(RPT)(MASC)
X	10″	ひっかいている。(Q)僕の頭を,(Q)考えていて…問題が起きて。	TEN	(PERS)

AFF=1	ACQ=1	TEN=3		R=0	RPT=1
DIR=3		CRIP=2		AIRT=13.4	MASC=5
INT=4	ENV=1	MAL=5	WITH=0	H-L=52	AMB=1
				PATH=5	PERS=1
				ER=4:1:5:0	
				AOR=1:3	

注　Q=検査者の質問；　@=被検者のカード回転；　V=被検者がカードをひっくり返す

な手で，誰も握手したがらない」と反応した場合，反応はRPT《反復》とスコアされるべきであるが，さらに大切なことは，器質性による力がないための固執なのか，神経症的なとらわれによるのかを区別することである。次に述べるハンドテストの事例研究は，重度の不適応傾向を示すものである。

　ジョージは13歳の少年で，表向きは職業指導のために紹介されてきた。彼は僧職に関心があったが，両親はジョージがその職業に向いているのかどうか迷っていると話した。しかしながら，テスト後の話し合いで，ジョージのいくつかの問題点が明らかにされると彼の母親は心理学的評価を受けに来た個人的な理由について述べた。ジョージは学校で問題があった。彼は先生には気に入られていたが，同級生の間では仲間はずれにされていた。ジョージは学校になじめないと感じ，自分は「変」だから助けが

ほしいと両親に手紙を書いて訴えた。ハンドテスト（表Ⅱ-5）は，ジョージの問題のいくつかを明らかにしている。

プロトコルは，短いが不適応傾向を示している。彼の 5 個の MAL ［不適応］反応は総反応数の半分にも達しており，彼の力は消耗され，環境への達成能力はほとんどみられなくなっている（ACT（活動）= 0）。対人関係は保たれてはいる（INT ［対人］= 4）が，何とか細々と適応している状態である。総反応数がわずか 10 個であることから，ジョージの補償的な資質は乏しいことが分かる。

カードⅨは性的な連想を促しやすいのであるが，そこでジョージにはカードショックが生じた。彼は反応するのに 54 秒かかり，そのため H-L（初発反応時間差）は 52 秒であった。それから彼はカードを回転させ，どうにかカードⅠへの最初の反応「止まれと言っている」に戻ることができた。カードⅩへの反応も興味深いもので，彼自身が問題を抱えていることにずいぶんこだわっていることが明らかになった。ジョージは青年期の不安障害と診断され，長期心理療法を紹介された。

事例 E：精神病反応

神経症的サインを示す子どもたちが，結局，悪化して現実との接触を失ってしまうこともあるが，精神病反応のプロフィールは精神病のサインを既に示している子どもにみられる。この子どもたちは世界で起きている実際のできごとと内的な体験の区別がつかない——保護的な環境においてさえ，彼らの反応は，奇妙でうまく機能しないものである。このプロフィールの型を示す子どもには，妄想や幻覚がよく生じる。

BIZ（奇矯）反応は，子どもの精神病反応の第一の指標である。そのため検査者は，この反応をスコアするときは非常に慎重でなければならない。たとえば「水牛」という反応は，もし手が水牛と知覚されたなら BIZ（奇矯）反応である。しかし，もし手が水牛のふりをしているとか，水牛の人形のように見られるなら，反応の特徴は違っていて BIZ（奇矯）とスコアされるべきでない。普通，子どものテストが BIZ（奇矯）反応

表Ⅱ-6　精神病反応

カード番号	IRT	被検者の反応	スコアリング 量的	質的
Ⅰ	6″	(E)ちょうど柔道をしている。(D)〈ほかに？〉ない。	AGG	
Ⅱ	13″	ウーン，蝶のまねをしている。(Q)ない	DES	(BIZ)(EXH)
Ⅲ	3″	ちょっと拳銃のような，(Q)ポケットのなかのトリック(手で拳銃のまねをする)。(Q)誰かを撃つ。	AGG	(HID)(AUT)(EXH)
Ⅳ	10″	蝶をつかまえている。(Q)殺す。	AGG	(IM)
Ⅴ	35″	ウーン，分からない。(何か思い浮かぶ？)分からない，ジェット機かもしれない。すべり落ちている。(D)	BIZ	
Ⅵ	10″	闘っているような握りこぶし。(D)	AGG	
Ⅶ	3″	ちょっと柔道のよう。(D)	AGG	(RPT)(AUT)
Ⅷ	18″	ちょっとすべっているリスのよう(D)	BIZ	(AUT)
Ⅸ	16″	ちょっとロケットが離陸しているよう。	BIZ	(RPT)(AUT)
Ⅹ	8″	(手を見て)映画かもしれない。映画を見せ始めているのかもしれない。	BIZ	

```
AGG=5                          DES=1         R=10          HID=1
                               BIZ=4         AIRT=12.2     IM=1
INT=5      ENV=0     MAL=0     WITH=5        H-L=32        RPT=2
                                             PATH=10       AUT=4
                                             ER=5:0:0:5
                                             AOR=0:5
```

注　E＝被検者が自分の手でカードの手をまねて説明する
　　D＝被検者のジェスチャー
　　Q＝検査者の質問

とスコアされるのは，プロトコルに精神病理的なほかのサインが充分あってこそ，異常反応の印象が確実なものになるのである。子どもがうまく関係を持てなかったり，子どもの意図が誤解されているときには，BIZ《奇矯》反応をスコアしないように検査者はいつも気をつけておかなければならない。

ときには，BIZ《奇矯》反応がなくても，やはり精神病的であるという結果を示す場合もあり，そのときははっきりした病的なMAL〔不適応〕反応（たとえば「蒸気ローラで圧し砕かれ，手が血で濡れている」）や，普通はないような内容，特にGRO《粗野》やSEX《性的》反応などを多く示す。この種の精神病的なプロトコルは，小さな子どもよりも青年期により多く出現する。エドワードはこの精神病反応の典型である。

エドワードは12歳の少年で，小児分裂病と診断されていた。彼はハンドテスト・プロトコルに顕著な症候を示し，それは妄想や幻覚や「言葉のサラダ」や連合のずれなどを含むものであった（表II-6参照）。彼は精神病の確かなサインである4個のBIZ《奇矯》反応を出している。さらに，AGG《攻撃》反応への異常な偏りは，社会的に受容される行動についての認識欠如と，危険な行動傾向が潜在的にあることを反映している。多くの小児分裂病でそうであるように，彼は神経学的なサインもいくつか示し，二つのRPT《反復》やAUT《自動句》（「ちょっと……のよう」），また自分の手を使って答えてみせようとしたがることなどがあった。彼は典型的な妄想への分裂病的飛躍を示し，その空想のなかで自分の手をジェット機や，すべっているリスや，映画の場面にすっかり変えてしまった。これらの反応は，ハンドテストのカードを正誤答のある難しい課題と見なす脳損傷の子どもたちの反応とは異なるものであり，エドワードの反応は，分裂病者がカードを個人的な空想のための触媒として用いることを示すものであった。

事例F：反社会的行動

行為障害と診断された子どもたちのなかにはさまざまな子どもが入り混じっている。彼らは少々関係のありそうな兆候や症状を持っている。この子どもたちは異なった背景と紹介理由を持つことが多いが，共通するのはある種の反社会的行動をしたことである。これから述べるサインは，顕在化した反社会的行為としばしば関連している。それらは共に生じることが多く，一つの反応だけが反社会的行動の必要充分な指標ではないので，ここでまとめて挙げておく。

（1）　多数のAGG《攻撃》反応，特にGRO《粗野》を伴っている。
（2）　少数のACT《活動》反応
（3）　低いAIRT（平均初発反応時間）
（4）　FAIL《失敗》反応があるか，あるいは少ない総反応数（R）

表II-7 反社会的行動

カード番号	IRT	被検者の反応	スコアリング 量的	質的
I	9″	ウーン，誰かに止まれと言っている。（ほかに？）何かを提案している。	DIR COM	(DIR)
II	13″	何かに手を伸ばしているように見える。(Q) あなたがたずねることは分かっていた（笑う）。自分の手より何か大きいもの，──バスケットボールのような。	ACQ	
III	11″	右手で方向を指している。	COM	
IV	3″	誰かをたたこうとしている。	AGG	
V	5″	この手は眠っている，休憩してて。	PAS	
VI	5″	握りこぶし，闘おうとしかかっている。	AGG	
VII	7″	誰かの背中をたたいている──してほしいことをさせようとしているような。	DIR	(AFF)
VIII	6″	指を鳴らしている。(Q) 音楽。	EXH	
IX	22″	言えない。（何か思い浮かびませんか？）はい，何も浮かびません。	FAIL	
X	3″	誰かに消え失せろと言っている手。	DIR	(AGG)

COM=2	PAS=1		FAIL=1	R=10
EXH=1	ACQ=1			AIRT=6.9
DIR=3				H-L=19
AGG=2				PATH=2
INT=8	ENV=2	MAL=0	WITH=1	ER=8:2:0:1
				AOR=2:5

注　Q＝検査者の質問

（5）　DIR（指示）＋AGG（攻撃）に傾いたバランスの悪いAOR（行動化比率）

（6）　とりわけ反社会的意味を含んでいるEXH（顕示）反応

（7）　他者を劣っている人としてか，嘲笑の対象として扱うような内容や表象，たとえば「まぬけなやつに出ていけと言っている」。

（8）　男性なら男らしさへの関心を示した反応（たとえば「筋肉をみせびらかしている」）。あるいは性愛的な劣等性の指標，たとえばカードIXでの反応困難や問題反応。

　イワンの事例では，行動化する若者に生じる反社会的サインの組み合わせが示されている。イワンは16歳の少年で，全く自己中心的で自己顕示的であった。彼は両親や教師や少年補導係をうまくごまかしていたが，ついに彼らは彼の反社会的な逸脱にもはやがまんならなくなった。学校では

いつも無断欠席や車の窃盗や無責任な行動をする困り者であった。学業成績はふるわなかった。

　反社会的人格の人は罪悪感がないので，MAL［不適応］反応はほとんどあるいは全く産出しない。最も反社会的な人は，攻撃的でAOR（行動化比率）はDIR（指示）とAGG（攻撃）反応に傾いてバランスが悪くなりがちである。総反応数は普通は少なく，反応は短く表面的で気まぐれ，攻撃的なゼスチュア，たとえば「誰かに消え失せろと言っている」などが表出された。衝動性のために反社会的な反応をする人は，行動化する領域に触れるようなカードに失敗することがときにある。彼らは，依存性が充分に満たされていないことと，男性性の確立にまつわる問題を抱えている。

　表II-7のイワンの記録には，反社会的人格障害に通常みられるほとんどすべてのサインが含まれている。カードⅦへの「誰かの背中をたたいている……してほしいことをさせようとしているような」という彼の反応は，人をだましたり操作しようとする傾向をありありと投影している。また，カードⅨにはFAIL《失敗》反応を出した。この反応はおそらく彼の行動化と男性性の問題に結びついている。ACT《活動》反応の欠如は，環境からの要請に関してうまく交渉していく能力の不足や，学校の成績がよくないことなどの弱点を反映している。

　ほとんどの人格障害は表からは見えにくいものである。ハンドテストが人格の表層と密着した行動的な傾向を査定するので，とりわけ人格障害の全体像を浮かび上がらせるのに役に立つ。けれど多くの場合，反応の内容と質が特に重要になる。なぜなら，量的な診断サイン，たとえばPATH（病理スコア）や体験比率（ER）は正常範囲内にとどまっているからである。

事例G：自殺企図の青年

　これまでの事例研究で述べた症候は，専門家の所にやってくる子どもに多く見られるものである。たとえ一人の子どもが二つ以上の診断タイプ

表Ⅱ-8 自殺企図の青年

カード番号	IRT	被検者の反応	スコアリング 量的	質的
Ⅰ	5″	あの──警察官のよう──手を上げて──止まれ。（ほかには？）ありません。	DIR	
Ⅱ	13″	誰かが何かで手を上げている。（Q）小さな子どもが教室で手を上げているのだけれどすごく力が入っている。指が離れている。（Q）緊張のせいで。	TEN	(DEP) (IM)
Ⅲ	3″	人が何かを指さしている。方向を示している，それとも合図で「もう1階上」。	COM COM	(INA)
Ⅳ	4″	誰かがたたいているように見える。小さな子を平手打ちしてる。泳いでいるのかもしれない，このように手でかいている。	AGG ACT	(IM)
Ⅴ	5″	小さな子が手を伸ばしているよう──テーブルの上に。どこを触っているかは分からない。	ACQ	(IM)
Ⅵ	5″	握りこぶし，誰かに一発いこうとしている。それか何か言いつけるときにテーブルをこぶしでどんどん打っている。	AGG DIR	(AGG)
Ⅶ	13″	あの──握手をしようと手を伸ばしているのかもしれない。	AFF	
Ⅷ	11″	テーブルの上の小さな物をつまみ上げている。	ACT	
Ⅸ	27″	何かわからない。あれかな？（E:自分の手でまねてみる）（Q:何か思い浮かびますか？）分からない。	FAIL	
Ⅹ	25″	（笑う）何も考えられない。違ったこと言うの？握っている。（Q）バトンのようなもの，妹がやっとできるようになった。それまで妹はおかしなことをしていたようだけど。	ACT	(EXH) (CYL) (IM)

AFF=1	ACQ=1	TEN=1	FAIL=1	R=12	CYL=1
COM=2	ACT=3			AIRT=9.3	IM=4
DIR=2				H-L=24	INA=1
AGG=2				PATH=3	
INT=7	ENV=4	MAL=1	WITH=1	ER=7:4:1:1	
				AOR=3:4	

注 Q＝検査者の質問

の特徴を示したとしても，その人の知的情緒的状況について何かを理解し，診断的な仮説を立てることは可能である。臨床家はまた，子どものプロトコルの独自性について，その子どもの出している問題と環境的な事情との文脈のなかで把握しなければならない。診断のためのガイドラインは臨床的な英知や能力にとって代わることはできない。臨床的な英知や能力があってこそ，個人の人格の独自な特徴を理解することができるのである。この点についてはキャシーの事例で述べることにしよう。キャシーはあるタイプの不適応傾向と似ていたが，興味深いことに，ハンドテストの

施行によって，彼女のパーソナリティや自殺企図を引き起こした生活史上の外傷体験について洞察を深めることができた。

　児童期，青年期の自殺企図を予想するような決め手になるプロフィールはなく，キャシーの事例で述べるように，自殺の可能性に関しては多様な型がある。キャシーは18歳の高校3年生で，ハンサムで人気のあるボーイフレンドに夢中になっていて，彼から性的な関係を求められた。彼の求めに応じた後まもなく，彼女はふられてしまい，つれない言葉を投げつけられた。それで落ち込んでしまったキャシーはスクール・サイコロジストに救いを求め，テストとカウンセリングを受けた。サイコロジストはもう一度予約を入れたが，次の日，キャシーは高い橋から飛び下りて自殺を企てた。

　キャシーのプロトコルは表II-8に掲げたが，最後の2カードの反応で二つの大きなショックを示した。カードIXでの途絶は，性的体験に対する統制欠如とおそらく乖離を示している。カードXへの反応におけるショックは，劣等感と不器用さを示唆している。彼女のコメントは「やっとできるようになった。それまで妹はおかしなことをしていたようだけど」である。

　カードXの反応「バトンをぐるぐる回す」という顕示性が少し見られたのに加えて，キャシーのAOR（行動化比率）は敵対心の方に傾き，4個のIM《未熟》反応を産出した。彼女のプロトコルに漂うのはヒステリー性であり，彼女の自殺企図も，衝動的で荒れ狂ったものであり，性的な葛藤に悩む神経質な若い女性がプライドを傷つけられた直後に皆の注意を引きつけようとして起こす反応でもあった。

　キャシーの反応パターンは不適応傾向の人にありがちなものでPATH（病理スコア）は3，H-L（初発反応時間差）は24秒，カードIXでのカードショック，カードXへのCYL《筒状》反応などが出現した。プロトコル自身が明白な特徴を備えているが，病歴内容とつなげて用いれば，スクール・サイコロジストがキャシーのパーソナリティを理解し，問題行動を治療するコースを計画するのに役立つであろう。

要約すると，ハンドテストは心理力動的テーマを理解する目標のために用いられるとき最も有益である。そしてテストバッテリーに組み込まれたとき，ハンドテストの正確な解釈はより明瞭となり，その貢献はよりはっきりしてくる。

第10章　テストバッテリーにおける
　　　　　ハンドテストの実際

　ハンドテストは基本的な人格特徴や行動傾向を測定するためのスクリーニングの道具として用いることができる。診断のためのほかのテストと同様に，最も役立てることのできるのは，テストバッテリーの一つとしてハンドテストを用いるときである。本章では事例を提示し，ハンドテストをバッテリーに統合するためのガイドラインについて詳しく説明する。

アリス：病歴，面接時の行動，臨床的査定

　アリスは心理学的，器質的の両要因が障害の重要な側面であるため，診断をつけることがひどく難しい事例であった。彼女を査定するために用いられた投影法が彼女の謎の部分を明らかにしたのだが，それらを全体として考察したとき筋道の通った診断像を導くことができた。
　初めてアリスがテストを受けたとき，ちょうど14歳で中学2年になったところであった。彼女は心理臨床家にカウンセリングを受けていたが，そのカウンセラーは，アリスの断固としたファサードが，深いところでの心理的な傷つきやすさを隠しているためではないかと疑い，テストを受けるように依頼した。
　アリスはつらい生活を送ってきていることが記されていた。彼女は生まれたときから先天的な脊髄の湾曲があり，何度も転居を繰り返してきた。12歳のとき，母親の男友達に性的関係を強要された。アリスの実父が彼女の保護者であったが，彼は海外駐在していた。それでアリスは，継母と祖父母と発達遅滞の弟と一緒に暮らしていた。
　アリスのカウンセラーは彼女のことを，予測のつかない人，つまり，あるときには優しく無邪気であるかと思うと，次の瞬間には乱暴で下品であ

ると述べている。アリスは酒を飲み，煙草を吸い，マリファナを用い，ほかの女の子にけんかをしかけたり，継母や祖母からお金を盗んだのではないかと疑いをかけられたりしていた。彼女は知的には能力があったが，小学校の頃から学校を社交の場と見なしており，ただ学校へ行って男友達と会うことだけを求めていた。

アリスは背が低く太ってた。彼女は清潔なこざっぱりとした身なりで──青いジーンズと水色のシャツと一連の装身具をつけて──テストに現れた。彼女ははっきりと話をしたが，調子は荒っぽかった。くつろいでくると，なれなれしく自分について話した。彼女の様子はカウンセラーの報告とぴったり合っていた。彼女はときによって著しい相違を示した。つまり，あるときには未熟で子どもっぽく，あるときには世事に明るかった。特に，性とアルコールについて話すときにはそうだった。

アリスは祖父母といっしょにいたいと話し（「彼らは立派だから」），自分の主な問題は，非常に厳しい継母がアリス宛ての手紙を読んだり煙草を吸うと罰することであると述べた。アリスの父に対する態度は，両価的であった。つまり彼女は，最初に父のことを「いい人」だと言っておきながら，後には彼を殺したいとまで述べた。彼女は実母といっしょに住んでいるとき，母の男友達がビールと煙草を彼女に与え，「触り」に来たが，それ以上の性的接触は拒否したのだという。

アリスは波乱に富んだ生活ぶりを語った。昨年のテストは全部不可をとったことを報告し，それは彼女が乱暴な友達グループに関心を奪われていたせいだと認めた。彼女はマリファナや麻薬類に手を出していた。アリスは，テストセッション中はリラックスしており，テストにもスムーズに答えることができた。そこで数種の投影法が実施された。ロールシャッハ，ベンダー・ゲシュタルト，HTP，文章完成法（Rotter & Rafferty, 1950），そしてハンドテストである。投影法において，アリスは注意欠陥障害と，社会化された非攻撃的な行為障害の典型的なパターンを示した。彼女は微細な脳の機能不全があるようで，この障害の典型的なサインをすべて示した。すなわち，不安定な情動，気分の爆発，規律に従わないこと，親から拒否されているという感情，荒っぽい外観，不公平に扱われて

いるという不満，衝動性，喫煙や飲酒や物質乱用についてのあまりにも早過ぎる体験などである。彼女の適応は，ひどく無理や困難の多い養育によって損なわれていたようであるが，彼女の器質的な問題こそ，彼女にとっては最もやっかいなことであった。つまり彼女には基本的に軽度の脳の損傷があったのである。

アリスは学校の勉強ではうまくいっていないにもかかわらず，平均以上の知能指数を示していた。言語的推論において，聡明さの片鱗がうかがわれた。彼女の知能測定検査は，学校での成績不良の原因となっているのは彼女のほんのわずかな弱点領域であることを明らかにするうえで役立っている。

アリスは青年期という移行段階にいるので，行動が不安定だとしても不思議はない。また彼女の家族事情のために平均的な青年期の人達より，彼女の問題はより複雑なものになっている。彼女は内的な空虚感と闘っており，この空白を埋めるために空想と欲求充足へと向かっている。アリスは実母が愛してくれているとまだ希望を持っているし，母親が彼女に接触してこない理由について思いをめぐらしている。彼女は継母のことも今の家のことも嫌っており，彼女が満足していないことをおおっぴらに表現するのに良心の呵責を感じていない。彼女の神経学的な機能不全が，攻撃性に対する防衛を弱めていたのである。しかし，彼女は今のところわずかながら保っている安全感を失うことを恐れ，権威者に抵抗するという青年期特有のやり方で反逆し，一方，一人になると継母と実父を「殴り倒す」と空想をしているのである。

アリスは空想と現実は違うものだということは分かっているが，多くの時間を空想することで費やし，それが彼女の唯一の逃避でもあった。彼女は自分の攻撃的願望を口に出して人びとを困らせており，個人的な空想にふけっており，「毎夜寝るときにするお願い」が奇跡的に本当になることを信じていた。彼女の問題解決のやり方は不適切なので，魔術的思考に向いてしまう。つまり彼女だけが持っている不思議な力で，他者の行動を支配することを夢見て楽しんでいるのである。彼女の支配欲求は現実の社会のなかでも顕在化しており，自分の目的を遂げるためには不正な方法を用

いてもいっこうに良心の呵責を感じないでいた。

　アリスは，小さいころは理想的で愛にも恵まれていたのに，そのころのなごやかな状態が崩れてしまったのだと感じている。彼女は両親の離婚について罪悪感を感じており，もし自分が両親をもう一度仲良くさせたら，再び縒りを戻すかもしれないという空想を抱いている。

　彼女は他人は完全であるはずがないと分かっているが，他人をよく見てその気持ちを受け入れるという成熟さは持ち合わせていない。その代わりにドラッグやアルコールを用いることで逃避する。彼女の依存欲求はほとんど満たされないので，幻滅感や失望感を突如として体験することになる。彼女は欲求不満がいっぱいの不幸な子どもであり，たいした仕事もできないのに自活するようにと置き去りにされたのである。彼女は主に微細脳損傷によるハンディキャップを負っていて，そのことが行動統制力を弱め，また情動を調整したり知的訓練を育む能力を弱めたりしているのである。

　アリスの複雑な人格構造はより良い統合へと向う必要がある。それは最終的には心理療法に支えられた成熟過程とおそらく服薬によって成し遂げられるだろう。それにしても心理療法を受ければ効果が上がるだけの力を彼女は備えているのである。しかし彼女は目下の所，自我が生き残るために空想のなかに逃げ込んでいるので，心理療法での彼女の努力が非常に効果を上げているかどうかを述べるのは難しい。彼女は直面する苦痛を避けるために空想にふける。このことは文章完成法（Incomplete Sentences Blank）で「私はひそかに女優だったらなあと思っている」と書いていることで明らかである。彼女のDSM-III-R診断は以下の通りである。

　　　Axis I 　314.00──多動を伴わない注意欠陥障害，312.21──社会
　　　　　　　化された非攻撃的な行為障害
　　　Axis II　 診断なし
　　　Axis III　脊柱側湾（症）
　　　Axis IV　心理社会的なストレッサー（たとえば，平穏な家庭環境の
　　　　　　　欠如，両親の離婚，性的虐待の可能性）：5（きつい）から
　　　　　　　6（極度にきつい）

Axis V　これまでの最も高い適応的機能段階：5（やや不良）から4（不良）

検査結果についてのコメント

　診断のためのテストバッテリーによって，アリスの精神科的障害についての次のような洞察が得られる。すなわち彼女の障害には神経学的な基盤があることが現れており，頑固で，どうしようもなく気ままなファサードになっていることが分かる。彼女のハンドテスト・プロトコルは，アクティング・アウトをする青年の結果とよく似ている（表II-9参照）。ACT（活動）反応の数・総反応数RとAIRTはすべて低く，AOR（行動比率）はバランスが悪い。AGG（攻撃）反応が多くて，ACT（活動）反応が少ない組み合わせは，とりわけアクティング・アウト行動と関連を持ちやすい（Haramis & Wagner, 1980）。GRO《粗野》反応を伴った4個のAGG（攻撃）があるのは，普通ではめったにないことであり，特に14歳の少女ならなおさらのことである。そのため，もしこのようなことがあると，情緒統制メカニズムを妨げる脳器質性疾患と関係があると考えられやすい。

　ハンドテストにはアリスの外顕的行動が反映されているようである。EXH《顕示》反応は彼女の派手な服装や，人からの注目を求める行動と矛盾しないものである。もし選別法として用いるなら，ハンドテストで目に見える行動傾向が確認されるし，さらに重要なのは，基底にある器質的な病理の疑いを引き出していることである。彼女のハンドテスト反応には思いもかけないこじつけが見受けられるものの，表II-10のロールシャッハ・プロトコルで明らかになった複雑さや荒れ狂ったような情動はほとんど出現していない。

　アリスのロールシャッハの総反応数は多くはないけれど，「複数決定因」スコアや括弧のついたスコアが多く出現し，彼女の複雑な内的世界を証明している。興味深いことに，彼女は発達した人格にとって必要な要素である人間運動反応・動物運動反応・形態・色彩などすべてを表出している。

表II-9　アリスのハンドテスト

カード番号	IRT	被検者の反応	スコアリング 量的	質的
I	2″	「止まれ」と言っているのかもしれない。(Q)警察官が交差点で(何かほかには?)誰かを殴りに行こうとしているのかも。	DIR AGG	
II	2″	誰かにつかみかかっている。(Q)言い争っているとき	AGG	(GRO)
III	2″	誰かを指している。(Q)女の人が誰かにお説教している。	DIR	(FEM)
IV	1″	こんな握手をしようとしているところ(「やったあ」と両手を互いに打ち合う格好をする)。	EXH	(AFF)
V	7″	誰かを侮辱しているよう。病気の人がいて、その人たちをからかっている。	AGG	(COM)
VI	1″	誰かを殴り倒そうとしている。握りこぶしでやっつける。	AGG	
VII	8″	誰かをとんとんとたたいているよう。咳をして背中をとんとんたたいているかもしれない。	ACT	(AFF?)
VIII	1″	音楽のリズムをとって指を鳴らしている。	EXH	(MASC)
IX	8″	ただ置いている、ベッドのような何かの上からだらんとぶら下げている。	PAS	
X	5″	さようならと手を振っている。	COM	

AFF=0	ACQ=0	TEN=0	DES=0	R=11	GRO=1
DEP=0	ACT=1	CRIP=0	FAIL=0	AIRT=3.7	FEM=1
COM=1	PAS=1	FEAR=0	BIZ=0	H-L=7	MASC=1
EXH=2				PATH=0	
DIR=2				ER=9:2:0:0	
AGG=4				AOR=1:6	
INT=9	ENV=2	MAL=0	WITH=0		

注　Q=検査者の質問

　このように彼女の反社会的行動は，単に反社会的人格障害としての脆さを反映しているのではないのである。
　アリスの運動反応のいくつかは，彼女が未熟で不適応的であることを明らかにしている。彼女の情緒統制についての問題は，色彩反応の質と量ではっきりと示されている。彼女の情緒は，形態のない「しみ」(stain)反応に反映されるように爆発的なものである。またとりわけ彼女と同世代の若い人物については，病的なほどの不快感を示した（灰色と黒色に注意）。彼女のありありとした空想世界は面接で明らかになっているのだが，ロールシャッハにおける無生物運動反応の多さにも反映している。
　いくつかの反応固執は別にして，器質的徴侯の指標はほとんどない。しかしながらバッテリー内のほかのテストにみられる手掛かりを使うと，

表II-10　アリスのロールシャッハ

カード番号	反応時間	被検者の反応		スコアリング	
I	6″	こうもりのように見える。(Q)ここが翼でここが胴体。友達が飼ってて，かわいがったことがある。(Q)色が，こうもりは黒いから，ここが手で。(Q)何かにぶら下がっているように見え山の上にいる二匹の狼のようにも見える。口の形と黒い色。(Q)ほえている。(Q)これが山，形がそう。	W D	FMc′ {FMc′ {F±	A　P A geol
II	4″	空に浮かぶ城かもしれない。(Q)長い玄関までの通路を通って，そこに行くように見える。形や色が……黒と灰色がそのよう。(Q)長さや幅が，特に右側のここが。(Q)灰色の空かもしれない。ちょうど灰色の雲のよう。(Q)形と陰が。(Q)もう別に……(Q)ここは省いて，だけど道路に何か描かれているのかもしれない。泥がはねているようなもの。	DS	{F± {CFG {FCGᶜ {C	arch cloud arch stain
III	1″	二人の男がブーズーダンスをしているように見える。(Q)ここが顎鬚のように見える，ここが火のように見える。ここが煙が出ているのかもしれない。(Q)形と灰色の所煙が上がっている。一番上のここがギターのように見える。ここを除いて(中央の蝶ネクタイ)だったら黒人で男の人のように見える。	W	{Mc′ {F± {CmFG {F	H　P fire smoke instru
IV	6″	竜がかがんでいる。(Q)頭，翼で色が濃い。	W	(FM)c′	(A)
V	4″	ものすごく大きい蝶。(Q)羽，触覚と足。(Q)ここに線があって，二つに引き裂いている。生きているようにはみえない。	W	F	morb A　P
VI	6″	(V)竜が押しつぶされて死んでいる。(Q)形と灰色，まっすぐ半分に切られたような。	W	CFG	morb (A)
VII	8″	雲。(Q)雲がたくさんいろんなものに見える。ここは，ウサギみたい。(Q)形と灰色で，雨が降りそうなのかも。(Q)このウサギの形はお互いに向き合っているように見える。なぜってここの端がそうなってるから。	W	{FMCG {CFG	(A) cloud
VIII	2″	2頭の熊が木の上に上がっている。(Q)形が。(Q)木のことははっきり分からないけれど……そのほかは……熊は空中にいるはずがない。	W	{FM {F±	A　P tree
IX	5″	(V)ピノキオの鼻と魔女の手を持った小さな女の子。ここは鬼のように見える。(Q)女の子の髪の毛は緑色になっている。(Q)呪文を唱えている。(Q)鬼は空にいて女の子の上の方で漂っている。女の子は何かになっている――神秘的な目と糸のように細い髪の毛だから。	WS	{(M)±C {(M)	(Hd) (H)
X	10″	(V)ロボットに違いない。(Q)ここが頭。ここが口髭と顎鬚みたい。(Q)いろんな色はいろんな金属のクズのよう。ちょうど頭が，笑っている。	DS	Cm/F	(Hd)
		二匹の怪獣と花。(Q)灰色で醜い。(Q)怪獣の言葉で話してる。(Q)花の形 (Q)動物というより人に近い。	D	{(M)CG {F	(H) fl
		二匹のタコ。(Q)たくさんの足が。(Q)色，青い，何か緑の食べ物…色からして何か魚のようなものをつかまえている。魚は逃げようとしている。	D	{FM/C {FMC	A　P A food

```
W=7              M=1         A=6        R=13
WS=1            (M)=2       (A)=3       P=5
D=3            (M)±=1       H=1        AIRT=5.2
DS=2            mF=1       (H)=2       W:D=8:3
               FM=6        (Hd)=2      W:M=8:4
              (FM)=1        fl=1       FM:M=7:4
               Fc=½        food=1      ΣC:M=8:4
               Fc′=3       morb=2      ΣC:Σc=8:½
               F±=4        stain=1     FC:CF:C=3:5:1
               Fc″=1       fire=1      A%=36
               FC=½       cloud=2      F%=28
              F/C=½        geol=1      F+%=43
              FCG=2½      smoke=1
              C/F=1       instru=1
              CFG=5        arch=2
                C=1        tree=1
```

注　スコアは Piotrowski (1957) に従った。
　　Q＝検査者の質問；　V＝被検者がカードをひっくり返す。

「竜」や「雲」の反応における形態のない色彩反応や反応固執が器質的な発達障害を示唆しているという意味が理解しやすい。このことから，いかにロールシャッハとハンドテストがお互いに相補い合っているかが分かる。本事例においては，ハンドテストは器質的な弱さと身を固くして攻撃的なファサードを引き出し，ロールシャッハはこの若い女性の内的な複雑さや抑うつや情緒面での不安定さを明らかにするのに役立っている。

　文章完成法（ISB）はほかの情報源となりうるもので，アリスの文章完成法（ISB）は表Ⅱ-11に挙げた。このテストでは多くの反応において文法上のぎこちなさがあったのを別にすれば，神経学的な問題を証拠だてるものは何もない。彼女は継母が嫌いだということに特別意識してこだわり（「私は義理のお母さんを今にも殴り倒しそうです」），実母が幸せに暮らしているかどうかに関心があることを率直に表現している。ロールシャッハで明らかになった抑うつは文章完成法での言い回しにも反映している。たとえば「時どき」という文節で始まって「できることなら死んでしまえたらなあ」と完成している文章完成法（ISB）にはハンドテストと同様にアリスの行動的傾向が明かされている。すなわち強い攻撃性（「義理のお母さんと本当のお父さんを殴り倒してしまう気がする」）や，顕示性（「ひそかに女優だったらなあと思う」），そして低い活動能力（「化粧と友達以外は何も必要でない」）である。さらに彼女の現在の生活様式は，次の文章（「友達にくっつき回ったり煙草を吸っているときが一番いい」）にも現れている。

　このように，文章完成法（ISB）はハンドテストで明らかにされた行動傾向を裏づけているだけでなく，細かいところまではっきりさせることができる。しかしながらこの二つのテストの実際的な違いは，ハンドテストが神経学的障害を立証するものであり，文章完成法（ISB）は器質的障害についての指標が，テーマの固執や文法の間違いや激しい情動表出で示されただけで，ほんの少しだけしか出現しないことである。

　ベンダー・ゲシュタルトテストが診断のために主に役立つのは，器質的な問題があるのではないかという考えを確証するときである。アリスの知覚運動機能の障害に関しては，細く描いたり，消しゴムで消したり，一定

表II-11　文章実成法(ISB)中高校生用

名前：アリス　　　　　　　　　　　　性別：女　　　　　　　年　齢：14歳
学校：Washington Middle School　　　学年：中学2年　　　　実施日：1975年8月16日

次の文章をあなたの本当の気持ちを表わして完成しなさい。すべての欄について，完全な文章にすること。

1. 私は（スポーツをしたりハードロックを歌い）たい。
2. 最も幸せなときは（義理のお母さんが近くにいないときです）。
3. 私は（本当のお母さんがなぜ私に会いに来なかったのか）知りたい。
4. 家では（一人であるいは友達と楽しんでいる）。
5. 私が残念なのは（今までに公明正大にA評価をとれなかったことです）。
6. 就寝時は（毎晩願いごとをしてから床に入る）。
7. 男の子は（私の生活のなかで三番目に良いものです）。
8. 最良の（できごとは良い成績をとることです）。
9. 私がいらいらするのは（私の本当のお父さんと義理のお母さんが本当のお母さんについて話しているときです）。
10. 人びとは（必ずしも立派だとは限らない）。
11. 母（がいなくなって寂しいし大変気にかけている）。
12. 私は（義理のお母さんと本当のお父さんを殴り倒してしまう）気がする。
13. 私の最も大きな恐れは（何か悪いことが本当のお母さんやおばあさん，おじいさんに起こらないかということです）。
14. 小学校のとき（私はそんなに悪くなかった）。
15. 私は（裏表のある人間には我慢が）できない。
16. スポーツは（私の好きなことの一つです）。
17. 私が小さかった頃（野球は嫌いでした）。
18. 神経が（切れてしまった）。
19. ほかの子（と私は二人の子以外はうまくいっている）。
20. 私が苦しんでいるのは（両親の離婚です）。
21. 私は（両親に縒りを戻させることが）できなかった。
22. 読み方は（問題のない科目です）。
23. 私の心は（時どきぼんやりしてしまう）。
24. 未来は（今は私の掌中にある）。
25. 私が必要なのは（化粧と友達以外は何も必要でない）。
26. デートは（私の好きなことの一つです）。
27. 私は（友達にくっつき回ったり煙草を吸っているときが）一番いい。
28. 時どき（できることなら死んでしまえたらなあと思う）。
29. 私が心痛むのは（本当のお父さんと義理のお母さんが本当のお母さんについて話してるときです）。
30. 私が嫌なのは（私の家族や友達が世間から見下げられたときです）。
31. 学校では（私をいらだたせる人のことは気にしない）。
32. 私は（義理のお母さんを今にも殴り倒しそうです）。
33. たった一つうまくいかないことは（義理のお母さんを殴り倒すチャンスがなかったことです）。
34. 私は（お父さんが義理のお母さんと結婚していなければなあと）思う。
35. 私の父は（時どき問題ないが，兵隊のように怖い）。
36. 私はひそかに（女優だったらなあと思う）。
37. 私は（義理のお母さんが本当に我慢ならない）。
38. 踊ることは（私がしたいことです）。
39. 私の一番の心配は（本当のお母さんが今何か困っていないかということです）。
40. ほとんどの女の子は（酒を飲み，ドラッグを使い，タバコを吸っていると思う）。

の大きさでなかったり，図版ではなく用紙を回転させるという極端な行動がみられた。この神経学的な機能不全が，彼女の学業を妨げているようである。しかしアリスは，家庭の破綻が顕著であったために，学校当局は器質的な問題の影響力については気づいていなかった。知能検査や学力テストは，微細脳損傷の警告を発していたに違いないが，多くの事例にありがちなように，彼女の反社会的な行動は家族力動に原因があるように思われ，小さな警告は見逃されていたのである。

　アリスのベンダー・ゲシュタルトの絵は，基準（Koppitz, 1964）によると9歳と同じ発達水準を示した。このように，彼女は実年齢と成熟年齢があまりにもつりあわないので，正常な発達集団の一員となることがむずかしいのである。彼女のベンダー・ゲシュタルト・テストでの誤りは，質的には単に知覚運動の未熟さというより，神経学的な機能不全を示唆していた。

　アリスのHTP（図II-2参照）も未熟なものである。発達基準にもとづくと（Koppitz, 1968），彼女の発達年齢は11歳か12歳のようである。大きな頭や平板で二次元的な特徴，単純で人形のような顔つきをした人物像は，すべて未熟さの指標であった。

　心理力動的な観点によると，アリスの描いた少女は自画像である。彼女はとっぴなスタイルをして，イヤリングをぶら下げ，顔や首，腕には戦士が出陣するときのような絵の具（warpaint）を塗っていて，これらは周囲からの注目を求める姿勢を表わしているのかもしれない。また注意深く描かれたボタンとスカートの縦縞は，自分の行動化傾向を統制しようとする試みなのかもしれない。立っている姿勢は堅苦しく，顔は弱々しく微笑んだ仮面のようである。内面の動揺や敵対心は，威嚇し，血走り，火花の散っているような目で明らかになっている。

　この人物像は脚部が切られているため，足は見えない。これらの表現から，アリスは今の環境では身動きとれないと感じており，自分を守ってくれない状況から脱出することができないと感じていることが分かり，この解釈は彼女自身が表現した不満と一致している。

　アリスの家の描画は，内的な空虚さも器質的な問題をも明らかにしてい

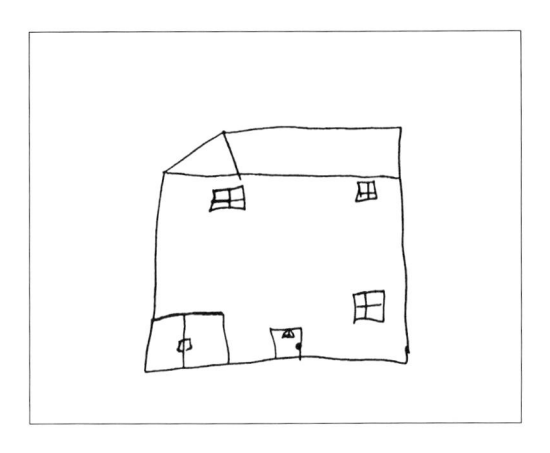

図Ⅱ-2　アリスのHTP

る。絵は小さく，稚拙でしかも一次元的で，屋根の片方が傾いているなど立体感が上手く描けないのは，器質性疾患の典型的な特徴でもある。木の描画は，不適応感，守られていない感じを表わしている。切れ込みや鋭い輪郭線は，彼女の敵対的な衝動を反映している。人物画テストはファサードの特殊な問題や防衛を象徴することが多いという研究がある（Wagner & Wagner, 1981, p. 31）が，アリスの事例では，その描画から，器質的な弱さを抱えた少女に，内面から敵対的な衝動がプレッシャーをかけており，対外的にうまくやっていけなくなり，そのため顕示的な装いを選ぶことでどうにか補償しようとする姿が浮かび上がった。ハンドテストの結果は，ファサードの特徴を打診する点において，HTP に近いものであったように思われる。

　ハンドテスト，文章完成法（ISB），HTP は，一貫性のある，ありのままの姿を提供している。しかしもしロールシャッハを加えなかったなら，アリスの心の深層や感受性について正しく認識することができなかったであろう。もうすんでしまったことであるが，知能テストや学力テストを施行していれば，アリスの学業成績に関わる認知的な機能不全をとらえるためにそれらが役に立っていたにちがいない。たしかにハンドテストはこの入り組んだ診断のためのパズルにたった一片しか提供することはできないのであるが，しかしそれは重要な一片なのである。

　アリスの事例を通して，ハンドテストがいかに容易にテストバッテリーに統合され，ほかの検査と重ね合わせながら，しかもハンドテスト自身の独自な情報を提供できるかについて理解されたと思う。もちろんハンドテストがあらゆる診断に関する疑問に答えうるとは思っていない。しかし，子どもや青年に容易に実施できるので，補助的技法として用いることは充分価値あることだと思われる。

引用文献

Adjutant General's Office, Personnel Research Section, War Department. *Army General Classification Test*. Chicago: Science Research Associates, 1960.

American Psychiatric Association. *Diagnostic and statistical manual of mental disorders (DSM-III)* (3rd ed.). Washington, D.C.: Author, 1980.

Ames, L.B., Metraux, R.W., Rodell, J.L., & Walker, R.N. *Rorschach responses in old age*. New York: Brunner/Mazel, 1973.

Azcarate, E., & Gutierrez, M. Differentiation of institutional adjustment of juvenile delinquents with the Hand Test. *Journal of Clinical Psychology*, 1969, *25*, 200-202.

Bender, L. *Bender Visual-Motor Gestalt Test*. New York: American Orthopsychiatric Association, 1946.

Bodden, J. L. The hand test. In D. J. Keyser & R. C. Sweetland (Eds.) *Test critiques* (Vol. 1, pp. 315-321) Kansas City, MO: Test America, 1984.

Breidenbaugh, B., Brozovich, R., & Matheson, L. The Hand Test and other aggression indicators in emotionally disturbed children, *Journal of Personality Assessment*, 1974, *38*, 332-334.

Bricklin, B., Piotrowski, Z.A., & Wagner, E.E. The Hand Test: With special reference to the prediction of overt aggressive behavior. In M. Harrower (Ed.), *American lecture series in psychology*. Springfield, IL.: Charles C. Thomas, 1962.

Brodsky, S.L., & Brodsky, A.M. Hand Test indicators of antisocial behavior. *Journal of Projective Techniques and Personality Assessment*, 1967, *31*, 36-39.

Campos, L.P. Other projective techniques. In A.I. Rabin (Ed.), *Projective techniques in personality assessment: A modern introduction*. New York: Springer, 1968.

Cattell, R.B., & Scheier, I.H. *Handbook for the IPAT Anxiety Scale Questionnaire*. Champaign, IL.: Institute for Personality and Ability Testing, 1967.

Chown, S.M. Personality and aging. In K.W. Schaie (Ed.), *Theory and method of research on aging*. Morgantown: West Virginia University, 1968.

Daniel, F.R., Jr., & Wagner, E.E. Differences among Holland types as measured by the Hand Test: An attempt at construct validation. *Educational and Psychological Measurement*, 1982, *42*, 1295-1301.

Daubney, J.H., & Wagner, E.E. Prediction of success in an accelerated BS/MD medical school program using two projective techniques. *Perceptual and Motor Skills*, 1980, *51*, 1179-1183.

Drummond, F. A failure in the discrimination of aggressive behavior of undifferentiated schizophrenics with the Hand Test. *Journal of Projective Techniques and Personality Assessment*, 1966, *30*, 275-278.

Elizur, A. Content analysis of the Rorschach with regard to anxiety and hostility.

Rorschach Research Exchange and Journal of Projective Techniques, 1949, *13*, 6-16.

Fehr, L.A. Construct validation of the Holtzman Inkblot anxiety and hostility scores. *Journal of Personality Assessment*, 1976, *40*, 483-486.

Foreman, E., Wagner, E. E., Sterns, H., & Edwards, V. *Comparison of two elderly populations using the Hand Test*. Paper presented at the Sixth Annual Professional and Scientific Ohio Conference on Aging, Columbus, April 1982.

Gilbert, J.G., & Hall, M.R. Changes in human figure drawing. *Journal of Gerontology*, 1962, *17*, 397-404.

Goodenough, F.L., & Harris. D.B. *Goodenough-Harris Drawing Test*. New York: Harcourt Brace Jovanovich, 1963.

Greene, R.S. Contemporary dilemmas in personality assessment illustrated in a diagnostic case study. *Perceptual and Motor Skills*, 1977, *44*, 967-973.

Greene, R.S. Study of structural analysis: Comparing differential diagnoses based on psychiatric evaluation, the MMPI, and structural analysis of the Hand Test and Rorschach. *Perceptual and Motor Skills*, 1978, *46*, 503-511.

Greene, R.S., Sawicki, R., & Wagner, E.E. Hand Test correlates for karate students: A preliminary interpretation based on structural analysis. *Perceptual and Motor Skills*, 1974, *38*, 692-694.

Guilford, J.P., & Zimmerman, W.S. *The Guilford-Zimmerman Temperament Survey: Manual of instructions and interpretations*. Beverly Hills, CA.: Sheridan Supply Co., 1949.

Haramis, S.L., & Wagner, E.E. Differentiation between actingout and non-acting-out alcoholics with the Rorschach and Hand Test. *Journal of Clinical Psychology*, 1980, *36*, 791-797.

Hardesty, R.A. The use of the modified Hand Test and pictorial study of values to differentiate between successful and unsuccessful educable mentally retarded work-study students (Doctoral dissertation, University of Oklahoma, 1973). *Dissertation Abstracts International*, 1975, *34*, 4037-4038A. (University Microfilms No. 73-31, 474)

Hathaway, S.R., & McKinley, J.C. *The Minnesota Multiphasic Personality Inventory*. Minneapolis: University of Minnesota Press, 1942.

Hayslip, B., Jr., & Panek, P.E. Construct validation of the Hand Test with the aged: Replication and extension. *Journal of Personality Assessment*, 1982, *46*, 345-349.

Heise, M.R. Rorschach and Hand Test protocols of bipolar patients in the manic and depressive phases: A comparison based on structural analysis (Doctoral dissertation, University of Akron, 1980). *Dissertation Abstracts International*, 1980, *40*, 5407B. (University Microfilms No. 80-10, 680)

Higdon, J. F., & Brodsky, S.L. Validating Hand Test acting out ratios for overt and experimentally induced aggression. *Journal of Personality Assessment*, 1973, *37*, 363-368.

Hilsenroth, M. J., & Sivec, H. J. Relationships between hand test variables and maladjustment in school children. *Journal of Personality Assessment*, 1990, *55*, 344-349.

Himelstein, P., & Von Grunau, G. Differentiation of aggressive and nonaggressive schizophrenics with the Hand Test: Another failure. *Psychological Reports*, 1981, *49*, 556.

Hodge, J.R., Wagner, E.E., & Schreiner, F. Hypnotic validation of two Hand Test scoring categories. *Journal of Projective Techniques and Personality Assessment*, 1966, *30*, 385-386.

Holland, J.L. *Vocational Preference Inventory*. Palo Alto, CA.: Consulting Psychologists Press, 1970.

Holtzman, W.H., Thorpe, J.S., Swartz, J.D., & Herron, E.W. *Inkblot perception and personality*. Austin: University of Texas Press, 1961.

Hoover, T.O. Relationships among Hand Test variables and behavioral ratings of children (Doctoral dissertation, University of Akron, 1976). *Dissertation Abstracts International*, 1977, *37*, 2509B. (University Microfilms No. 76-24, 406)

Huberman, J. A failure of the Wagner Hand Test to discriminate among workers rated high, average and low on activity level and general acceptability. *Journal of Projective Techniques and Personality Assessment*, 1964, *28*, 280-283.

Kahn R.L., Goldfarb, A.I., Pollack M., & Peck, A. Brief objective measures for the determination of mental status in the aged. *American Journal of Psychiatry*, 1960, *117*, 326-328.

King, G.T. A comparison of Hand Test responses of aggressive and non-aggressive black adolescents (Doctoral dissertation, University of Oklahoma, 1973). *Dissertation Abstracts International*, 1975, *34*, 1736A. (University Microfilms No. 73-23, 947)

Koppitz, E. M. *The Bender Gestalt test for young children (Vol. 2)*. New York: Grune & Stratton, 1964.

Koppitz, E. M. *Psychological evaluation of children's human figure drawings*. New York: Grune & Stratton, 1968.

Levine, E. S., & Wagner, E. E. Personality patterns of deaf persons: An interpretation based on research with the hand test [Monograph]. *Perceptual and Motor Skills*, 1974, *39*, 1167-1236.

Light, R.J. Measures of response agreement for qualitative data: Some generalizations and alternatives. *Psychological Bulletin*, 1971, *76*(5), 365-377.

Maloney, P., Deitchman, R., & Wagner, E.E. Consistency of some personality measures as a function of stage of menstruation. *Journal of Personality Assessment*, 1982, *46*, 597-602.

Maloney, P., & Wagner, E.E. Interscorer reliability of the Hand Test with normal subjects. *Perceptual and Motor Skills*, 1979, *49*, 181-182.

Martin, J.D., Blair, G.E., & Brent, D. The relationship of scores on Elizur's hostility system on the Rorschach to the acting-out score on the Hand Test. *Educational and Psychological Measurement*, 1978, *38*, 587-591.

McFarland, E.S. Responses to the Hand Test given by college and incarcerated males (Doctoral dissertation, University of Oklahoma, 1979). *Dissertation Abstracts International*, 1980, *40*, 4529-4530A. (University Microfilms No. 80-04, 392)

McGiboney, G.W., & Carter, C. Test-retest reliability of the Hand Test with acting-out adolescent subjects. *Perceptual and Motor Skills*, 1982, *55*, 723-726.

McGiboney, G. W., & Carter, C. Model for assessment of disruptive adolescents. *Psychological Reports*, 1986, *59*, 1295-1298.

McGiboney, G. W., Carter, C., & Jones, W. Hand test and the high school personality questionnaire: Structural analysis. *Perceptual and Motor Skills*, 1984, *58*, 287-290.

McGiboney, G.W., & Huey, W.C. Hand Test norms for disruptive black adolescent males. *Perceptual and Motor Skills*, 1982, *54*, 441-442.

Mihal, W.L., & Barrett, G.V. Individual differences in perceptual information processing and their relationship to automobile accident involvement. *Journal of Applied Psychology*, 1976, *61*, 229-233.

Minnesota Employment Stabilization Research Institute. *Minnesota Rate of Manipulation Placing Test*. Circle Pines, MN.: American Guidance Service, 1969. (a)

Minnesota Employment Stabilization Research Institute. *Minnesota Rate of Manipulation Turning Test*. Circle Pines, MN.: American Guidance Service, 1969. (b)

Minoura, Y., & Takeda, Y. Hand Test characteristics of Japanese delinquent boys. *Japanese Journal of Criminal Psychology*, 1972, *9*, 38-45.

Moran. J. J., & Carter, D. E. Comparisons among children's responses to the hand test by grade, race, sex, and social class. *Journal of Clinical Psychology*, 1991, *47*, 647-664.

Murray, H.A. *Thematic Apperception Test manual*. Cambridge, MA.: Harvard University Press; 1943.

Nace, R. B. Sex versus age differences in adolescents' responses to the hand test. *Perceptual and Motor Skills*, 1983, *57*, 1110.

Nirhira, K., Foster, R., Shellhaas, M., & Leland, H. *AAMD Adaptive Behavior Scale*. Washington, D.C.: American Association on Mental Deficiency, 1969.

O'Connor, J. *O'Connor Finger Dexterity Test*. Chicago: Stoelting Company, 1926.

O'Connor, J. *O'Connor Tweezer Dexterity Test*. Chicago: Stoelting Company, 1928.

Oltman, P.K. A portable rod-and-frame apparatus. *Perceptual and Motor Skills*, 1968, *26*, 503-506.

Oswald, O., & Loftus, P.T. A normative and comparative study of the Hand Test with normal and delinquent children. *Journal of Projective Techniques and Personality Assessment*, 1967, *31*, 62-68.

Panek, P.E., & Hayslip, B. Construct validation of the Hand Test withdrawal score on institutionalized older adults. *Perceptual and Motor Skills*, 1980, *51*, 595-598.

Panek, P.E., & Rush, M.C. Intellectual and personality differences between community-living and institutionalized older adult females. *Experimental Aging Research*, 1979, *5*, 239-250.

Panek, P.E., Sterns, H.L., & Wagner. E.E. An exploratory investigation of the personality correlates of aging using the Hand Test. *Perceptual and Motor Skills*, 1976, *43*, 331-336.

Panek, P.E., & Stoner, S. Test-retest reliability of the Hand Test with normal subjects. *Journal of Personality Assessment*, 1979, *43*, 135-137.

Panek, P.E., & Wagner, E.E. Relationships between Hand Test variables and mental retardation: A confirmation and extension. *Journal of Personality Assessment*, 1979, *43*, 600-603.

Panek, P.E., & Wagner, E.E. Mental retardation as a facade self phenomenon: Construct validation. *Perceptual and Motor Skills*, 1980, *51*, 823-828.

Panek, P. E., & Wagner, E. E. *The use of the hand test with older adults*. Springfield, IL: Thomas, 1985.

Panek, P.E., Wagner, E.E., & Avolio, B.J. Differences in Hand Test responses of healthy females across the life-span. *Journal of Personality Assessment*, 1978, *42*, 139-142.

Panek, P.E., Wagner, E.E., Barrett, G.V., & Alexander, R.A. Selected Hand Test variables related to accidents in female drivers. *Journal of Personality Assessment*, 1978, *42*, 355-357.

Panek, P. E., Wagner, E. E., & Kennedy-Zwergel, K. A review of projective test findings with older adults. *Journal of Personality Assessment*, 1983, *47*, 562-582.

Panek, P.E., Wagner, E.E., & Suen, H. Hand Test indices of violent and destructive behavior for institutionalized mental retardates. *Journal of Personality Assessment*, 1979, *43*, 376-378.

Piotrowski, Z.A. On the Rorschach method and its application in organic disturbances of the central nervous system. *Rorschach Research Exchange*, 1936, *1*, 23-29.

Piotrowski, Z.A. *Perceptanalysis*. New York: Macmillan, 1957.

Piotrowski, Z.A. Unsuspected and pertinent microfacts in personology. *American Psychologist*, 1982, *37*, 190-196.

Porecki, D., & Vandergoot, D. The Hand Test Acting Out Score as a predictor of acting out in correctional settings. *Offender Rehabilitation*, 1978, *2*(3), 269-273.

Rabin, A. I. (Ed.). *Projective techniques for adults and children*. New York: Springer, 1986.

Rand, T.M., & Wagner, E.E. Correlations between Hand Test variables and patrolman performance. *Perceptual and Motor Skills*, 1973, *37*, 477-478.

Rasch, M. A., & Wagner, E. E. Initial psychological effects of sexual abuse on female children as reflected in the hand test. *Journal of Personality Assessment*, 1989, *53*(4), 761-769.

Rorschach, H., & Huber, H. *Rorschach Psychodiagnostic Plates*. New York: Grune & Stratton, Inc., 1954.

Rosen, J.L., & Neugarten, B.L. Ego functions in the middle and later years: A thematic apperception study of normal adults. *Journal of Gerontology*, 1960, *15*, 62-67.

Rotter, J. B., & Rafferty, J. E. *Manual: The Rotter incomplete sentences blank*. San Antonio, TX: Psychological Corporation, 1950.

Rush, M.C., Phillips, J.S., & Panek, P.E. Subject recruitment bias: The paid volunteer subject. *Perceptual and Motor Skills*, 1978, *47*, 443-449.

Selg, H. Der Hand-Test als indikator fur offen aggressives verhalten bei kindern. *Diagnostica*, 1965, *4*, 153-158.

Sivec, H. J., Hilsenroth, M. J., & Wagner, E. E. Correlations between hand test variables and intelligence for public school students. *Perceptual and Motor Skills*, 1989, *69*, 241-242.

Stetson, D., & Wagner, E.E. A note on the use of the Hand Test in cross-cultural research: Comparison of Iranian, Chinese and American students. *Journal of Personality Assessment*, 1980, *44*, 603.

Stoner, S. Sex differences in responses of children to the Hand Test. *Perceptual and Motor Skills*, 1978, *46*, 759-762.

Stoner, S., & Lundquist, T. Test-retest reliability of the Hand Test with older adults. *Perceptual and Motor Skills*, 1980, *50*, 217-218.

Stoner, S., Panek, P. E., & Satterfield, G.T. Age and sex differences on the Hand Test. *Journal of Personality Assessment*, 1982, *46*, 260-264.

Stoner, S., & Spencer, B. Age and sex differences on the hand test with children. *Journal of Clinical Psychology*, 1984, *40*, 598-602.

Tennenbaum, D.J. Dangerousness within a juvenile institution. *Journal of Criminal Justice*, 1978, *6*, 329-345.

Terman, L.M., & Merrill, M.A. *Stanford-Binet Intelligence Scale. Manual for the third revision*. Boston: Houghton Mifflin: 1960.

Terman, L. M., & Merrill M. A. *Stanford-Binet intelligence scale: 1972 norms edition*. Boston: Houghton Mifflin, 1973.

Thornton, C.L. Evaluation of Roe's theory using the Hand Test. *Perceptual and Motor Skills*, 1969, *28*, 243-246.

Wagner, E.E. The use of drawings of hands as a projective medium for differentiating normals and schizophrenics. *Journal of Clinical Psychology*, 1961, *3*, 279-280.

Wagner, E.E. The use of drawings of hands as a projective medium for differentiating neurotics and schizophrenics. *Journal of Clinical Psychology*, 1962, *2*, 208-209.

Wagner, E.E. Hand Test content indicators of overt psychosexual maladjustment in neurotic males. *Journal of Projective Techniques and Personality Assessment*, 1963, *27*, 357-358.

Wagner, E.E. Structural analysis: A theory of personality based on projective techniques. *Journal of Personality Assessment*, 1971, *35*, 422-435.

Wagner, E.E. Projective test data from two contrasted groups of exhibitionists. *Perceptual and Motor Skills*, 1974, *39*, 131-140.

Wagner, E.E. The facade compulsive: A diagnostic formulation derived from projective testing. *Journal of Personality Assessment*, 1976a, *40*, 352-362.

Wagner, E.E. Personality dimensions measured by projective techniques: A formulation based on structural analysis. *Perceptual and Motor Skills*, 1976b, *43*, 247-253.

Wagner, E.E. *The Hand Test manual*. Los Angeles: Western Psychological Services, 1978a.

Wagner, E.E. A theoretical explanation of the dissociative reaction and a confirmatory case presentation. *Journal of Personality Assessment*, 1978b, *42*, 312-316.

Wagner, E.E. *The hand test manual* (rev. ed.). Los Angeles: Western Psychological Services, 1983.

Wagner, E.E., & Capotosto, M. Discrimination of good and poor retarded workers with the Hand Test. *American Journal of Mental Deficiency*, 1966, *1*, 126-128.

Wagner, E.E., & Copper, J. Differentiation of satisfactory and unsatisfactory employees at Goodwill Industries with the Hand Test. *Journal of Projective Techniques and Personality Assessment*, 1963, *4*, 353-356.

Wagner, E.E., Darbes, A., & Lechowick, T.P. A validation study of the Hand Test pathology score. *Journal of Personality Assessment*, 1972, *36*, 62-64.

Wagner, E.E., & Hawkins, R. Differentiation of assaultive delinquents with the Hand Test. *Journal of Projective Techniques and Personality Assessment*, 1964, *28*, 363-365.

Wagner, E.E. & Hawver, D.A. Correlations between psychological tests and sheltered workshop performance for severely retarded adults. *American Journal of Mental Deficiency*, 1965, *5*, 685-691.

Wagner, E.E., & Heise, M.R. Rorschach and Hand Test data comparing bipolar patients in manic and depressive phases. *Journal of Personality Assessment*, 1981, *45*, 240-249.

Wagner, E.E., & Hoover, T.O. Behavioral implications of Rorschach's human movement response: Further validation based on exhibitionistic Ms. *Perceptual and Motor Skills*, 1972, *35*, 27-30.

Wagner, E.E., Klein, I., & Walter, T. Differentiation of brain damage among low IQ subjects with three projective techniques. *Journal of Personality Assessment*, 1978, *42*, 49-55.

Wagner, E. E., Maloney, P., & Walter, T. Efficacy of three projective techniques in differentiating brain damage among subjects with normal IQs. *Journal of Clinical Psychology*, 1980, *36*, 968-972.

Wagner, E.E., Maloney. P., & Wilson, D.G. Split-half and test-retest Hand Test reliabilities for pathological samples. *Journal of Clinical Psychology*, 1981, *37*, 589-592.

Wagner, E. E., & Medvedeff, E. Differentiation of aggressive behavior of institutionalized schizophrenics with the Hand Test. *Journal of Projective Techniques*, 1963, *1*, 111-113.

Wagner, E.E., & Romanik, D.G. Hand Test characteristics of marijuana-experienced and multiple-drug-using college students. *Perceptual and Motor Skills*, 1976, *43*, 1303-1306.

Wagner, E.E., & Wagner, C.F. The facade compulsive: A type of latent schizophrenia. *Perceptual and Motor Skills*, 1980, *50*, 831-837.

Wagner, E. E., Rasch, M. A., & Marsico, D. S. Hand test characteristics of severely behavior handicapped children. *Journal of Personality Assessment*, 1990, *54*, 802-806.

Wagner, E.E., & Wagner, C.F. *The interpretation of projective test data: Theoretical and practical guidelines*. Springfield, IL.: Charles C. Thomas, 1981.

Wagner, E.E. Personality differences as measured by the Hand Test among Holland types for females. *Perceptual and Motor Skills*, 1982, *55*, 710.

Wang, P.L., & Smyers, P.L. Psychological status after stroke as measured by the Hand Test. *Journal of Clinical Psychology*, 1977, *33*, 879-882.

Wechsler, D. *Manual for the Wechsler Adult Intelligence Scale*. New York: Psychological Corporation, 1955.

Wechsler, D. *Wechsler Intelligence Scale for Children——Revised*. New York: Psychological Corporation, 1974.

Wendler, C.L.W., & Zachary, R.A. *Reliability of scoring categories on a projective test*. Paper presented at the meeting of the Western Psychological Association, San Francisco, April 1983.

Wetsel, H., Shapiro, R.J., & Wagner, E.E. Prediction of recidivism among juvenile delinquents with the Hand Test. *Journal of Projective Techniques and Personality Assessment*, 1967, *31*, 69-72.

Wiggins, J.S. Substantive dimensions of self-report in the MMPI item pool. *Psychological Monographs*, 1966, *80* (22, Whole No. 630).

Witkin, H.A., Oltman, P.K., Raskin, E., & Karp, S.A. *A manual for the Embedded Figures Test*. Palo Alto, CA.: Counseling Psychologists Press, 1971.

参考文献

Andrea, R.K. *The use of the Hand Test with neurologically handicapped children.* Unpublished master's thesis, University of Akron, 1971.

Brien, R.L., Haugh, F., & Braun, P.R. Drug dependency, acting out and the Hand Test. *Technology Methods and Theory*, 1974, *20*(3), 28-30.

Crane, A.J. Junior high school Hand Test norms for American children in the seventh, eighth and ninth grades (Doctoral dissertation, University of Oklahoma, 1972). *Dissertation Abstracts International*, 1972, *33*, 2316B. (University Microfilms No. 72-29, 876)

Faidherbe, D. *The Hand Test: Contribution of its value in the psychiatric area.* Unpublished master's thesis, Universitie de Lille, 1968.

Hodge, J.R., & Wagner, E.E. The validity of hypnotically induced emotional states. *The American Journal of Clinical Hypnosis*, 1964, *7*, 37-41.

Hodge, J.R., Wagner. E.E., & Schreiner, F. The validity of hypnotically induced emotional states: Part II. *The American Journal of Clinical Hypnosis*, 1966, *9*, 129-134.

Hollister, R.L. *Hand Test responses of second and fourth grade children.* Unpublished master's thesis, University of Akron, 1963.

Hoover, T.O. The Hand Test: Fifteen years later. *Journal of Personality Assessment*, 1978, *42*, 128-138.

Kronenberger, H.R. *The use of the Hand Test with emotionally disturbed children.* Unpublished master's thesis, University of Akron, 1975.

Levine, E., & Wagner, E.E. Personality patterns of deaf persons: An interpretation based on research with the Hand Test. *Perceptual and Motor Skills*, 1974, *39*, 1167-1236.

Major, M.A. *Differentiation of neurotics and schizophrenics with the Hand Test.* Unpublished master's thesis, University of Akron, 1964.

Medline, R. *An examination of the validity and reliability of selected Hand Test variables.* Unpublished master's thesis, University of Akron, 1968.

Puthoff, F.T. The development of norms for bilingual first-, second-, and third-grade children's responses to the Hand Test and Peabody Picture Vocabulary Test (Doctoral dissertation, University of Oklahoma, 1972). *Dissertation Abstracts International* 1974, *33*, 2771A. (University Microfilms No. 72-19, 751)

Roberts, B.B. Development of norms for mentally retarded and bright children on the Hand Test (Doctoral dissertation, University of Oklahoma, 1971). *Dissertation Abstracts International*, 1971, *32*, 2516A. (University Microfilms No. 71-27, 641)

Rogers, T.H., III. *Prediction of recidivism among female runaways with the Hand*

Test. Unpublished master's thesis, University of Akron, 1969.

Sarbo, G.V. *Predicting aggressive behavior with the Hand Test: A validation and extension of a previous study*. Unpublished master's thesis, University of Akron, 1967.

Shaw, D.J., & Linden. J.D. A critique of the Hand Test. *Educational and Psychological Measuremen.*, 1964, *24*, 283-284.

Singer, M.M., & Dawson, J.G. Experimental falsification of the Hand Test. *Journal of Clinical Psychology*, 1969, *25*, 204-205.

Smart, F.H. *Discriminating between fighter and bomber pilots by use of the Hand Test*. Unpublished master's thesis, University of Akron, 1962.

Stone, J. Review of the Hand Test. *Journal of Projective Techniques*, 1962, *26*, 490-491.

Taylor, J.F. Group administration of the Hand Test: Effects on card pull and responses. *Journal of Projective Techniques and Personality Assessment*, 1969, *28*, 95-98.

Wagner, E.E. Saying vs. doing: A criticism of the Higdon and Brodsky study of the Hand Test AOR. *Journal of Personality Assessment*, 1973, *37*, 579.

Wagner, E.E. The nature of the psychopath: Interpretation of projective findings based on structural analysis. *Perceptual and Motor Skills*, 1974, *39*, 563-574.

Wagner, E.E. Clinical applications of the Hand Test. In B.B. Wolman (Ed.), *Clinical diagnosis of mental disorders: A handbook*. New York: Plenum, 1978.

Weltzien, J. M. *Hand Test patterns of three groups of alcoholics*. Unpublished master's thesis, University of Akron, 1964.

見　　本

ハンドテスト
スコアリング用紙

Edwin E. Wagner, Ph.D. and Howard M. Knoff, Ph.D.
山上栄子・吉川眞理・佐々木裕子 訳編

誠 信 書 房 発 行

氏　名					（　男　・　女　）
現住所					
	成　　人			子 ど も	
婚姻状況			学校名		
職　業			学　年		
最終学歴			担任名		
検査日	年　　　月　　　日		紹介者		
生年月日	年　　　月　　　日		紹介理由		
年　齢	歳　　か月　　日				
検査時の様子					
生育歴など必要な情報					
検査者名					

Copyright © 1969, 1981 by Western Psychological Services. Translated and reprinted by permission of the publisher, Western Psychological Services. Not to be reproduced in any form without written permission of Western Psychological Services, 12031 Wilshire Boulevard, Los Angeles, California 90025, U.S.A. All rights reserved.

誠信書房発行　Copyright © 2000 Seishin Shobo, Ltd. Printed in Japan.
2000年3月15日　第1刷発行
〔本用紙の一部あるいは全部について、いかなる形においてもWPSおよび誠信書房の許可なくこれを複写・複製および転載することを禁ずる〕

見　本　231

カード番号と正位置	初発反応時間	位置 (例：>, <,∧,∨)	被 検 者 の 反 応	スコアリング	
				量的	質的
I					
II					
III					
IV					
V					
VI					
VII					
VIII					
IX					
X 白紙カード					

スコアリング・サマリー

カテゴリー		頻度	割合(%)	例（ほかの例については『ハンドテスト・マニュアル』参照）
量 的 カ テ ゴ リ ー				
AFF	〈親愛〉			「握手している」「元気づける看護婦の手」
DEP	〈依存〉			「ちょうだいと頼んでいる」「指導者に敬礼している」
COM	〈伝達〉			「時の話題を議論している」「手振りしながら話してる」
EXH	〈顕示〉			「指輪を見せている」「旅芸人の男――ダンスしている」
DIR	〈指示〉			「命令している」「オーケストラを指揮している」
AGG	〈攻撃〉			「誰かの鼻を殴っている」
INT ［対人］				
ACQ	〈達成〉			「何かとろうと棚の上に手を伸ばしている」
ACT	〈活動〉			「箱を持ち上げている」「ボールを投げている」
PAS	〈受動〉			「人が眠っているみたい」「膝の上で手を組んでゆっくりしている」
ENV ［環境］				
TEN	〈緊張〉			「非常に緊張している」「怒ってぐっと握りしめているこぶし」
CRIP	〈不自由〉			「怪我している手」「すっかり疲れ切っている」
FEAR	〈恐怖〉			「命からがら逃げている」「震えている……怖いから」
MAL ［不適応］				
DES	〈記述〉			「ただの左手」「力強い手……特別何もない」
BIZ	〈奇矯〉			「黒い虫」「死神の頭」
FAIL	〈失敗〉			スコアできる反応が出されない
WITH ［撤退］				

ER＝ΣINT：ΣENV：ΣMAL：ΣWITH＝＿＿＿：＿＿＿：＿＿＿：＿＿＿　　　　R＝＿＿＿　H-L＝＿＿＿

AOR＝(AFF＋DEP＋COM)：(DIR＋AGG)＝＿＿＿：＿＿＿　　　　AIRT＝＿＿＿　PATH＝＿＿＿

カテゴリー		頻度	割合(%)	例
質 的 カ テ ゴ リ ー				
AMB	〈両価性〉			「誰かをたたいているが，ほとんど力が入ってない」
AUT	〈自動句〉			「えっと，何だろう？」（決まり文句，口癖など）
CYL	〈筒状〉			「パイプのように長くて丸い物を手に持っている」
DEN	〈否定〉			「握手しているところ。でも，手が逆だから違うな」
EMO	〈情動〉			「友達に再会してわっと喜んでいる」
GRO	〈粗野〉			「岩で，きさなヤツの頭をぶったたいている」
HID	〈隠蔽〉			「見られないようにカードを手で隠している」
IM	〈未熟〉			「小さな少年の手をとっていっしょに散歩に行こうとしている」
IMP	〈無力〉			「私には何も思い浮かびません」
INA	〈無生物〉			「彫像の手のようだ」
MOV	〈運動〉			「訳もなくただ手を振っている」
ORA	〈口唇〉			「グラスの水を飲んでいる」
PER	〈困惑〉			「これは本当に難しい問題だ」
SEN	〈感覚〉			「手の中の粘土の感触を楽しんでいる」
SEX	〈性的〉			「女性の胸を触っている」
O	〈独創〉			稀だがうまく見られている反応
RPT	〈反復〉			同じか類似の反応を繰り返す

ハンドテスト反応の質的分析

　ハンドテストカードは，そのカード特有の手の印象や独特の手の動き，また，そのカードの提示順序のために，ある一定の反応が出されやすくなっている。そうした各カードの反応特徴はカードプルと呼ばれ，質的分析のなかで検討される。以下に日本人集団のカードプルと，そのカードの特徴について簡単に要約する。

カードⅠ：INT［対人］カテゴリーの反応が出やすい。特に，AFF（親愛），DIR（指示），COM（伝達）反応が出される。新しい状況に対する反応が現れやすい。

カードⅡ：ENV［環境］カテゴリーのACT（活動）反応が多く，ACQ（達成）反応も出やすい。TEN（緊張）反応も珍しくないカードである。米国版では，神経症的なショックが最初に現れるカードとされている。

カードⅢ：COM（伝達），DIR（指示），ACT（活動）反応が出やすい。反応の容易なカードである。米国版では，このカードでの失敗は，重篤な問題の指標とされている。

カードⅣ：ACT（活動）反応が多く，AFF（親愛）反応も見られる。ときにAGG（攻撃）反応も出るなど，両価的なカードである。男性的な手とされ，米国版では「父親カード」とされている。

カードⅤ：ENV［環境］カテゴリーが出やすいが，強いカードプルはない。ただし，他のカードに比べてPAS（受動）反応とCRIP（不自由）反応が多くみられる。

カードⅥ：カードプルは「ジャンケンのグー」というCOM（伝達）反応。しかしながら，AGG（攻撃），ACT（活動），TEN（緊張）反応もよくみられるカードである。

カードⅦ：強いカードプルはないが，AFF（親愛）反応が出やすい。米国版では，Ⅵカードで示唆した攻撃性に対する反応がこのカードに現れるとされ，このカードにおいて　補償的な方向か，攻撃的な方向のどちらが選択されるかが重要となるとされている。

カードⅧ：カードプルは　ACT（活動）反応。反応の容易なカードのため，MAL［不適応］やWITH［撤退］カテゴリーが出されることはごく稀なことである。

カードⅨ：ACT（活動）反応が出されるが，FAIL（失敗）も生じやすいカードで，最も反応の難しいカードである。性的なニュアンスがあるが，反応そのものが困難なカードのため，深読みしてはならないとされている。

カードⅩ：ACT（活動），AFF（親愛）反応が多く出される。日本人では，EXH（顕示）反応がよくみられる。米国版では，想像力や将来的な生活における役割が反映されるとされている。

＊これらは，日本人集団114名のハンドテスト反応の集計結果にもとづいたものである。したがって，今後の詳細な研究によって改訂される可能性がある。

　（カードショックについて）予想されるカードプルとは異なっていたり，特別通常からはずれた反応はカードショックを表わすかもしれない。カードショックの分析は，主たる心理学的テーマや傾向を特定するのに役立つことが多い。カードショックは，平均初発反応時間（AIRT）が非常に遅れていたり，そのカードに対しておおげさな行動反応をすることなどによって示唆される（たとえば，体で拒絶したり，カードについての拒否的な意見を言ったり，何度もカードをグルグル回したりする）。特定のカードに対する軽いカードショックは，下図の適切な場所に一つだけチェック・マークを書くことで示され，二つのチェック・マークは強いショックを示すものとして使われる。

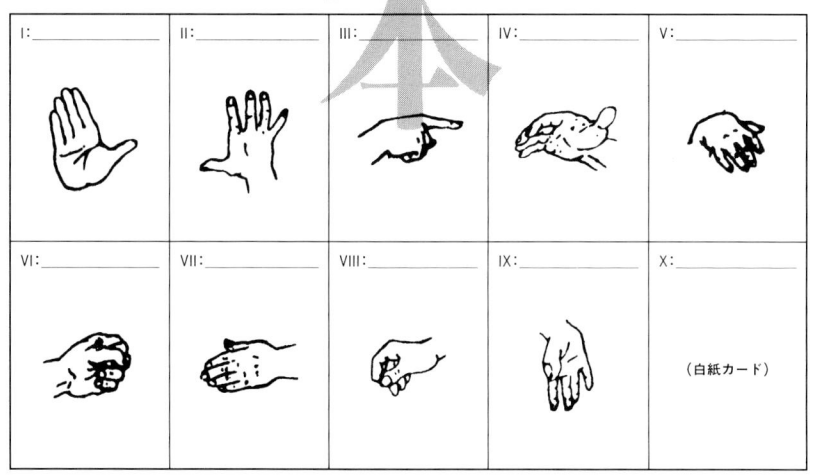

Ⅰ:___	Ⅱ:___	Ⅲ:___	Ⅳ:___	Ⅴ:___
Ⅵ:___	Ⅶ:___	Ⅷ:___	Ⅸ:___	Ⅹ:___ (白紙カード)

コメント

付表　年齢別標準表

表 A-1 グループ1：5〜6歳

スコアリング・カテゴリー		MEAN	MEDIAN	SD	臨界値(注) 84%	93%	範囲
量的スコア							
AFF	《親愛》	0.75	0.50	0.88	2	2	0-3
DEP	《依存》	0.22	0.00	0.49	1	1	0-2
COM	《伝達》	1.68	1.00	1.37	3	5	0-6
EXH	《顕示》	0.87	0.00	1.28	2	3	0-6
DIR	《指示》	0.75	0.00	0.91	2	2	0-3
AGG	《攻撃》	0.84	1.00	0.98	2	2	0-4
INT	[対人]	5.12	5.00	2.37	7	9	0-11
ACQ	《達成》	0.09	0.00	0.39	0	1	0-2
ACT	《活動》	3.03	3.00	1.95	6	7	0-7
PAS	《受動》	0.43	0.00	0.61	1	2	0-2
ENV	[環境]	3.56	4.00	1.95	6	7	0-7
TEN	《緊張》	0.50	0.00	0.84	1	3	0-3
CRIP	《不自由》	0.09	0.00	0.39	0	1	0-2
FEAR	《恐怖》	0.06	0.00	0.24	0	1	0-2
MAL	[不適応]	0.65	0.00	0.90	2	3	0-2
DES	《記述》	1.12	0.00	2.36	3	7	0-9
BIZ	《奇矯》	0.09	0.00	0.29	0	1	0-1
FAIL	《失敗》	0.53	0.00	1.24	1	4	0-5
WITH	[撤退]	1.75	0.00	2.64	5	7	0-9
R	総反応数	10.56	10.00	2.16	13	14	5-14
AIRT	平均初発反応時間	7.57	5.05	7.31	13	24	1-33
PATH	病理スコア	3.65	2.00	4.10	10	12	0-12
AOR	行動化比率	1.06	1.00	2.32	3	4	5-7
H-L	初発反応時間差	14.78	11.50	10.15	24	33	1-44
質的スコア							
AMB	《両価性》	0.00	0.00	0.00	—	0	0
AUT	《自動句》	0.06	0.00	0.24	0	1	0-1
CYL	《筒状》	0.28	0.00	0.72	1	2	0-3
DEN	《否定》	0.03	0.00	0.17	—	0	0-1
EMO	《情動》	0.06	0.00	0.24	0	1	0-1
GRO	《粗野》	0.00	0.00	0.00	—	0	0
HID	《隠蔽》	0.06	0.00	0.35	—	0	0-2
IM	《未熟》	1.71	1.00	2.06	4	6	0-7
IMP	《無力》	0.31	0.00	1.25	0	1	0-7
INA	《無生物》	0.09	0.00	0.39	0	1	0-2
MOV	《運動》	0.03	0.00	0.17	—	0	0-1
ORA	《口唇》	0.46	0.00	0.80	1	2	0-3
PER	《困惑》	0.34	0.00	0.86	1	2	0-4
SEN	《感覚》	0.09	0.00	0.29	0	1	0-1
SEX	《性的》	0.03	0.00	0.17	—	0	0-1
O	《独創》	0.00	0.00	0.00	—	0	0
RPT	《反復》	0.71	0.00	1.17	2	4	0-4

注　臨界値は，累積度数が84%，あるいは93%以上となる素点を示す．また，範囲は最小値から最大値のものである．　$n=32$

表 A-2 グループ2：7〜9歳

スコアリング・カテゴリー		MEAN	MEDIAN	SD	臨界値(注) 84%	93%	範囲
量的スコア							
AFF	(親愛)	0.91	1.00	0.90	2	3	0−4
DEP	(依存)	0.35	0.00	0.64	1	2	0−2
COM	(伝達)	2.46	2.00	1.22	4	4	0−5
EXH	(顕示)	1.01	1.00	1.18	2	3	0−5
DIR	(指示)	0.87	1.00	1.16	2	3	0−8
AGG	(攻撃)	1.12	1.00	1.09	2	3	0−6
INT	[対人]	6.74	6.00	2.89	9	11	2−20
ACQ	(達成)	0.31	0.00	0.57	1	1	0−2
ACT	(活動)	3.22	3.00	2.19	5	8	0−10
PAS	(受動)	0.45	0.00	0.65	1	2	0−2
ENV	[環境]	3.98	4.00	2.47	6	8	0−12
TEN	(緊張)	0.56	0.00	1.02	1	2	0−6
CRIP	(不自由)	0.18	0.00	0.47	0	1	0−2
FEAR	(恐怖)	0.06	0.00	0.25	0	1	0−1
MAL	[不適応]	0.82	0.50	1.18	2	3	0−7
DES	(記述)	0.21	0.00	0.50	1	1	0−2
BIZ	(奇矯)	0.04	0.00	0.25	−	0	0−2
FAIL	(失敗)	0.25	0.00	0.69	0	2	0−4
WITH	[撤退]	0.51	0.00	1.00	1	2	0−5
R	総反応数	11.76	10.56	3.85	14	18	6−31
AIRT	平均初発反応時間	7.00	6.05	3.87	11	13	2−19
PATH	病理スコア	1.83	1.00	2.31	4	6	0−10
AOR	行動化比率	1.73	2.00	2.32	4	5	0−11
H-L	初発反応時間差	19.22	14.50	14.73	30	50	2−73
質的スコア							
AMB	《両価性》	0.00	0.00	0.00	−	0	0
AUT	《自動句》	0.03	0.00	0.18	−	0	0−1
CYL	《筒状》	0.23	0.00	0.54	1	1	0−2
DEN	《否定》	0.02	0.00	0.14	−	0	0−1
EMO	《情動》	0.02	0.00	0.14	−	0	0−1
GRO	《粗野》	0.00	0.00	0.00	−	0	0
HID	《隠蔽》	0.06	0.00	0.25	0	1	0−1
IM	《未熟》	1.11	1.00	1.36	3	4	0−6
IMP	《無力》	0.05	0.00	0.23	−	0	0−1
INA	《無生物》	0.01	0.00	0.10	−	0	0−1
MOV	《運動》	0.10	0.00	0.30	0	1	0−1
ORA	《口唇》	0.40	0.00	0.59	1	1	0−2
PER	《困惑》	0.22	0.00	0.55	1	1	0−3
SEN	《感覚》	0.11	0.00	0.35	0	1	0−2
SEX	《性的》	0.00	0.00	0.00	−	0	0
O	《独創》	0.00	0.00	0.00	−	0	0
RPT	《反復》	0.41	0.00	0.71	1	2	0−3

注 臨界値は，累積度数が84％，あるいは93％以上となる素点を示す。また，範囲は最小値から最大値のものである。　$n=90$

表 A-3 グループ3：10〜12歳

スコアリング・カテゴリー		MEAN	MEDIAN	SD	臨界値(注) 84%	臨界値(注) 93%	範囲
量的スコア							
AFF	（親愛）	1.15	1.00	1.05	2	3	0−4
DEP	（依存）	0.17	0.00	0.50	0	1	0−3
COM	（伝達）	2.81	2.00	1.55	4	5	1−8
EXH	（顕示）	1.00	1.00	1.32	2	3	0−8
DIR	（指示）	1.07	1.00	1.33	2	3	0−8
AGG	（攻撃）	1.43	1.00	1.07	3	3	0−5
INT	［対人］	7.65	7.00	3.35	10	10	2−22
ACQ	（達成）	0.36	0.00	0.81	1	2	0−5
ACT	（活動）	3.45	3.00	2.44	6	6	0−17
PAS	（受動）	0.27	0.00	0.53	1	1	0−3
ENV	［環境］	4.09	3.00	2.84	7	8	0−20
TEN	（緊張）	0.48	0.00	0.83	1	2	0−4
CRIP	（不自由）	0.24	0.00	0.54	1	1	0−3
FEAR	（恐怖）	0.09	0.00	0.32	0	1	0−2
MAL	［不適応］	0.82	0.00	1.21	2	3	0−7
DES	（記述）	0.08	0.00	0.45	−	0	0−4
BIZ	（奇矯）	0.02	0.00	0.14	−	0	0−1
FAIL	（失敗）	0.16	0.00	0.59	0	1	0−3
WITH	［撤退］	0.27	0.00	0.76	1	1	0−4
R	総反応数	12.66	11.00	5.23	16	22	7−46
AIRT	平均初発反応時間	7.98	6.10	7.09	10	15	3−62
PATH	病理スコア	1.35	1.00	1.97	2	5	0−12
AOR	行動化比率	1.64	2.00	2.61	4	6	3−8
H-L	初発反応時間差	22.31	17.00	17.16	29	54	0−99
質的スコア							
AMB	《両価性》	0.03	0.00	0.17	−	0	0−1
AUT	《自動句》	0.05	0.00	0.26	−	0	0−2
CYL	《筒状》	0.26	0.00	0.60	1	1	0−3
DEN	《否定》	0.02	0.00	0.14	−	0	0−1
EMO	《情動》	0.00	0.00	0.00	−	0	0
GRO	《粗野》	0.05	0.00	0.26	−	0	0−2
HID	《隠蔽》	0.05	0.00	0.22	−	0	0−1
IM	《未熟》	0.90	1.00	1.25	2	3	0−8
IMP	《無力》	0.10	0.00	0.30	0	1	0−1
INA	《無生物》	0.03	0.00	0.17	−	0	0−1
MOV	《運動》	0.04	0.00	0.20	−	0	0−1
ORA	《口唇》	0.28	0.00	0.63	1	1	0−3
PER	《困惑》	0.14	0.00	0.35	0	1	0−1
SEN	《感覚》	0.08	0.00	0.31	0	1	0−2
SEX	《性的》	0.00	0.00	0.00	−	0	0
O	《独創》	0.02	0.00	0.14	−	0	0−1
RPT	《反復》	0.83	0.00	1.21	2	3	0−5

注　臨界値は，累積度数が84％，あるいは93％以上となる素点を示す。また，範囲は最小値から最大値のものである。　　n＝95

表 A-4　グループ4：13～15歳

スコアリング・カテゴリー		MEAN	MEDIAN	SD	臨界値(注) 84%	93%	範囲
量的スコア							
AFF	（親愛）	1.40	1.00	1.09	2	3	0-5
DEP	（依存）	0.12	0.00	0.36	0	1	0-2
COM	（伝達）	2.60	2.00	1.70	4	5	1-11
EXH	（顕示）	0.90	1.00	1.16	2	3	0-7
DIR	（指示）	0.87	1.00	0.82	2	2	0-3
AGG	（攻撃）	1.44	1.00	1.13	3	3	0-5
INT	［対人］	7.35	7.00	3.11	10	12	2-22
ACQ	（達成）	0.37	0.00	0.65	1	1	0-4
ACT	（活動）	3.66	3.00	2.32	6	8	0-11
PAS	（受動）	0.36	0.00	0.73	1	1	0-5
ENV	［環境］	4.40	4.00	2.66	7	9	0-14
TEN	（緊張）	0.44	0.00	0.71	1	2	0-2
CRIP	（不自由）	0.20	0.00	0.47	1	1	0-3
FEAR	（恐怖）	0.03	0.00	0.17	0	0	0-1
MAL	［不適応］	0.67	0.00	0.89	2	2	0-4
DES	（記述）	0.05	0.00	0.22	0	0	0-1
BIZ	（奇矯）	0.02	0.00	0.14	0	0	0-1
FAIL	（失敗）	0.16	0.00	0.57	0	1	0-4
WITH	［撤退］	0.23	0.00	0.64	1	1	0-4
R	総反応数	12.57	11.00	4.69	15	19	6-43
AIRT	平均初発反応時間	6.51	5.70	3.06	9	11	1-18
PATH	病理スコア	1.17	1.00	1.53	2	3	0-8
AOR	行動化比率	1.82	2.00	2.37	4	5	3-8
H-L	初発反応時間差	16.96	15.00	10.34	25	34	1-59
質的スコア							
AMB	《両価性》	0.06	0.00	0.24	―	0	0-1
AUT	《自動句》	0.04	0.00	0.25	―	0	0-2
CYL	《筒状》	0.30	0.00	0.63	1	1	0-3
DEN	《否定》	0.06	0.00	0.28	―	0	0-2
EMO	《情動》	0.00	0.00	0.00	―	0	0
GRO	《粗野》	0.01	0.00	0.10	―	0	0-1
HID	《隠蔽》	0.16	0.00	0.39	0	1	0-2
IM	《未熟》	0.40	0.00	0.72	1	2	0-3
IMP	《無力》	0.04	0.00	0.20	―	0	0-1
INA	《無生物》	0.03	0.00	0.17	―	0	0-1
MOV	《運動》	0.08	0.00	0.31	0	1	0-2
ORA	《口唇》	0.18	0.00	0.46	0	1	0-2
PER	《困惑》	0.19	0.00	0.49	1	1	0-3
SEN	《感覚》	0.03	0.00	0.31	―	0	0-3
SEX	《性的》	0.01	0.00	0.10	―	0	0-1
O	《独創》	0.00	0.00	0.00	―	0	0
RPT	《反復》	0.68	0.00	1.39	2	3	0-9

注　臨界値は，累積度数が84%，あるいは93%以上となる素点を示す．また，範囲は最小値から最大値のものである．　$n=93$

表 A-5　グループ5：16〜18歳

スコアリング・カテゴリー		MEAN	MEDIAN	SD	臨界値(注) 84%	臨界値(注) 93%	範囲
量的スコア							
AFF	（親愛）	0.19	0.00	0.45	1	1	0-2
DEP	（依存）	1.72	2.00	1.06	3	3	0-5
COM	（伝達）	3.07	3.00	1.78	5	5	0-9
EXH	（顕示）	0.77	0.00	1.08	2	2	0-5
DIR	（指示）	1.00	1.00	0.93	2	3	0-4
AGG	（攻撃）	1.30	1.00	1.12	2	3	0-7
INT	［対人］	8.06	7.00	3.22	11	14	3-19
ACQ	（達成）	0.51	1.00	0.79	1	2	0-3
ACT	（活動）	3.00	3.00	2.00	5	7	0-9
PAS	（受動）	0.45	0.00	0.71	1	2	0-3
ENV	［環境］	3.97	3.00	2.22	6	7	0-13
TEN	（緊張）	0.75	1.00	0.97	1	2	0-4
CRIP	（不自由）	0.36	0.00	0.77	1	1	0-5
FEAR	（恐怖）	0.08	0.00	0.33	0	1	0-2
MAL	［不適応］	1.21	1.00	1.40	2	3	0-9
DES	（記述）	0.03	0.00	0.19	−	0	0-1
BIZ	（奇矯）	0.05	0.00	0.27	−	0	0-2
FAIL	（失敗）	0.10	0.00	0.30	0	1	0-1
WITH	［撤退］	0.19	0.00	0.48	1	1	0-3
R	総反応数	13.38	11.00	4.58	18	22	9-29
AIRT	平均初発反応時間	6.76	6.30	2.56	9	10	2-18
PATH	病理スコア	1.59	1.00	1.74	3	4	0-9
AOR	行動化比率	2.68	3.00	2.57	5	7	3-9
H-L	初発反応時間差	17.86	16.00	10.38	29	33	5-51
質的スコア							
AMB	《両価性》	0.05	0.00	0.22	−	0	0-1
AUT	《自動句》	0.01	0.00	0.11	−	0	0-1
CYL	《筒状》	0.20	0.00	0.43	1	1	0-2
DEN	《否定》	0.06	0.00	0.29	−	0	0-2
EMO	《情動》	0.02	0.00	0.15	−	0	0-1
GRO	《粗野》	0.01	0.00	0.11	−	0	1
HID	《隠蔽》	0.07	0.00	0.31	−	0	0-2
IM	《未熟》	0.38	0.00	0.68	1	2	0-3
IMP	《無力》	0.15	0.00	0.36	0	1	0-1
INA	《無生物》	0.05	0.00	0.27	−	0	0-2
MOV	《運動》	0.10	0.00	0.34	0	1	0-2
ORA	《口唇》	0.12	0.00	0.33	0	1	0-1
PER	《困惑》	0.16	0.00	0.62	0	1	0-5
SEN	《感覚》	0.06	0.00	0.24	−	0	0-1
SEX	《性的》	0.01	0.00	0.11	−	0	0-1
O	《独創》	0.01	0.00	0.11	−	0	0-1
RPT	《反復》	0.96	1.00	1.19	2	3	0-5

注　臨界値は，累積度数が84%，あるいは93%以上となる素点を示す。また，範囲は最小値から最大値のものである。　$n=79$

付　　　録

ハンドテストスコア
日本人の標準データ

吉川眞理・山上栄子・佐々木裕子著

　ハンドテストを日本の臨床場面で活用するためには，本マニュアルとともに日本人による標準データが不可欠であることから，訳者が収集したデータをここに掲載した。標準データとしては，サイズやサンプリングの幅に不足があるが，本マニュアルによりハンドテストが普及することで，今後さらにデータが蓄積され標準データが充実されることを期待したい。なお，今回掲載の標準データは，主として1995年から1997年にかけて，兵庫県，京都府，山梨県，福岡県において収集された。また，一般成人群については，1980年に収集されたデータを一部含んでいる。

付録I　日本人のハンドテスト標準データ

　ハンドテスト反応が人格の表層部分，日常的な行為傾向を反映するという解釈仮説によれば，社会・文化的な要因の影響を被ることが予測される。そのために，ハンドテストを日本で使用する場合には，日本人をサンプルとした標準データが必要となる。

　今回，アメリカの標準データに対応させて日本人の年齢群別の標準データを収集した。ハンドテストは，ハンドテスト・マニュアルの手順に従って個別法で施行され，スコアリングされた。またスコアリングに迷いが生じる反応については，複数の研究者で協議の上，さらに原著者のワグナー博士に直接問い合わせた。

　年齢群別の人数と収集者は以下の通り。

　　　5～6歳　（保育園・幼稚園）群　　山上栄子
　　　7～9歳　（小学校低学年）群　　　吉川眞理
　　　10～12歳（小学校高学年）群　　　吉川眞理
　　　13～15歳（中学生群）群　　　　　吉川眞理
　　　20～58歳（一般成人）群　　　　　山上栄子・佐々木裕子・吉川眞理

　また分裂病障害群と不安障害群は，医師の診断の確認された事例が山上によってそれぞれ28名と24名収集されている。

日本人一般成人群の標準について

　なお，一般成人の内訳は，表III-1の通りである。米国の一般成人群と比較すると平均年齢が高くなっているが，これは主として約半数を占めて

表Ⅲ-1　日本人一般成人群の構成

	20代	30代	40代	50代	合　計
女　性	24	18	14	3	59
男　性	33	7	10	5	55
合　計	57	25	24	8	114

年齢平均値　　　32
（標準偏差）　10.68

いる学生の年齢による。日本の一般成人群に含められた学生は，20歳以上の被検者を集めている。

　まず，表Ⅲ-2に，一般成人群の各スコアリングの平均値，中央値，累積頻度84%および93%の素点，累積頻度7〜93%の素点の典型範囲を掲げた。この典型範囲から逸脱したスコアに対しては，診断バッテリーのほかの心理テストの結果を参照しながら，その意味を精査することが求められる。このとき，日本人一般成人は米国人一般成人群と比較して総反応数が多いために，全般に典型範囲が広がっていることに留意する必要がある。特に病理の指標とされるPATH（病理スコア）や，アクティング・アウトの指標とされるAOR（行動化比率）については，米国人の典型範囲との間にずれを認識しておくことが重要である。

　図Ⅲ-1に，日本人-米国人の一般成人群の量的スコア・カテゴリーの出現数の平均値を示した。この図によれば，日本人の総反応数の増加は，そのままACT（活動）の増加によるものであることがわかる。この点の考察については今後の課題としたい。しかし，体験比率のおおよその傾向として，INT［対人］とENV［環境］カテゴリーが全体の90%を占めている点は，米国人一般成人と共通している。

　各複合スコア・カテゴリー内のサブスコア反応の内訳については，INT［対人］カテゴリーの24%がAFF（親愛），7%がDEP（依存），29%がCOM（伝達），7%がEXH（顕示），19%がDIR（指示），15%がAGG（攻撃）であった。一方，ENV［環境］カテゴリーの8%がACQ（達成），86%がACT（活動），7%がPAS（受動）であった。また，MAL［不適応］カテゴリーの56%がTEN（緊張），29%がCRIP

表III-2　日本の一般成人群（20-58歳）のハンドテスト・スコア標準値

スコアリング・カテゴリー		MEAN	MEDIAN	SD	臨界値(注) 84%	臨界値(注) 93%	最小値	最大値	典型範囲
量的スコア									
AFF	（親愛）	2.19	2.00	1.71	4	5	0	10	0-5
DEP	（依存）	0.67	0.00	0.81	1	2	0	3	0-2
COM	（伝達）	2.70	2.00	1.52	4	5	0	7	1-5
EXH	（顕示）	0.66	0.00	0.97	2	2	0	4	0-2
DIR	（指示）	1.73	1.00	1.43	3	4	0	9	0-4
AGG	（攻撃）	1.43	1.00	1.61	3	4	0	9	0-4
INT	［対人］	9.31	9.00	4.56	13	15	0	38	4-15
ACQ	（達成）	0.56	0.00	0.86	1	2	0	4	0-2
ACT	（活動）	6.29	5.00	3.69	10	12	1	19	2-12
PAS	（受動）	0.51	0.00	0.75	1	2	0	4	0-2
ENV	［環境］	7.36	7.00	4.17	10	14	1	23	2-14
TEN	（緊張）	0.84	1.00	0.99	2	3	0	5	0-3
CRIP	（不自由）	0.44	0.00	0.87	1	2	0	6	0-2
FEAR	（恐怖）	0.23	0.00	0.50	1	1	0	2	0-1
MAL	［不適応］	1.51	1.00	1.46	3	4	0	7	0-4
DES	（記述）	0.15	0.00	0.48	0	1	0	3	0-1
BIZ	（奇矯）	0.02	0.00	0.13	－	0	0	1	0
FAIL	（失敗）	0.14	0.00	0.49	0	1	0	4	0-1
WITH	［撤退］	0.31	0.00	0.74	1	2	0	4	0-2
R	総反応数	18.41	18.00	7.42	24	29	9	57	11-29
AIRT	平均初発反応時間	7.34	6.40	3.85	10	14	2	24	4-14
PATH	病理スコア	2.12	2.00	2.00	4	5	0	8	0-5
AOR	行動化比率	2.40	2.00	3.16	6	7	4	10	-2-7
H-L	初発反応時間差	18.41	14.00	19.35	29	37	1	176	3-37
質的スコア									
AMB	《両価性》	0.10	0.00	0.35	0	1	0	2	0-1
AUT	《自動句》	0.02	0.00	0.19	－	0	0	2	0-0
CYL	《筒状》	0.24	0.00	0.48	1	1	0	2	0-1
DEN	《否定》	0.07	0.00	0.32	－	0	0	2	0
EMO	《情動》	0.08	0.00	0.48	－	0	0	4	0
GRO	《粗野》	0.00	0.00	0.00	－	0	0	0	0
HID	《隠蔽》	0.09	0.00	0.28	0	1	0	1	0-1
IM	《未熟》	1.84	1.50	1.54	3	5	0	9	0-5
IMP	《無力》	0.00	0.00	0.00	－	0	0	0	0
INA	《無生物》	0.04	0.00	0.24	－	0	0	2	0
MOV	《運動》	0.04	0.00	0.28	－	0	0	2	0
ORA	《口唇》	0.15	0.00	0.42	0	1	0	2	0-1
PER	《困惑》	0.03	0.00	0.16	－	0	0	1	0
SEN	《感覚》	0.02	0.00	0.13	－	0	0	1	0
SEX	《性的》	0.01	0.00	0.09	－	0	0	1	0
ORI	《独創》	0.00	0.00	0.00	－	0	0	0	0
RPT	《反復》	0.02	0.00	0.13	－	0	0	1	0

注　臨界値は，累積度数が84％，あるいは93％以上となる素点　　n＝114
　　表中の行動化比率の値は（AFF＋DEP＋COM）-（DIR＋AGG）の数値をあてている．

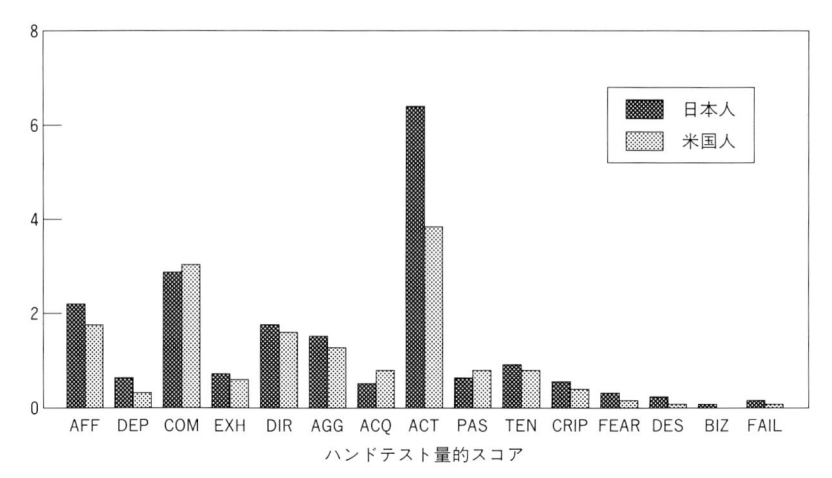

図Ⅲ-1　一般成人群のハンドテスト・スコア日米比較

（不自由），15%がFEAR《恐怖》であった。WITH［撤退］カテゴリーに関しては，49%がDES《記述》，6%がBIZ《奇矯》，46%がFAIL《失敗》であった。

　また質的カテゴリーに関しては，日本人一般成人群においてIM《未熟》反応が多く出されており，臨界値が大きく異なっていることに留意する必要がある。

　いくつかのスコアにおいて，日本人と米国人の一般成人群の間に典型範囲のずれが見られたが，この文化的差異について，今後，分析と考察を深めることで，日本人の特有の心性について興味深い知見が得られることが期待されよう。

日本人児童と青年の標準について

　日本人児童および青年の標準データは，年齢水準ごとに表Ⅲ-3～Ⅲ-6にまとめられた。各スコアリング・カテゴリー，複合カテゴリーおよび反応数や反応時間に関する平均値，中央値，標準偏差が求められている。さらに，第Ⅰ部の米国人の年齢群別標準データにならい，累積頻度が84%，

表Ⅲ-3　日本人の未就学児群：5〜6歳のハンドテスト・スコア標準値

スコアリング・カテゴリー		MEAN	MEDIAN	SD	臨界値(注) 84%	臨界値(注) 93%	最小値	最大値	典型範囲
量的スコア									
AFF	（親愛）	0.42	0.00	0.82	1	2	0	3	0−2
DEP	（依存）	0.11	0.00	0.31	0	1	0	1	0−1
COM	（伝達）	2.34	2.00	1.53	4	5	0	6	0−5
EXH	（顕示）	0.63	0.00	1.33	1.08	3	0	6	0−3
DIR	（指示）	0.24	0.00	0.43	1	1	0	1	0−1
AGG	（攻撃）	0.34	0.00	0.70	1	1.41	0	3	0−1
INT	［対人］	4.47	4.00	2.80	8	9	0	10	1−9
ACQ	（達成）	0.03	0.00	0.16	−	0	0	1	0
ACT	（活動）	2.11	2.00	1.50	3.08	5	0	5	0−5
PAS	（受動）	0.00	0.00	0.00	−	0	0	0	0
ENV	［環境］	2.03	2.00	1.50	3	5	0	5	0−5
TEN	（緊張）	0.03	0.00	0.16	−	0	0	1	0
CRIP	（不自由）	0.03	0.00	0.16	−	0	0	1	0
FEAR	（恐怖）	0.03	0.00	0.16	−	0	0	1	0
MAL	［不適応］	0.08	0.00	0.35	−	0	0	2	0
DES	（記述）	0.89	0.00	1.71	2	2.41	0	9	0−2
BIZ	（奇矯）	1.00	0.00	2.24	1.08	6	0	8	0−6
FAIL	（失敗）	2.24	1.50	2.29	6	8	0	8	0−6
WITH	［撤退］	4.13	3.50	2.66	7	8	0	10	1−8
R	総反応数	8.18	9.00	2.79	10	10	2	17	4−10
AIRT	平均初発反応時間	8.87	6.95	6.69	12.51	17.71	2.3	35.4	3−18
PATH	病理スコア	8.34	8.00	5.27	14	16	0	20	2−16
AOR	行動化比率	2.42	1.00	2.23	6	6	0	6	0−6
H-L	初発反応時間差	13.89	9.50	12.54	24.08	35.23	1	58	1−35

注　臨界値は，累積度数が84%，あるいは93%以上となる素点　　　$n=38$

93%になる素点と，素点の最小値から最大値にわたる範囲，さらに累積頻度が7〜93%になる典型範囲も合わせてまとめ，掲載した。日本人児童および青年のハンドテスト反応を解釈する際に参照してほしい。これらのデータはすべて正規の個別法によって収集されたものである。従って，正規の個別法で収集した児童および青年のハンドテスト・スコアは，該当する年齢群のデータと対照し，特に典型範囲から逸脱する値が見出される場合，ほかの心理検査を援用しながらその意味を探査するように期待される。

表Ⅲ-4　日本人の小学校低学年群：7〜9歳のハンドテスト・スコア標準値

スコアリング・カテゴリー		MEAN	MEDIAN	SD	臨界値(注) 84%	93%	最小値	最大値	典型範囲
量的スコア									
AFF	（親愛）	1.14	1.00	1.17	2	3	0	6	0−3
DEP	（依存）	0.50	0.00	0.70	1	2	0	3	0−2
COM	（伝達）	2.59	2.00	1.59	4	5	0	8	1−5
EXH	（顕示）	0.40	0.00	0.70	1	1	0	5	0−1
DIR	（指示）	1.13	1.00	1.19	2	3	0	5	0−3
AGG	（攻撃）	1.27	1.00	1.41	3	4	0	5	0−4
INT	［対人］	7.02	6.00	3.18	10	12	0	17	3−12
ACQ	（達成）	0.45	0.00	1.20	1	2	0	11	0−2
ACT	（活動）	4.30	4.00	2.84	7	9	0	14	1−9
PAS	（受動）	0.23	0.00	0.53	1	1	0	3	0−1
ENV	［環境］	4.97	4.00	3.10	7	11	0	14	1−11
TEN	（緊張）	0.32	0.00	0.63	1	1	0	3	0−1
CRIP	（不自由）	0.14	0.00	0.38	0	1	0	2	0−1
FEAR	（恐怖）	0.04	0.00	0.19	−	0	0	1	0
MAL	［不適応］	0.50	0.00	0.80	1	2	0	3	0−1
DES	（記述）	0.23	0.00	0.65	0	1	0	5	0−1
BIZ	（奇矯）	0.15	0.00	0.69	0	1	0	6	0−1
FAIL	（失敗）	0.50	0.00	1.27	1	2	0	6	0−1
WITH	［撤退］	0.87	0.00	1.57	2	5	0	7	0−5
R	総反応数	12.87	11.00	5.23	18	22	0	33	6−22
AIRT	平均初発反応時間	10.91	9.50	7.17	17.10	23.50	0	44	3.5−23.50
PATH	病理スコア	2.25	1.00	3.26	5	10	0	15	0−10
AOR	行動化比率	1.83	2.00	2.39	3	5	−5	8	−2−5
H-L	初発反応時間差	28.95	24.00	20.71	45	60	0	118	6.00−60.00

注　臨界値は，累積度数が84%，あるいは93%以上となる素点　　　$n=111$
　　表中の行動化比率の値は（AFF＋DEP＋COM）−（DIR＋AGG）の数値をあてている。

日本人臨床群

　ハンドテストは，開発の当初から分裂病群と神経症群を鑑別する心理検査としての有効性が立証されてきた（Wagner, 1961, 1962）。今後，日本の臨床場面で活用するために，分裂病障害群と古典的診断カテゴリーによる神経症の中核である不安障害群のハンドテスト・スコアの平均値，中央値，標準偏差，累積頻度が84%，93%になる素点と，素点の最小値から

表Ⅲ-5　日本人の小学校高学年群：10〜12歳のハンドテスト・スコア標準値

スコアリング・カテゴリー		MEAN	MEDIAN	SD	臨界値(注) 84%	臨界値(注) 93%	最小値	最大値	典型範囲
量的スコア									
AFF	（親愛）	1.89	2.00	1.52	3	5	0	7	0−5
DEP	（依存）	0.56	0.00	0.76	1	2	0	3	0−2
COM	（伝達）	2.41	2.00	1.53	4	5	0	6	1−5
EXH	（顕示）	0.51	0.00	0.70	1	2	0	3	0−2
DIR	（指示）	1.40	1.00	1.17	3	3	0	5	0−3
AGG	（攻撃）	1.45	1.00	2.36	3	4	0	17	0−4
INT	［対人］	8.25	7.00	4.27	11	16	1	26	3−16
ACQ	（達成）	0.66	0.00	0.80	1	2	0	3	0−2
ACT	（活動）	5.43	5.00	3.68	8	10	0	27	2−10
PAS	（受動）	0.41	0.00	0.77	1	2	0	4	0−2
ENV	［環境］	6.50	6.00	3.89	9	11	0	29	2−11
TEN	（緊張）	0.61	0.00	0.81	1	2	0	4	0−2
CRIP	（不自由）	0.06	0.00	0.28	−	0	0	2	0
FEAR	（恐怖）	0.06	0.00	0.37	−	0	0	3	0
MAL	［不適応］	0.73	0.00	0.92	2	2	0	4	0−2
DES	（記述）	0.25	0.00	1.00	0	1	0	7	0−1
BIZ	（奇矯）	0.00	0.00	0.00	−	0	0	0	0
FAIL	（失敗）	0.20	0.00	0.57	0	1	0	3	0−1
WITH	［撤退］	0.45	0.00	1.12	1	2	0	7	0−2
R	総反応数	15.72	14.00	6.85	21	28	7	44	10−28
AIRT	平均初発反応時間	11.93	10.50	6.09	18.40	22.50	0.7	29.5	3.9−22.5
PATH	病理スコア	1.63	1.00	2.44	3	6	0	14	0−6
AOR	行動化比率	2.01	2.00	3.14	5	6	−15	9	−2−6
H−L	初発反応時間差	33.70	30.00	19.25	50	58	4	99	8−58

注　臨界値は, 累積度数が84%, あるいは93%以上となる素点　　　$n=109$
　　表中の行動化比率の値は（AFF+DEP+COM）−（DIR+AGG）の数値をあてている。

最大値にわたる範囲, さらに累積頻度が7〜93%になる典型範囲を掲げた。

　表Ⅲ-7の分裂病障害群では, 一般成人群と比較して総反応数が少なく, 特にINT［対人］, ENV［環境］カテゴリー反応が少なくなっているが, むしろWITH［撤退］カテゴリーの値は高くなっている特徴が見られた。本群は, 第Ⅰ部第4章の米国の分裂病障害群のなかの第三下位グループである「より悪化した経過をたどっており, 慢性的, 画一的, 荒廃と診断されている」分裂病障害群に該当していると推測される。今後, 日本におい

表Ⅲ-6　日本人の中学生群：13～15歳のハンドテスト・スコア標準値

スコアリング・カテゴリー		MEAN	MEDIAN	SD	臨界値(注) 84%	93%	最小値	最大値	典型範囲
量的スコア									
AFF	（親愛）	1.42	1.00	1.26	3	3	0	6	0-3
DEP	（依存）	0.38	0.00	0.68	1	2	0	4	0-2
COM	（伝達）	2.07	2.00	1.24	3	4	0	6	1-4
EXH	（顕示）	0.36	0.00	0.68	1	1	0	4	0-1
DIR	（指示）	1.04	1.00	1.10	2	3	0	6	0-3
AGG	（攻撃）	0.70	0.00	1.06	2	2	0	6	0-2
INT	［対人］	5.90	6.00	2.41	8	9	1	18	3-9
ACQ	（達成）	0.36	0.00	0.60	1	1	0	3	0-1
ACT	（活動）	3.66	3.00	1.78	5	6	0	12	1-6
PAS	（受動）	0.21	0.00	0.46	1	1	0	2	0-1
ENV	［環境］	4.23	4.00	1.90	6	7	0	13	2-7
TEN	（緊張）	0.36	0.00	0.61	1	1	0	3	0-1
CRIP	（不自由）	0.08	0.00	0.29	0	1	0	2	0-1
FEAR	（恐怖）	0.03	0.00	0.18	0	0	0	2	0
MAL	［不適応］	0.47	0.00	0.72	1	2	0	3	0-2
DES	（記述）	0.03	0.00	0.18	0	0	0	1	0
BIZ	（奇矯）	0.03	0.00	0.05	0	0	0	1	0
FAIL	（失敗）	0.86	0.00	1.35	2	3	0	7	0-3
WITH	［撤退］	0.90	0.00	1.37	2	3	0	7	0-3
R	総反応数	10.70	10.00	3.05	13	15	3	29	7-15
AIRT	平均初発反応時間	5.69	4.70	3.73	9	13	0	20	2.3-13
PATH	病理スコア	2.26	2.00	2.70	5	7	0	14	0-7
AOR	行動化比率	2.12	2.00	2.52	4	6	-6	8	-2-6
H-L	初発反応時間差	15.30	11.00	13.75	28	38	0	70	2-38

注　臨界値は，累積度数が84％，あるいは93％以上となる素点　　$n=352$
　　表中の行動化比率の値は（AFF＋DEP＋COM）－（DIR＋AGG）の数値をあてている。

てハンドテストを臨床場面で診断目的で使用するためには，さらに潜伏性か分裂病の初期，あるいはボーダーライン，分裂気質と診断されがちな分裂病障害群など，幅広い下位グループのデータを収集する必要があるかもしれない。

　表Ⅲ-8の不安障害群は，分裂病障害群ほどではないが，一般成人群に比較すると総反応数が少なく，特にINT［対人］，ENV［環境］カテゴリー反応が少なくなっているが，MAL［不適応］カテゴリーの値は，むしろ増加傾向にある。しかし，分裂病障害群ほどWITH［撤退］カテゴ

表Ⅲ-7　日本の精神分裂病群のハンドテスト・スコア標準値

スコアリング・カテゴリー		MEAN	MEDIAN	SD	臨界値(注) 84%	93%	最小値	最大値	典型範囲
AFF	《親愛》	0.68	0	0.85	2	2	0	3	0-2
DEP	《依存》	0.39	0	0.67	1	1	0	3	0-1
COM	《伝達》	2.04	2	1.3	4	4	0	4	0-4
EXH	《顕示》	0.32	0	0.76	1	2	0	3	0-2
DIR	《指示》	0.57	0	0.94	2	2	0	3	0-2
AGG	《攻撃》	0.89	0	1.32	2	3	0	5	0-3
INT	[対人]	4.89	5	3.04	8	8	0	15	1-8
ACQ	《達成》	0.04	0	0.19	0	0	0	1	0
ACT	《活動》	2.64	2.5	1.76	4	5	0	7	0-5
PAS	《受動》	0.25	0	0.43	1	1	0	1	0-1
ENV	[環境]	2.93	3	1.89	5	5	0	8	0-5
TEN	《緊張》	0.29	0	0.65	1	1	0	3	0-1
CRIP	《不自由》	0.25	0	0.51	1	1	0	2	0-1
FEAR	《恐怖》	0	0	0	0	0	0	0	0
MAL	[不適応]	0.54	0	0.73	1	1	0	3	0-1
DES	《記述》	1.75	1	2.4	3.68	6.11	0	9	0-6
BIZ	《奇矯》	0.57	0	1.05	1	3	0	3	0-3
FAIL	《失敗》	1.61	1	1.8	3.68	4.11	0	6	0-4
WITH	[撤退]	3.93	3	3.76	7	9	0	15	0-9
R	総反応数	10.64	10	3.21	13	15	6	21	6-15
AIRT	平均初発反応時間	8.39	6.25	5.81	13	17	2.4	25.8	3-17
PATH	病理スコア	8.39	6.5	7.35	14	20	0	30	1-20
AOR	行動化比率	1.74	1.42	1.47	3	3	0	6	0-3
H-L	初発反応時間差	13.93	11.5	10.42	22	33	1	41	2-33
AMB	《両価性》	0	0	0	0	0	0	0	0
AUT	《自動句》	0	0	0	0	0	0	0	0
CYL	《筒状》	0	0	0	0	0	0	0	0
DEN	《否定》	0.04	0	0.19	0	0	0	1	0
EMO	《情動》	0.04	0	0.19	0	0	0	1	0
GRO	《粗野》	0	0	0	0	0	0	0	0
HID	《隠蔽》	0	0	0	0	0	0	0	0
IM	《未熟》	1	1	1.22	2	3	0	4	0-3
IMP	《無力》	0	0	0	0	0	0	0	0
INA	《無生物》	0	0	0	0	0	0	0	0
MOV	《運動》	0	0	0	0	0	0	0	0
ORA	《口唇》	0	0	0	0	0	0	0	0
PER	《困惑》	0	0	0	0	0	0	0	0
SEN	《感覚》	0.11	0	0.31	1	1	0	1	0-1
SEX	《性的》	0	0	0	0	0	0	0	0
ORI	《独創》	0	0	0	0	0	0	0	0
RPT	《反復》	1.04	0	1.3	2	3	0	4	0-3

注　臨界値は，累積度数が84%，あるいは93%以上となる素点　　$n=29$

表Ⅲ-8　日本の不安障害群のハンドテスト・スコア標準値

スコアリング・カテゴリー		MEAN	MEDIAN	SD	臨界値(注) 84%	93%	最小値	最大値	典型範囲
AFF	(親愛)	1.29	1	0.98	2	3	0	3	0−3
DEP	(依存)	0.58	0	0.86	1	2	0	3	0−2
COM	(伝達)	1.92	2	1.35	3	4	0	6	1−4
EXH	(顕示)	1.17	1	1.25	2	3	0	4	0−3
DIR	(指示)	1.79	1.5	1.35	3	4	0	5	0−4
AGG	(攻撃)	1.13	1	1.13	2	3	0	4	0−3
INT	［対人］	7.88	7	3.19	12	13	2	13	4−13
ACQ	(達成)	0.29	0	0.54	1	1	0	2	0−1
ACT	(活動)	3.54	4	1.94	5	5	1	10	1−5
PAS	(受動)	0.17	0	0.47	0	1	0	2	0−1
ENV	［環境］	4	4	2.16	5	7	1	10	1−7
TEN	(緊張)	0.58	0	1.04	1	2	0	4	0−2
CRIP	(不自由)	0.75	0	1.27	2	3	0	4	0−3
FEAR	(恐怖)	0.38	0	0.63	1	1	0	2	0−1
MAL	［不適応］	1.71	1	2.03	3	5	0	8	0−5
DES	《記述》	0.25	0	0.52	1	1	0	2	0−1
BIZ	《奇矯》	0.13	0	0.33	0	1	0	1	0−1
FAIL	《失敗》	0.5	0	0.58	1	1	0	2	0−1
WITH	［撤退］	0.88	1	0.67	1	2	0	2	0−2
R	総反応数	13.96	13	4.1	19	21	9	21	9−21
AIRT	平均初発反応時間	7.6	6.75	3.45	10	12	2.7	18.2	3.96−12
PATH	病理スコア	3.5	3	2.33	6	7	0	10	1−7
AOR	行動化比率	1.42	1.33	0.9	2	3	0.2	3	0.28−3
H-L	初発反応時間差	17.17	15	10.96	24	33	4	54	4.61−33
AMB	《両価性》	0.04	0	0.2	0	0	0	1	0
AUT	《自動句》	0	0	0	0	0	0	0	0
CYL	《筒状》	0.08	0	0.28	0	0	0	1	0
DEN	《否定》	0.33	0	0.62	1	1	0	2	0−1
EMO	《情動》	0	0	0	0	0	0	0	0
GRO	《粗野》	0.04	0	0.2	0	0	0	1	0
HID	《隠蔽》	0	0	0	0	0	0	0	0
IM	《未熟》	1.46	1	1.41	2	3	0	6	0−3
IMP	《無力》	0	0	0	0	0	0	0	0
INA	《無生物》	0	0	0	0	0	0	0	0
MOV	《運動》	0	0	0	0	0	0	0	0
ORA	《口唇》	0	0	0	0	0	0	0	0
PER	《困惑》	0	0	0	0	0	0	0	0
SEN	《感覚》	0.04	0	0.2	0	0	0	1	0
SEX	《性的》	0.04	0	0.2	0	0	0	1	0
ORI	《独創》	0	0	0	0	0	0	0	0
RPT	《反復》	1.46	2	1.38	2	4	0	4	0−4

注　臨界値は，累積度数が84%，あるいは93%以上となる素点　　$n=24$

リーは見られない。本群は，一般成人よりあらゆる反応数が多くなるとされた米国の不安障害群とは異なる特徴を示した。しかし，第Ⅰ部第4章では，米国の不安障害群は，多様な不安障害群を一群にまとめたために，かえって一般的な神経症群の特徴が見えにくくなっており，むしろ一般的な神経症パターンは，比較的少ない総反応数とENV［環境］カテゴリーの低下，高いMAL［不適応］であると解説されており，日本人の不安障害群は，このグループのパターンによく該当していると思われる。したがって日本の臨床場面で，従来の診断カテゴリーの神経症に近い不安障害群の診断のためには，本群のデータを参照することが有効であろう。

付録II　日本人のカードプル

ハンドテストのそれぞれのカードは，そのカードに描かれた独特な手の動き，その手の印象やそのカードの提示順序のために，ある一定の反応が出されやすくなっている。こうしたカードプルは，米国人集団を対象に検討され，質的分析の重要な側面として位置付けられている。つまり，本検査の解釈には，被検者が単にどのような反応を出したかだけではなく，どのカードにその反応を出したのか，また，その反応は期待される反応なのか，そうではないのかなど，各カードのカードプルを考慮した解釈が重要な意味をもつことになる。

しかしながら，本検査は，手という日常生活に欠かせない身体器官を刺激として用いているため，被検者の慣れ親しんだ生活習慣が反応に少なからず影響していると考えられる。従って，被検者の文化的背景が異なる場合，当然期待されるカードプルも違ったものとなるであろう。そこで本章では，われわれの収集した日本人のハンドテスト反応について，各カードの15個の量的スコアリング・カテゴリーの出現率を集計したデータをもとに（表III-9），日本人におけるカードプルを紹介しておきたい。

カード I

右手の手のひらを正面から見た絵で，親指以外の指はきちんとそろえられ，大きく手を開いて前へ出した状態の手である。ぴんと伸びた指が強い意志を感じさせる絵である。

このカードは，米国人集団において，COM（伝達），DIR（指示），AFF（親愛）反応が出やすいとされ，新しい状況に対する対処の仕方を知ることができるとされている。われわれの日本人集団のデータを見る

表III-9　日本の一般成人（114人）におけるカード別スコアリング・カテゴリー出現率

		I	II	III	IV	V	VI	VII	VIII	IX	X
AFF	（親愛）	0.465	0.009	0.009	0.395	0.105	0.088	0.430	0.035	0.123	0.237
DEP	（依存）	0.167	0.114	0.026	0.035	0.070	0.000	0.079	0.009	0.079	0.026
COM	（伝達）	0.325	0.070	0.649	0.070	0.079	0.702	0.175	0.026	0.140	0.219
EXH	（顕示）	0.096	0.035	0.018	0.035	0.026	0.105	0.096	0.018	0.061	0.114
DIR	（指示）	0.386	0.044	0.360	0.132	0.211	0.000	0.193	0.009	0.132	0.044
AGG	（攻撃）	0.132	0.053	0.088	0.167	0.140	0.500	0.096	0.018	0.053	0.009
ACQ	（達成）	0.026	0.281	0.009	0.053	0.167	0.018	0.009	0.000	0.018	0.009
ACT	（活動）	0.167	0.597	0.272	0.526	0.298	0.316	0.395	0.982	0.412	0.439
PAS	（受動）	0.018	0.044	0.000	0.000	0.202	0.018	0.026	0.009	0.079	0.088
TEN	（緊張）	0.044	0.149	0.009	0.053	0.061	0.202	0.105	0.000	0.061	0.070
CRIP	（不自由）	0.018	0.070	0.009	0.035	0.175	0.000	0.026	0.000	0.070	0.009
FEAR	（恐怖）	0.000	0.149	0.009	0.044	0.018	0.000	0.009	0.000	0.000	0.000
DES	（記述）	0.044	0.018	0.009	0.035	0.035	0.018	0.000	0.000	0.018	0.018
BIZ	（奇矯）	0.000	0.009	0.000	0.000	0.009	0.000	0.000	0.000	0.000	0.000
FAIL	（失敗）	0.000	0.009	0.000	0.018	0.009	0.009	0.018	0.009	0.096	0.018

と，基本的なカードプルは米国人集団と差がなく，AFF（親愛）反応が46.5%，DIR（指示）反応が38.6%，COM（伝達）反応が32.5%と出現率が高くなっている。最初のカードであるこのカードに，INT［対人］カテゴリーの反応が出やすいということは，被検者が新奇場面でどのような人間関係を築こうとするかを予測させると同時に，これから始まる本検査での被検者と検査者の人間関係が，どのようなものになるかについての情報を提供することになるかもしれない。さらに詳しくデータを見ると，このカードはほかのカードと比べて，INT［対人］とENV［環境］カテゴリーのすべてのサブカテゴリーが，ほぼバランス良く出現している。つまり，あらゆる種類の反応が生じる柔軟なカードなのである。

カードⅡ

手を開いた右手の甲を正面から見た絵であるが，それぞれの指が不規則に曲がっているため，力が入っているように見える絵である。歪んだ太い線で描かれているために不快な印象を与えるようである。

カードプルはENV［環境］カテゴリーとされ，一般にはACT（活動），ACQ（達成）反応が出やすいとされている。日本人集団においても，ACT（活動）反応の57.9%が最も多く，次いで28.1%のACQ（達成）反応が多くなっており，米国人集団のカードプルと共通している。さらにこのカードは神経症的な人はMAL［不適応］カテゴリーを出しやすく，「神経症的な傾向として解釈される驚きや恐怖を引き起こす」（Wagner, 1983）カードであるともされている。このカードのこうした刺激特性は，筆者の不安高群と低群の印象の違いを検討した調査からも窺え，不安高群はこのカードに対して不快な印象を強く抱くようである。しかしながらこのカードは，TEN（緊張）反応の出現率が14.9%と高いことから，日本人は全般的にこのカードに対して否定的な印象を抱きやすいと考えられる。したがって，日本人のこのカードに対するMAL［不適応］反応をそのまま神経症的傾向として解釈するのは慎重に行なう必要がある。

カードⅢ

　人差し指を差し出した状態の右手を真横から見た絵である。動きの明確な指であること，描かれている線もすっきりとしていることから，単純で分かりやすいカードのようである。

　米国人集団のカードプルは，DIR（指示），COM（伝達），ACT（活動）反応とされ，日本人集団でも，COM（伝達）反応が64.9％，DIR（指示）反応が36.0％，ACT（活動）反応が27.2％と，同じ三つのサブカテゴリーに反応が集中して生じていた。このカードのポーズが，「かなり構造化された」「無害でやさしい刺激」であるため，容易に反応を出すことができたためと考えられる。マニュアルでは，このカードに逸脱した反応を出したり，反応を出せなかったりした場合は，重篤な問題を示唆することになるとされており，日本人集団においても，BIZ（奇矯）反応，FAIL（失敗）反応が生じていないことを考えると，このカードに標準的な反応が出せないことは，大変稀なことであるといえよう。反面，このカードに対する反応の種類が大変限られたものであり，単純で一般的な反応しか出せないカードであるともいえる。

カードⅣ

　手のひらを下に向けた右手を斜め下から見上げるようにして見た絵である。親指が太いこと，手のひらの肉付きが良いことなどのために，力強い男性的な印象を与えるカードである。

　米国人集団においては，特にこれといってカードプル反応はないが，しばしば攻撃的反応や攻撃に対するショックを引き起こすとされている。しかしながら，日本人集団のデータでは，ACT（活動）反応が52.6％と最も多く，次いで，39.5％とAFF（親愛）反応が多く生じている。この

カードは攻撃に対するショックを引き起こすとされるにもかかわらず，日本人はAFF（親愛）反応を多く出していることから，このカードに対する日本人集団の印象が，米国人集団とは大きく異なっている可能性が考えられる。ただし，日本人集団においてもAGG（攻撃）反応が16.7％出ていることから，攻撃的な反応を表現することに対する日本人の両価的な態度による影響も推測される。したがって，カードプルについては今後詳細な検討が必要である。また，このカードはしばしば男性的な手として見られ，象徴的には「父親カード」と指摘されている。単に男性的な印象を与えるカードはほかにもあることから，「父親」的な印象に含まれる複雑な意味について，充分検討した上で解釈する必要があろう。

カードV

だらんと指を垂らした状態の右手の絵である。自分の手をこの角度から見ることは難しいため，他者の手として知覚することになると思われる。線が太く，滲んだようになっている箇所もあるため，不気味な印象を与える絵である。

カードプルは，ENV［環境］カテゴリーで，PAS（受動）反応やMAL［不適応］カテゴリーが生じ，受動性への態度や神経症的なショックを反映するカードとされている。日本人集団においても，ENV［環境］カテゴリーの出現率が高いものの，最も多いACT（活動）反応で29.8％，DIR（指示）反応が21.1％と，どちらも出現率は30％以下であることから，このカードには強いカードプルはないといえよう。しかしながら，PAS（受動）反応が20.2％，CRIP（不自由）反応が17.5％出ており，これは，ほかのカードに比べて高い出現率となっている。したがって，このカードに特徴的な反応として，PAS（受動）反応とCRIP（不自由）反応を挙げることが可能ではないかと思われる。また，このカードは，日本人にとっては，「お化けのまねをしている」ポーズとして知覚されやすく，不快な印象を与えるカードのようである。そのため，日本人のこのカード

に対する MAL［不適応］的な反応をどのように解釈するかについては，日本文化的な要因も考慮した検討が必要と思われる．

カード Ⅵ

握りこぶしにした左手を手のひら側から見た絵である．親指が外に出ていること，濃く太い線で描かれていることから，強く握りしめた印象を与える絵である．

米国人集団では，AGG（攻撃）反応が明らかなカードプルで，ACT（活動）反応も出やすいとされている．しかしながら，日本人集団では，COM（伝達）反応が 70.2% と最も多く，次いで AGG（攻撃）反応が 50.0%，ACT（活動）反応が 31.6% 出ていた．COM（伝達）反応が多かった理由として，そのほとんどが「ジャンケンのグー」であったと考えられることから，日本人集団にとってこのカードに対する「ジャンケン反応」は，ポピュラー反応であるともいえるようである．これは，日本においてジャンケンが深く浸透しているという文化的な要因によるところが大きいと考えられる．さらにこのカードは，TEN（緊張）反応も 20.2% と 10 枚のカードのなかで最も出現率が高くなっていた．日本人がこのカードに何らかの緊張感を感じていたと考えられることから，このカードに対する日本人の両価的な態度についても今後検討する必要があろう．

カード Ⅶ

5 本の指をすべてそろえた状態で横に出した左手を手の甲側から見た絵である．手の動きそのものが少ない上，左手であることで反応に制限が加わるようである．

強いカードプルはないとされ，マニュアルでは，カード Ⅵ の攻撃的なトーンが引き継がれる可能性があるとしている．しかし，日本人集団の反

応を見ると，AFF（親愛）反応が43.0%と最も多く，次いでACT（活動）反応が39.5%出ているが，AGG（攻撃）反応は10%以下と少なくなっている。マニュアルに指摘されている，「カードⅥで反応を出すのに困難を感じた人が，このカードで即座にAFF（親愛）反応を出すこともある」（Wagner, 1983）といった解釈を採用するならば，カードⅥに対する日本人の両価的な態度が，このカードにAFF（親愛）反応を多く出させることになったと考えることも可能であろう。しかしながら，攻撃的な反応を直接出すことの少ない日本人集団においては，このカードに攻撃的なトーンが引き継がれることは少なく，むしろこのカードの無難な印象のためにAFF（親愛）反応が多くなったとも考えられる。また，このカードは，「仏壇に手を合わせている」といった宗教的な反応が見られるカードである。こうした特殊な反応が，このカードに出現する意味について検討することも，このカードに対する解釈を深めるのではなかろうか。

カードⅧ

　右手の親指と人差し指を合わせ，ほかの指を軽く握った状態の手を親指側から見た絵である。比較的すっきりとした線で描かれていること，動きが明確であることから，反応のしやすい絵である。

　カードプルはACT（活動）反応で構造化された絵であるため，反応の容易なカードとされている。日本人集団においてもACT（活動）反応が98.2%と非常に高い出現率で出ており，明らかにACT（活動）反応がこのカードのカードプルであるといえよう。また，このカードへの反応が容易であることは，日本人集団のデータを見ても，わずかにFAIL（失敗）反応が出ているものの，MAL［不適応］反応とWITH［撤退］反応が全く生じていないことからも推測される。しかしながら，ACT（活動）反応以外のサブカテゴリーの反応がどれも5%以下の出現率となっていることから，このカードの反応の幅が極端に狭く，そのために個性的な反応が生じにくくなるものと思われる。反応しやすいことでほっとする反面，意

欲のある被検者には物足りない印象を与えるのではなかろうか。その結果，同じカテゴリーの反応をいくつか出してしまうことになると思われる。

カードIX

　右手を開いて，指を下にした状態で手のひらを見せるようにした絵である。自分の手として知覚することは困難なため，他者の手として知覚することになるが，親指が太いこと，くっついている指と離れている指があること，手の向きが不自然であることなどのために，反応の難しいカードである。

　これまでのカードで最も反応の難しいカードで，特にカードプルもないとされている。象徴的な性的内容が出されやすいとしているものの，反応の難しいカードであるため，性的不適応の解釈には慎重でなければならない。日本人集団のデータを見ると，やはり反応の難しいカードであったらしく，FAIL《失敗》の出現率が9.6％と，ほかのカードに比べて最も高くなっている。しかしながら，ACT《活動》反応が41.2％とほかのカテゴリーに比べて高い出現率で生じていることから，日本人集団においては，ACT《活動》反応がこのカードのカードプルと考えることも可能と思われる。このカードに性的な意味が関与するかどうかについては，質的カテゴリーを含めた解釈と，多くのケース研究による考察が不可欠であるため，今後のデータの収集が必要と思われる。

カードX

　白紙カードであるためカードプルはないものの，日本人集団では，ACT《活動》反応が43.9％，AFF《親愛》反応が23.7％と多く出ている。これらの反応は，ほかのカードにおいても比較的出現しやすいサブカテゴリーであるため，反応として出しやすかったと考えられる。日本人集

団において特徴的なことは，EXH（顕示）反応の出現率が11.4%とほかのカードに比べて多いことである。これをどう解釈するかについては，日本人におけるEXH（顕示）反応の解釈仮説とも絡めて今後検討していく必要がある。マニュアルでは，このカードに対してどのように反応するかは，被検者の想像的能力や将来の生活役割を思い描く能力と関連するとされているが，その際，このカードが最後のカードであることを考えると，このカードにたどり着くまでに築かれてきた被検者‐検査者関係を含めて解釈する視点も必要ではなかろうか。こうした対人関係場面としての視点から本検査を解釈する可能性については今後の課題であろう。

解　説
──ハンドテストの歴史と新たな可能性の展望

ハンドテストの由来

　ハンドテストは，手の絵が描かれた 10 枚の刺激図版より構成された投影法であるが，基本的な施行法については最も代表的な投影法であるロールシャッハ法に準じる部分が多い。

　ロールシャッハ法の刺激図版は相当あいまいな刺激であり，被検者は，このあいまいな刺激が「何に見えるか」答えるように求められる。ロールシャッハは，本来，動きを持たないインクのしみに対して，ある種の運動，表情，姿勢を伴う人物像をみたてた反応を，人間運動反応と分類し，その被検者の内的生活，空想や幻想に対する態度を表わすものと解釈した。これに対して，ピオトロフスキー（Piotrowski）は，その著書『知覚分析』（1957）のなかで，人間運動反応の内容は「生活のなかの原型的な役割」を示すと主張した。すなわち，ロールシャッハが，人間運動反応の内容と現実の活動との間に負の相関を持つとしたのに対し，ピオトロフスキーは，現実行動との間に正の相関があるという逆の考えを提唱したのである。

　この論争はロールシャッハ法の人間運動反応の本質をめぐる中核的な問題であるが，ワグナー（E. E. Wagner）は，このピオトロフスキーのいう「生活のなかの原型的な役割」をよりよくとらえることのできる投影法としてハンドテストを考案したようである。ハンドテスト開発の経緯について，ワグナーは「これは投影法によって行動を予測することができるか否かという専門家の間での議論に答えようとするものであった」と述べている。彼はさらに続けて「ピオトロフスキー（1957）は，ロールシャッハ法の人間運動（M）反応は，実際の行動に結びつくことが期待される原型的な行動傾向を示すとした。しかしながら，ロールシャッハ M 反応をほ

とんど出さない人，または全く出さない人も，必ず行動はしているのである。そこで，表面に現れやすい態度や行動傾向を映し出し，その人の行動を明らかにする投影法が必要であると感じられた」（第Ⅰ部第１章）と述べている。こうして，手の絵が描かれたカードに対して「この手は，何をしているように見えますか」と問う投影法ハンドテストが誕生したのである。

ハンドテストの歩み──臨床心理学の発展とともに

ハンドテストの開発が始まったのは，米国において投影法研究が全盛をきわめた1950年代のことであった。しかし，その後，投影法研究熱が沈静化するにつれて，ロールシャッハ法の落とし子ともいえるハンドテストは，比較的地味な研究領域の一角に位置づけられてきたようである。以来ワグナーを中心とする研究グループは，たゆまずハンドテストを心理検査として確立する作業を続けてきた。いわば臨床心理学の発展とともに，ハンドテストも成長を続け，新しい世紀を迎えようとする現在も，心理臨床の現場で有効な心理検査として通用していることは，注目すべきことであろう。

開発当初は，行動化傾向を予測する心理検査としての妥当性研究がさかんに行なわれてきた。当時の研究は，まず実際的な価値を追求する傾向が顕著であったようである。その後，信頼性研究，さらに発達指標の研究，また簡便で親しみやすい検査である利点を生かして発達遅滞や高齢者のための心理評定用具としてその用途を広げ，妥当性や信頼性が検討されてきた。近年は，虐待事例の増加とともに心的外傷に関わる指標についての研究も進められている。また，ハンドテストは米国からヨーロッパおよびオーストラリアに普及し，文化比較研究もさかんに行なわれるようになった。

日本標準化への道のり

日本にハンドテストを導入したのは，1960年代の米国研修でハンドテストに出会った箕浦康子であった。アメリカ東部において比較的広く普及していたハンドテストを知り「被検者のその時の心理状態をよく反映し，

施行，スコアリングとも簡単であるうえ，被検者側に抵抗が少ないことなどで，臨床現場でテストバッテリーに組み合わせるのによい補助テスト」(箕浦，1970）として，ハンドテストを日本のサイコロジストに紹介したのである。その後 1970 年代に，当時のハンドテスト・マニュアルの翻訳と，日本での標準化をめざしてデータ収集が行なわれてきたが，この作業は未完に終わっている。しかし，当時の研究協力者であった山上栄子は，その後の臨床実践においてハンドテスト臨床データの収集を継続し，その臨床的有効性に関する探索的な研究を行なってきた（山上，1993）。また，矯正領域の非行臨床分野にハンドテストが伝えられ，その後も犯罪心理学会において何件かの発表が行なわれている。

　1980 年代に入ると，吉川眞理は，手の動的イメージへの興味からハンドテストに出会い，箕浦からハンドテストについての指導を受け，ハンドテスト場面に関する研究およびハンドテスト原理研究に取り組んできた（吉川，1988；吉川，1994；吉川，1998）。その後，ロールシャッハ研究を通してハンドテストの可能性を見出した小川俊樹の指導を受けた佐々木裕子も，ハンドテスト研究に取り組むようになった（佐々木，1996）。

　山上と吉川は，箕浦の承諾を得て，ハンドテスト・マニュアル翻訳と日本標準化の作業を協力して引き継ぐことになった。しかし，文化・社会的影響を受けやすいハンドテスト反応の標準化には，新たにデータを収集する必要があり，またハンドテスト・マニュアル原版も 1983 年に大幅に改訂され，翻訳も最初からやりなおすことになった。そして何よりハンドテストは，個別法であるため，まとまった数のデータを集めるには相当の時間と労力が必要であった。

　この苦しい作業経過で大きなはずみとなったのは，1996 年 7 月ボストンで行なわれた「第 15 回ロールシャッハおよび投影法国際会議」(International Congress of Rorschach & Projective Methods) への参加を誘う一通の手紙であった。1988 年に『心理学研究』に発表した論文が機縁でオハイオ州立大のパネック教授からこの手紙を受け取ることになった吉川は，もう一人の日本からの参加者として，日本におけるハンドテストの臨床実践を長年積み重ねてきた山上を企画者に紹介し，二人はハンドテスト

文化比較研究をテーマとするシンポジウムにおいてそれぞれ日本におけるハンドテスト研究，ハンドテスト臨床活用に関する発表を行なうことができたのである。このシンポジウムで，原著者ワグナーをはじめ欧米諸国のハンドテスト研究者たちとの出会いがあり，その後の作業の励みを得ることができたことは，何より大きな収穫であった。

しかし，本書の完成には，さらに約3年の月日を要することになった。二人の作業ではさらに時間がかかるところを，新進のハンドテスト研究者，佐々木裕子の強力な貢献を得て，この翻訳作業を三者に等分することができ，ようやく完成にこぎつけたのである。ワグナーも，この幅広い年代のチームワークが，今後の日本におけるハンドテスト研究継続の基礎となることと期待を寄せられている。

ハンドテストの魅力と新たな可能性

とりわけ1950年代を中心にいくつかの投影法が開発されてきたが，それらの投影法が生き続けるためには二つの条件があるように思われる。まず一つは，何よりテストそのものの魅力である。そしてもう一つは，テストの標準化作業や，妥当性，信頼性研究が確立されていることである。

第一の条件に関して，ハンドテストは形式的にはロールシャッハに準じた投影法でありながら，身体の一部位である「手」を刺激とする点が非常にユニークであり，解釈理論のさらなる発展の可能性を秘め，大きな魅力を感じさせる。

まず「手」そのものが持つ意味や機能の幅広さ，奥深さを挙げることができる。身体の構造，機能から見て「手は外界と関わる接点」であることから，手の絵に対して個人固有の「外界との関わり方」が投影されやすいことがいわれてきた。これまで多くのハンドテスト研究は，手の絵に各個人の原型的な行為傾向が投影されやすいことを証明してきた。まさにこの点が，ハンドテストの特徴である。すなわち多くの投影法は，人格の深層を探査するための道具として開発されたが，ハンドテストは逆説的に人格の表層，行動として現れがちな傾向，さらに行動化の生じやすさを知ろうとするものなのである。パーソナリティ・アセスメントの実際場面では，

衝動の内容そのものよりも内的な衝動がどの程度行動化されやすいかを知ることが重要になることがある。ハンドテストは，そのような目的に適う心理検査の一つなのである。たとえば，反社会的な反応を出す被検者は，反社会的な行動化をしやすいという解釈仮説はあまりにも単純ではあるが，検査場面そのものを一社会場面と解釈すれば，検査場面での反社会的な内容の言語化は，社会場面における反社会的な行動化につながる指標として受けとめることも可能であろう。

また，「手」が身体の一部位であることから，ハンドテスト・パフォーマンスには，個体における身体感覚の体験のされ方が反映される可能性もある。開発当初より刊行者は，強制的なM反応過程を意図していたのであるが，その過程の個人差がハンドテスト・プロトコルに現れるかもしれない。このように見てくると，ハンドテストは，非常に大きな魅力ばかりでなく，新しい可能性をも秘めているテストであると感じられるのである。

原著者ワグナーは，このようなハンドテストの新たな解釈仮説の展開や可能性の発見に対しては寛容な構えをとっているようである。しかし，ハンドテスト施行の手続きと規定のスコアリングに関しては一歩も譲らない。これは，継続的なテストの標準化作業，および妥当性，信頼性研究の確立のためには当然のことであろう。この姿勢があってこそ，投影検査の存続の第二条件を満たすのである。しかし，規定のスコアリング以外に新たな付加スコアを設けることには寛容であり，むしろ積極的に勧めさえしている。

このような意味で，ハンドテストはさらなる発展の可能性に向けて開かれた投影法である。また投影法は，それ自体，診断のための用具であるとともに，被検者－検査者間に，新たなコミュニケーションのチャンネルを開き，治療的な人間関係を深めていくためのものでもある。ハンドテストの手軽さや親しみやすさ，さらに「手」の多義性や機能性，および身体感覚に直接関わるユニークさは，この点にも大きく貢献するものであろう。

吉 川 眞 理

文　献

Wagner, E. E. The use of drawings of hands as a projective medium for differentiating normals and schizophrenics. *Journal of Clinical Psychology*, 1961, *3*, 279-280.

Wagner, E. E. The use of drawings of hands as a projective medium for differentiating neurotics and schizophrenics. *Journal of Clinical Psychology*, 1962, *2*, 208-209.

Wagner, E. E. *The Hand Test Manual revised 83*. Western Psychological Services, 1983.

Piotrowski, Z. A. *Perceptanalysis*. New York: Macmillan, 1957. （Z. A. ピオトロフスキー，上芝功博訳『知覚分析』新曜社，1980）

箕浦康子「テスト紹介──ハンドテスト」『臨床心理学研究』第9巻，1970，37-41頁．

箕浦康子，武田由美子「ハンドテスト解釈仮説の再検討──日本の非行少年の特徴を中心に」『犯罪心理学研究』第9巻，1972，38-46頁．

山上栄子，武田由美子，末永清他「ハンドテストにおけるノイローゼの特徴」『犯罪心理学研究』第12巻，1975，37頁．

山上栄子，武田由美子「精神分裂病者のハンドテスト」『犯罪心理学研究』第14巻，1977，23頁．

山上栄子「分裂病者における投影法についての一考察──風景構成法，ロールシャッハ，ハンドテストの有効性と限界」『芸術療法学研究』24巻，1993，30-40頁．

吉川眞理「ハンドテスト検査場面に関する実験的研究──教示に加えられた検査定義がハンドテスト反応に及ぼす影響」『心理学研究』58巻，1988，381-387頁．

吉川眞理「投影法ハンドテスト研究序論」『山梨大学教育学部研究報告』45号，1994，184-191頁．

吉川眞理「ハンドテスト反応における動作感覚移入過程について」『山梨大学教育学部研究報告』49号，1998，184-191頁．

佐々木裕子，伊藤宗親，小川俊樹「ハンドテストに関する研究Ⅰ──施行方法が反応に及ぼす影響」『筑波大学心理学研究』第18号，1996，199-207頁．

佐々木裕子「ハンドテストに関する研究Ⅱ──集団記入法による日本人大学生の反応特徴の検討」『福岡教育大学紀要』第46号，第4分冊，1997，199-207頁．

佐々木裕子「日本におけるハンドテストのカード特性について」『福岡教育大学紀要』第48号，第4分冊，1999，215-228頁．

ハンドテスト追想

　その日はもう夕暮れが迫っていたからなのか，招き入れられた部屋は薄暗さのなかにあった。今から20数年前の京都，そこで筆者はハンドテストに初めて出会い，その後の臨床生活のなかで見え隠れしながら，今ではそれはいつのまにかそばにあるものになってしまっている。
　当時，京都家庭裁判所に勤務されていた箕浦康子先生（現御茶の水女子大学教授）が，それに先立つ1970年に「ハンドテスト」を『臨床心理学研究』で紹介され，その後も実践研究を続けられていることを知ってのぶしつけな訪問であった。初めてお目にかかる先生は明晰な話し振りで，ぼんやりと形も定かではないような部屋の状況とは対照的であった。そしてそのとき初めて見たハンドテストの図版もくっきりとした手の姿が印象的で，ロールシャッハの初体験とはずいぶん違っていた。とりわけ促されて先生を被検者に，1枚また1枚と図版をめくっていくときの緊張と驚きは，検査者であると同時に被検者でもあるという自由なものであり，筆者の投影法原体験の一つになったともいえる。
　その頃，箕浦先生は法務省関係の数人の方とハンドテスト研究会を主催しておられ，臨床経験の浅い筆者も快く仲間に迎えて下さった。そこでは標準化のためのノーマルデータ採取に，皆で関西近辺の学校や諸施設をめぐったが，すべては遠い日の記憶であり，あのときのデータとともにセピア色の思い出のなかに眠っている。結局，箕浦先生が海外留学された後，異文化コミュニケーションに関心を移されたことや，他のメンバーのいろいろな事情もあり，研究会は自然消滅してしまった。
　その後の10年ばかりは日本におけるハンドテスト研究は冬眠時代となる。もっとも筆者自身は，精神科臨床の現場で一人ほそぼそとデータを採り続け，どのように用いれば有効たり得るのか模索していたのだが。そのようななかで共訳者である吉川眞理が，最近では同佐々木裕子がハンドテ

ストに関心を持ち，お互い接点のないまま，それぞれの観点からそれぞれの現場で実施研究を続けていた。

　しかし1996年7月ボストンで開催された「第15回ロールシャッハと投映法の国際会議」に筆者らが参加したことが，今回の翻訳，標準化事業の起爆力となった。参加した「各国ハンドテストの研究と実際」というセッションでは，筆者ら以外に，米国，ノルウェー，イタリア，カナダからの報告があり，さらにポスターセッションでもフランスの発表があるなど，多くの国でハンドテストがさかんなことを目のあたりにして刺激的であった。それを機に，漂っていたハンドテストへの思いがふつふつと動き始め，このような出版へと向かっていったともいえる。

　成人も子どもも行動化の時代といわれる今日，行動予測を査定するハンドテストの意味は大きいが，初期のハンドテスト理論はあまりに率直すぎる故に日本に定着しなかったのかもしれない。しかし，現在のハンドテスト研究は包括的なものへと洗練されてきており，また日本人になじむ独自の解釈法を加えることで，さらなる発展の可能性が期待されることと思われる。

山上　栄子

訳者あとがき

　本書には，Edwin E. Wagner Ph. D. による *The Hand Test Manual Revised 1983*, Western Psychological Services, 1983 と Edwin E. Wagner, Ph. D., Marcia Rasch, M. A. and Debra S. Marsico, M. A. らによる *Hand Test Manual Supplement : Interpreting Child and Adolescent Responses,* Western Psychological Services, 1991 の全訳が収められている。訳出作業の分担は次の通り等分されたあと，三者がすべての章に目を通して検討を行った。佐々木裕子（第1章，第2章のうち付加的カテゴリーの部分，第5章，第6章，第7章），吉川眞理（第2章，第3章，第8章），山上栄子（第4章，第9章，第10章）。したがって，すべての章が三者の共同責任となっている。翻訳について至らぬ点については，読者諸氏のご指摘をいただきたい。

　共訳者三人は，それぞれの心理臨床学研究の道程においてハンドテストに出会い，その臨床的な有用性や奥深さに気づき，『ハンドテスト・マニュアル』の翻訳刊行の必要性を切実に感じるようになった。それは，日本の心理臨床家にハンドテストの基礎を正しく伝え，活用してもらうためにどうしても必要なことであった。ここに三人の共同作業により『ハンドテスト・マニュアル』の翻訳を完成させることができたことは何よりの喜びである。

　また，本書には，日本の臨床場面でハンドテストを実際に活用されようとする臨床家の便宜のために，日本人の標準データや臨床群の基準値，また日本人のカードプルを添えることができた。本書が，文字通りの「手引き」として機能し，今後日本の幅広い臨床分野においてハンドテスト臨床実践，研究が積み重ねられてゆくことを期待したい。

　本書の刊行に際しては多くの方々にお世話になった。河合隼雄先生には，心理臨床学における心理査定の実践や研究の重要性について多くを学

ばせていただき，この度の翻訳刊行に深いご理解とお力添えをいただいた。また日本に初めてハンドテストを紹介された箕浦康子先生の存在こそ，この翻訳の発端となった。箕浦先生の紹介により出会った山上と吉川が，先生から引き継いだ仕事をこうして完成できたことを以て，先生の温かいご指導へのご恩返しとしたい。さらに，小川俊樹先生はハンドテストに対して臨床的な興味を寄せて下さり，この翻訳作業の進行を心にかけていただき，励ましをいただいた。また原著者ワグナー博士には，訳出において難解であった文章の解釈など，折々の質問を受けて，即座に明快なお返事をいただいてきた。博士は，心理検査の専門家としての立場からも，心理検査をその原版に忠実なかたちで異文化に伝えようとしている私たちの基本的姿勢を高く評価して下さった。

そして本書の刊行を快くお引き受け下さった誠信書房の柴田淑子社長と，担当して下さった松山由理子さんには並々ならぬご苦労をおかけした。心理検査の著作権については一般の学術書以上の厳格さが求められる。そのうえ日本の心理臨床の専門家がハンドテスト・ピクチャーカードやスコアリング用紙を入手する便宜のために，誠信書房には，日本版スコアリング用紙やハンドテストカードの代理販売も引き受けていただくことになった。心理検査の専門性を守り，また適切に普及させるための何よりありがたいご配慮であった。

最後に，訳者はそれぞれに標準化データ収集のために多くの方に多大なご協力をいただいた。とりわけ被検者になって下さった一人ひとりの方々の存在を忘れることはできない。

このような多くの方々のご援助とご協力に深い感謝の気持ちを表わしたい。

2000年2月

訳者一同

訳者　紹介

山上　栄子（やまがみ　えいこ）Eiko Yamagami
1946年　生まれる
1969年　神戸大学教育学部卒業
現　在　臨床心理士
共著書　『臨床ハンドテストの実際』誠信書房，2002
共訳書　A.フロイト『アンナ・フロイト著作集第5巻――児童分析の指針』（上）岩崎学術出版社，1984

吉川　眞理（よしかわ　まり）Mari Yoshikawa
1960年　生まれる
1982年　京都大学教育学部卒業
1989年　京都大学大学院博士課程単位取得退学
現　在　学習院大学文学部助教授（教育臨床心理学）
共著書　『臨床的知の探究』創元社，1988，『子どもの心身症』東山書房，1988，『臨床心理検査入門』東山書房，1988，『いまなぜ結婚なのか』鳥影社，1992，『日本人のヒューマンリレーション』宣協社，1996，『青年期カウンセリング入門』川島書店，1998，『臨床心理士のスクールカウンセリング――全国の活動の実際』誠信書房，1998，『キーワードで学ぶカウンセリング』世界思想社，1999，『臨床ハンドテストの実際』誠信書房，2002
共訳著　C.G.ユング『子どもの夢』人文書院，1992

佐々木　裕子（ささき　ひろこ）Hiroko Sasaki
1968年　生まれる
1991年　筑波大学第二学群人間学類卒業
1996年　筑波大学大学院博士課程心理学研究科単位取得退学
現　在　静岡大学人文学部助教授（臨床心理学）
共著書　『臨床ハンドテストの実際』誠信書房，2002

2000年3月15日	第1刷発行
2003年1月20日	第2刷発行

E・E・ワグナー ハンドテスト・マニュアル

定価はカバーに表示してあります

訳者　山上栄子
　　　吉川眞理
　　　佐々木裕子
発行者　柴田淑子
印刷者　芳山光雄
発行所　株式会社　誠信書房
東京都文京区大塚三-二〇-六
電話〇三(三九四六)五六六六
振替〇〇一四〇-〇-二〇二九五

芳山印刷　協栄製本　　落丁・乱丁本はお取り替えいたします
検印省略　　無断で本書の一部または全部の複写・複製を禁じます
©Seishin Shobo, 2000　　　　　　　　　　　　　　Printed in Japan
　　　　　　　　　　　　　　　　　　　ISBN4-414-40277-8　C3011

臨床ハンドテストの実際

吉川眞理・山上栄子・佐々木裕子 著

ワグナーが考案したハンドテストを、日本で実際に精神科臨床や学校臨床で実施した事例とその結果をまとめた書。病院や学校で心理臨床家が気軽に取り組めるテストとして幅広い視点から書かれた待望の応用編。

生命(いのち)はその生涯を描く

S・バーグ 著／老松克博・角野善宏 訳

●重病の子どもが描く自由画の意味 カラー図版編とその解説からなる本文編の二分冊。227枚の絵から死を予感した人間のたましいがどのように象徴的に絵に現れるか、又身体の状態が描かれるかを解説している。

S−HTP法

三上直子 著

●統合型HTP法による臨床的・発達的アプローチ
S−HTP法の成立過程、実施と評価の仕方、精神分裂病・うつ病・境界例などの臨床的研究、幼児から大学生までの発達的研究について一三二枚の絵から論述。

描画テストに表れた子どもの心の危機

三沢直子 著

●S−HTPにおける一九八一年と一九九七〜九九年の比較
六八六名の統計データと一六三枚の絵により、この二十年間における子どもの心の変化を詳細に示す。予想以上の深刻な結果から、さまざまな問題が浮かび上がる。

誠信書房

TATパーソナリティ
鈴木睦夫 著

● **26事例の分析と解釈の例示** 著者はTATの事例集の通念を打ち破る26という多数の事例を興味深くテーマごとにまとめると共に、著者にして初めて可能な視点から、詳細にしかし限度を保って解釈している。

TAT—絵解き試しの人間関係論
鈴木睦夫 著

絵を見て物語を作るとはどういうことか。それはどういう心のプロセスであって、どういう人間理解の地平を切り開くのか。投映法テストの面白さと奥深さを教えてくれる書。

TATの世界
鈴木睦夫 著

● **物語分析の実際** TAT反応は語り手の創造物であり、その人のパーソナリティに関する手がかりを豊富に含んでいる。従来、R・テストより使われることの少ないTATに関する考え方を一新した手引き書。

投映描画法の解釈
M・レボヴィッツ著／菊池道子・溝口純二訳

● **家・木・人・動物** 本書では、クライエントの描いた家・木・人・反対の性の人・動物の無彩色画一五一点と彩色画三二点のそれぞれについて、その解釈の実際を、自己心理学の理論にもとづき詳しく紹介する。

誠信書房

モーズレイ性格検査

MPI（Maudsley Personality Inventory）

H・J・アイゼンク著／MPI研究会 訳編

- **MPIとは**

イギリスの著名な心理学者であり，ロンドン大学教授H.J.アイゼンクにより作成された質問紙法の性格検査である。MPIはいくつかの国で翻訳され，イギリスを始め，ヨーロッパで広く利用され，その後，アメリカにも進出している国際的な性格検査のひとつである。わが国では，北大グループが中心となり，日本版MPIの標準化をめざして専門的立場から検討を加えながら研究が進められ，日本版MPIが刊行された。

- **MPIの特徴**

MPIは，つぎの二つの性格特性を同時に測定することを目的とした性格検査である。(A)外向性−内向性，(B)神経症的傾向，これらの特性を測るためにそれぞれ24項目ずつの質問が用意されているが，このほかに虚偽発見尺度(L尺度：Lie scale)20項目が含まれている。いずれも綿密な項目分析と因子分析の手続きによって選択されたものである。

- **MPIの構成と価格**

  1. 性格検査用紙　　B5判　6ページ　定価　（本体 50円＋税）
  2. 性格検査手引　　B6判　32ページ　定価　（本体300円＋税）
  3. 採点盤　　　　　B5判　3葉1組　定価　（本体300円＋税）

新・性格検査法

MPI研究会 編　A5判上製　268頁　定価　（本体3200円＋税）

- **モーズレイ性格検査**　本書は日本版モーズレイ性格検査の生みの親であるMPI研究会が，日本版標準化にあたってモーズレイ性格検査テストの意義，目的，使用法を数多くの実験にもとづいて懇切かつ平明に指導詳述し，さらにテスト一般のもつ統計的処理の問題をも論究した。

誠信書房

カリフォルニア人格検査

CPI(California Psychological Inventory)

ハリソン・G・ゴーフ著／CPI研究会 訳編

● CPIとは

CPIは，カリフォルニア大学の心理学者，ハリソン・G・ゴーフ教授によって作成された人格目録検査である。この人格検査は，役割取得理論を背景に，多年の臨床活動から得た経験的手法によって，好ましい対人関係に有効な人格特性を設定し，充分な信頼性と妥当性の検討のもとに尺度化したものである。現在，アメリカはもとより，ドイツ・フランス・イタリア・スペインなどの諸外国語に翻訳されて，広く世界で活用されている。

● CPIの特色

CPIは，主として，「正常な」(精神医学的に疾患のない)人びとを対象として開発されたものであり，その検査内容は，**人格の健全で積極的な側面を把握できるような特性**によって構成されている。従って，これまでの多くの人格検査とは違って，人間の社会的行動や対人関係に広く適用できる。非行や犯罪など反社会的傾向のある人びとの人格の把握にも極めて有効であるが，それだけでなく，中学・高校・大学・会社・官庁やカウンセリングセンターなどにおいても広く使用できるものである。

● CPIの構成と価格

1. 質問票　　　　　　　1部　定価（本体　　200円＋税）
2. 回答用紙　　　　　　1部　定価（本体　　 20円＋税）
3. プロフィール用紙　　1部　定価（本体　　 30円＋税）
4. 粗点換算表(2葉)　　　1組　定価（本体　　300円＋税）
5. 採点板(11葉)　　　　 1組　定価（本体　2,500円＋税）
6. 実施手引　　　　　　1部　定価（本体　　300円＋税）

● CPIセット

① 基本セット　　　1組　定価　（本体4,600円＋税）
〔内容〕質問票を5部，回答用紙・プロフィール用紙を各10部，粗点換算表・採点板を各1組，実施手引1部を含む。

② A見本セット　　1組　定価　（本体 550円＋税）
〔内容〕質問票・回答用紙・プロフィール用紙・実施手引，各1部を含む。

③ B見本セット　　1組　定価　（本体3,350円＋税）
〔内容〕A見本セットに，粗点換算表・採点板，各1組を加えたもの。

誠 信 書 房

ハンドテスト・マニュアル

E. E. ワグナー著／山上栄子・吉川眞理・佐々木裕子 訳

　1950年代に考案された簡便な投影法。手の絵の描かれたカードを見て「手が何をしているところか」答えるように求める。被検者の日常的な行動傾向が反映されており，主として人格の外向的な機能の対象選択やその効率性など推測できる。初診検査用具として有効(**専門家に限定。直接販売のみ**)。

目　次
日本版への序
1983年版改訂に寄せて
◇第Ⅰ部　ハンドテスト・マニュアル
第1章　序論
第2章　テスト施行の実際とスコアリング
第3章　解釈
第4章　さまざまな診断群の指標
第5章　信頼性・妥当性と調節変数の検討
◇第Ⅱ部　児童・青年のためのハンドテスト解釈
第6章　児童・青年への適用
第7章　児童・青年を対象とする信頼性・妥当性の検討
第8章　児童・青年の解釈標準
第9章　事例研究
第10章　テストバッテリーにおけるハンドテストの実際
文　献
見　本
付　表　年齢別標準表
◇付　録　日本人の標準データ
付録Ⅰ　日本人のハンドテスト標準データ
付録Ⅱ　日本人のカードプル
　解説――ハンドテストの歴史と新たな可能性の展望／ハンドテスト追想／訳者あとがき

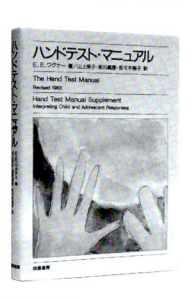

A5判上製282p　定価(本体5000円＋税)

ハンドテスト・ピクチャー・カード

E. E. ワグナー作
WPS(Western Psychological Services)発行
日本発売元　(株)誠信書房
(**専門家に限定。直接販売のみ**)

ハンドテスト・スコアリング用紙

E. E. ワグナー作
山上栄子・吉川眞理・佐々木裕子　訳編
日本版　(株)誠信書房発行
(**専門家に限定。直接販売のみ**)

誠 信 書 房